呉越春秋

呉越興亡の歴史物語

趙曄
佐藤武敏 訳注

東洋文庫 873
平凡社

装幀　原　弘

凡例

一、本書は『呉越春秋』の現代語訳に注を加えたものである。

二、本書がとくに参考にしたテキストは張覚訳注『呉越春秋全訳』、周生春『呉越春秋輯校匯考』（以上は解説の参考文献参照）である。版本・異文・逸文などは後者に詳しい。

三、本書は十篇に分かれ、原文では標題・篇の番号となっているが、本書では篇の番号・標題とした。

四、漢字は新字体を用いることを原則としたが、人名・地名などの固有名詞は旧字体を用いた場合もある。

五、文章中の〔　〕内は訳者による補入、（　）内は原文に関する訳注である。引用の詩歌の「　」内は読み下し、（　）内は訳である。

六、末尾に解説と参考文献を附した。

目次

凡例　3
地図　6

上巻

第一　呉太伯伝（呉の太伯の伝記）……12
第二　呉王寿夢伝（呉王寿夢の伝記）……21
第三　王僚使公子光伝（王僚の伝記と公子光・伍子胥が王僚を殺した顚末）……30
第四　闔閭内伝（闔閭の伝記）……63
第五　夫差内伝（夫差の伝記）……118

下巻

第六　越王無余外伝（越王無余の伝記）……170
第七　勾践入臣外伝（勾践、呉の臣となった伝え）……185
第八　勾践帰国外伝（勾践帰国後の決意）……220
第九　勾践陰謀外伝（勾践の陰謀）……239
第十　勾践伐呉外伝（勾践が呉を伐った次第と後日譚）……271

解説（佐藤武敏）　315

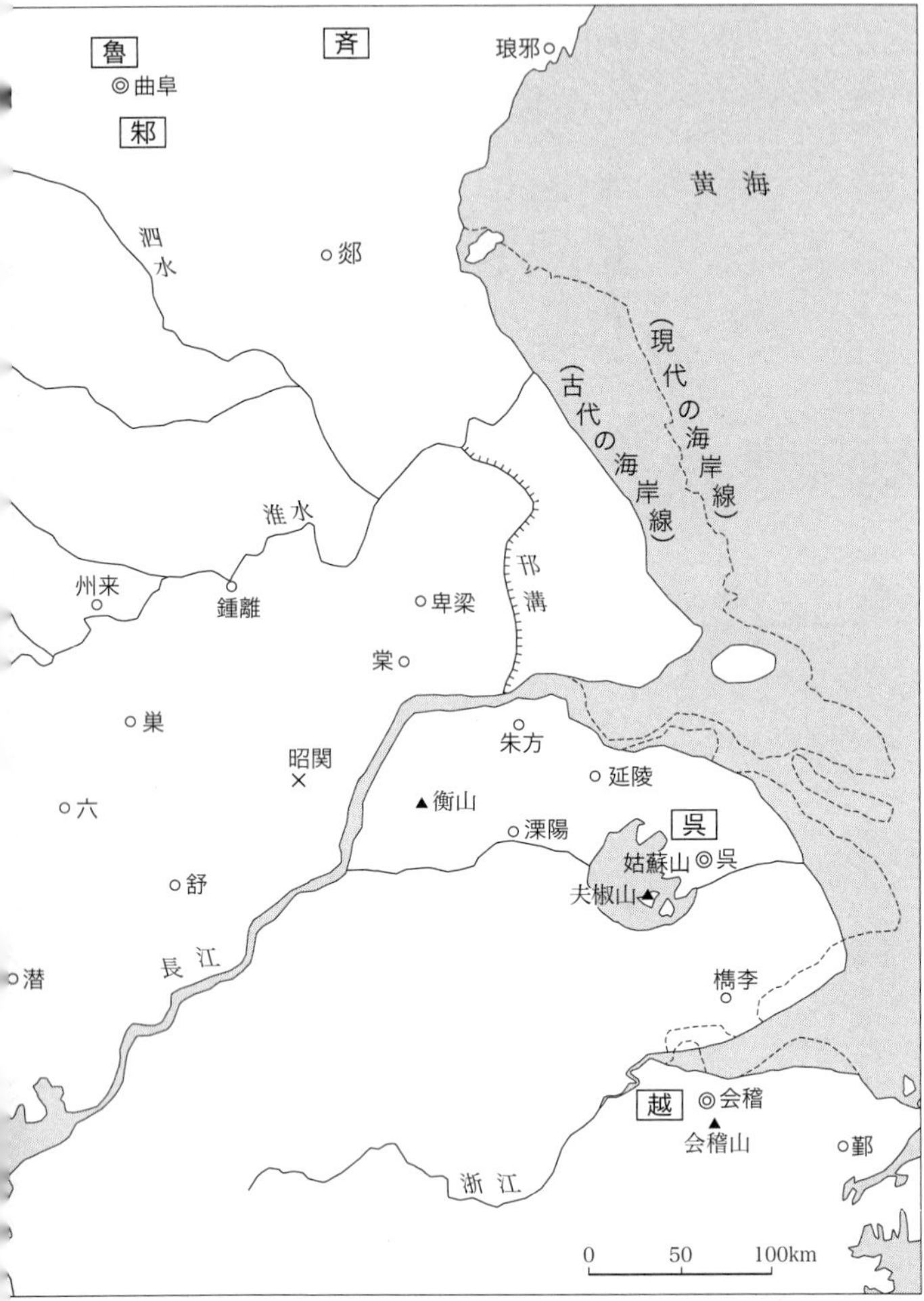

魯
斉
琅邪
曲阜
邾
黄海
泗水
郯
（現代の海岸線）
（古代の海岸線）
淮水
邗溝
州来
鍾離
卑梁
棠
巣
朱方
昭関
延陵
六
衡山
溧陽
呉
姑蘇山
呉
夫椒山
舒
長江
潜
檇李
越
会稽
会稽山
鄞
浙江
0
50
100km

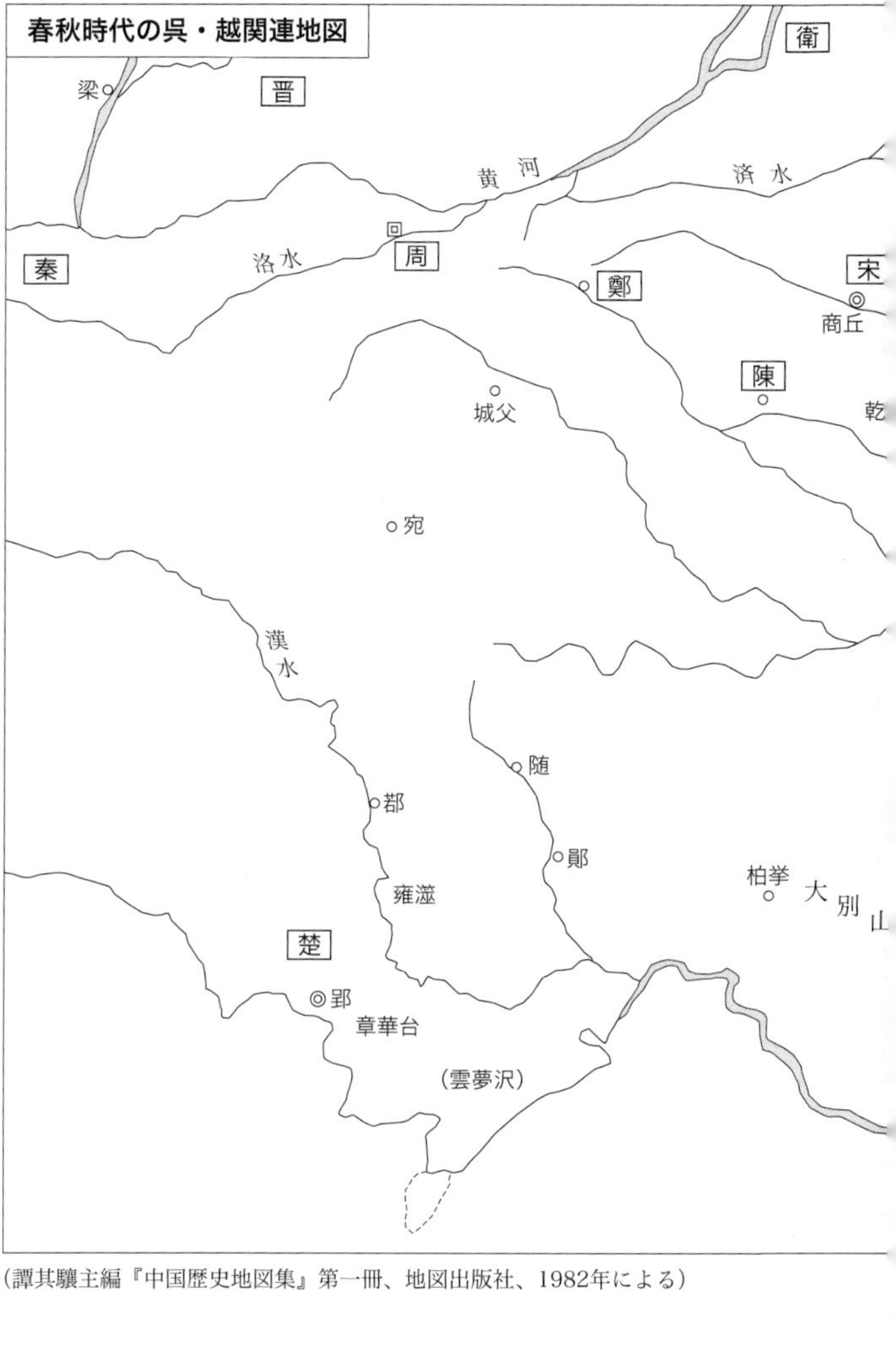

(譚其驤主編『中国歴史地図集』第一冊、地図出版社、1982年による)

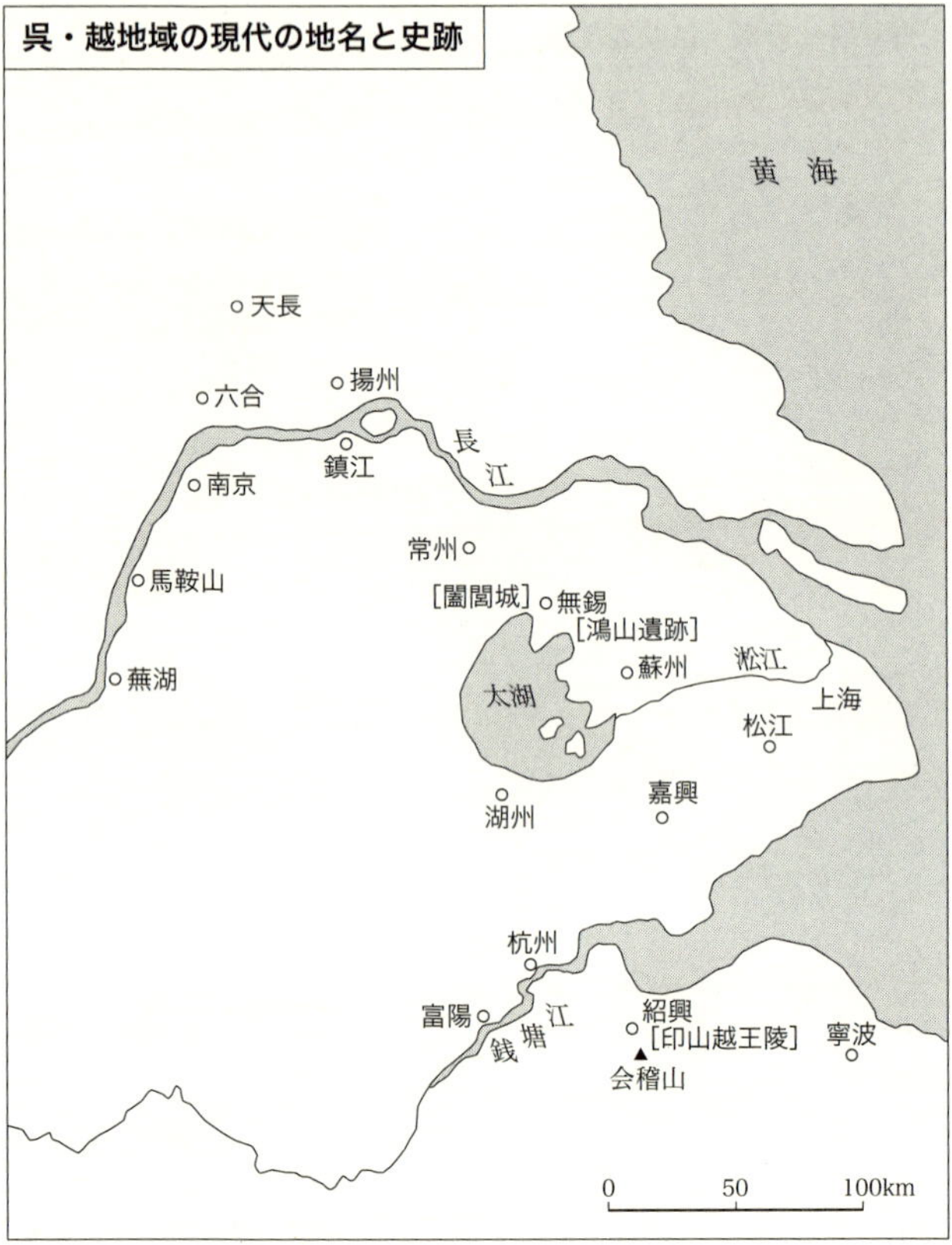
呉・越地域の現代の地名と史跡
黄海
天長
揚州
六合
長江
鎮江
南京
常州
馬鞍山
[闔閭城]
無錫
[鴻山遺跡]
淞江
蘇州
蕪湖
太湖
上海
松江
嘉興
湖州
杭州
富陽
紹興
銭塘江
[印山越王陵]
寧波
会稽山
0
50
100km

[　] 内は史跡名

呉《ご》越《えつ》春秋《しゅんじゅう》

呉越興亡の歴史物語

趙《ちょう》 曄《よう》
佐藤武敏《さとうたけとし》 訳注

上巻

第一　呉太伯《たいはく》伝（呉の太伯の伝記）

呉の国の始祖、太伯(1)は后稷《こうしょく》(2)の子孫である。后稷はその母が台《たい》（邰《たい》）氏の女《むすめ》である姜嫄《きょうげん》で、帝嚳《こく》(3)の正妻となった。年が若く、まだ身ごもっていなかった時、野原に游びに出かけたことがあったが、たまたま巨人の足跡を見た。じっとそれを見つめている中、心がすっかり楽しくなってきて、そのかたちが気に入り、足跡を踏んでみた。すると、身体がひとりでに動き、どうやら身ごもったような感じがした。果してその後、身ごもっていることが分かった。姜《きょう》嫄《げん》は淫《みだ》らなことをして禍《わざわ》いがわが身にふりかかるのではないかと恐れ、そこでお祭りをして上帝に祈っていった。

「どうか子が生まれないように」

しかし巨人の足跡は上帝のもので、姜嫄がそれを踏んだので、天は子が生まれるようにした。姜嫄はその子を怪しみ、狭い巷《ちまた》に棄てた。ところがそこを通りすぎる牛や馬は避けて踏まなかった。そこで姜嫄はその子をうつして林の中に棄てた。しかしそこではたまたま多くの人が木をきっていた。そこで姜嫄はその子を沼の氷の上においた。すると、たくさんの鳥がやってきて羽でその子を覆った。后稷はとうとう死なないですんだ。姜嫄はこの子を神のようなものと思い、つれてきて養うことにした。大きくなると、子どもの時、棄てようとしたので棄《き》と名づけた。

　棄は子どもの頃から禾《あわ》・黍《もちきび》・桑・麻やその他の穀物をうえるのが好きであった。後に青色・赤色・黄色・黒色などの五種類の土壌にそれぞれ何をうえたらよいか、また丘陵の高さや地下水の深さがどのくらいあるかを詳しく観察したので、粢《し》（きびの一種）・稷《うるきび》・黍《もちきび》・禾《あわ》・蕖《きょ》（大きな芋）・麦・豆・稲《もちごめ》をいずれも思うように収穫することができた。

　堯帝の時、洪水があった。水が氾濫して人民は高地をもとめてうつり住んだ。堯帝は棄《き》を招き、人民に山地に住むよう教えさせた。棄は地形をしらべて住む場所をつくり、農耕の技術をよく研究した。そのため三年余りで道を行く人には飢えた様子はなくなった。そこで堯帝は棄を農師（農業の大臣）に任じ、邰《たい》に封地を与え、后稷《こうしょく》と号させ、姫《き》氏を姓とするようにした。

　后稷は自分の封地に行き、諸侯となった。后稷が亡くなると、その子の不窋《ふちゅつ》が位をつぎ、諸侯となった。しかしちょうど夏王朝の末期にあたっていたため、農師の官職を失い、戎《じゅう》や狄《てき》が住んでいるあたりに逃げた。その孫が公劉《こうりゅう》である。公劉はいつくしみ深い人柄で、歩いて行く時は生えている草を履《ふ》まず、車で行く時は葭《か》（まだ穂の出ない葦《あし》）や葦を避けた。公劉は夏王朝の桀《けつ》王を避けるため戎や狄の住んでいるあたりに行き、仁政を行ない、土地の人たちの風俗を変えたので、土地の人たちは公劉に教化された。公劉が亡くなると、その子の慶節《けいせつ》が位をついだ。その後、八代たって古公亶甫《たんぽ》（『史記』周本紀は亶父《たんぽ》）があらわれた。

古公亶甫は公劉、后稷の事業を受けつぎ、善徳を積み、道義を行ない、狄の人たちに慕われた。ところが薫鬻《くんいく》(4)や戎がこれをねたんで古公を攻撃した。古公は彼らに犬・馬・牛・羊を与えたが、攻撃をやめなかった。さらに毛皮・絹織物・黄金・玉器その他貴重な宝物を与えたが、攻撃をやめなかった。そこで古公は彼らにたずねた。

「一体、何が欲しいのか」

すると、

「そなたの土地が欲しいのだ」

という答えがあった。そこで古公はいった。

「有徳の人は土地のために人民に危害を与えることはしない。人民に危害を与えることは国が滅びるもとである。そして私の身にも危害が及ぶことで、そのようなことのために私はこの地にとどまるつもりはない」

こうして古公は鞭うって馬を走らせ、邠《ひん》(5)の地を去り、梁山《りょうざん》(6)をこえて岐山《きざん》の南の周原《しゅうげん》(7)の地に住みつくことになった。そして古公は邠を離れる時、邠の地の人たちにいった。

「他の人が邠の君となっても、私とは違いはないのだ」

しかし邠の人たちは父子・兄弟互いに力を合わせ、老人を背負い、幼子をひきつれ、釜や甑《こしき》(8)をもって古公にしたがった。

三ヶ月たつと城郭(9)ができ上がり、一年たつと邑《ゆう》(10)ができ上がり、二年たつと都(11)ができ上がった。そして人民の数は当初にくらべて五倍になった。

古公には三人の子どもがいた。長男を太伯《たいはく》といい、次男を仲雍《ちゅうよう》といった。仲雍には別に呉《ご》仲《ちゅう》という名があった。末子を季歴《きれき》といった。季歴は大任氏《たいじん》(12)から妻を迎え、昌《しょう》という子を生んだ。昌には聖人となる吉兆があった。

古公は昌にそうした吉兆があることを知り、国を昌に伝えたいと思い、

「王業を興《おこ》すのは、おそらく昌であろう」

といった。そこで昌の父の名を改めて季歴とした。太伯と仲雍は父のそれとない素振りから父の心を察し、

「季歴の歴というのは適《ちゃく》（嫡《ちゃく》、あとつぎ）のことである」

といった。古公が国を昌に伝えたがっているのを知ったからである。古公が病気にかかった時、太伯・仲雍の二人は衡山《こうざん》(13)で薬草を採取するという口実で、とうとう荊蛮《けいばん》（呉）の地に行

き、髪を切り、入れ墨をし、夷狄の服を着、自分たちはもはやあとつぎになれないことを表示した。古公が亡くなると、一旦太伯・仲雍は帰国して喪に服したが、それが終わるとまた荊蛮の地にもどった。その地の人民は太伯を君主としてつかえ、太伯は国号を勾《こう》（＝句《こう》）呉《ご》と称した。呉のある人がたずねた。

「どういうことで勾呉と称したのですか」

太伯は答えて、

「私は長男なので君主となっているが、私にはあとつぎがいない。本来この地で封土を受けるのにふさわしいのは呉仲である。だから自分は勾呉と称するのである。呉の上に勾（まがっていること）の字を加えたのは、自分は方（四角、つまり正しいこと）でないからではないか」

といった。

荊蛮の人たちは太伯のことばを正しいとして、太伯にしたがい、帰属するものが千余家にのぼった。そしてともに太伯をいただいて勾呉の国を立てた。数年して人民は豊かになった。しかしちょうどこの頃、殷王朝も末となり、その統治が衰えると、中原《ちゅうげん》の諸侯や王はしきりに戦争を始めた。戦禍が荊蛮の地に波及するのを恐れた太伯は城を築いた。内城の周囲は三里二百歩[14]、外廓の周囲は三百余里あった。この城の西北角が太伯の都したところで、故呉《こご》

（もとの呉城）と呼ばれている。呉の人民はみな城中で耕作を行なった。

古公の病いが重く、臨終にあたって季歴に命じ、周の国を太伯に譲らせようとした。しかし太伯は譲り、その後も譲りつづけ、結局三回国を譲って受けなかった。そこで、「太伯三たび天下を以て譲る」[15]といわれているのである。

　このため季歴が政治をみることになり、先王の事業を受けつぎ、仁義の道を行なった。季歴が亡くなると、子の昌が位を継ぎ、西伯《せいはく》（周の文王）と号した。公劉・古公の統治の方法にしたがい、老人を養うことに力を尽くしたので、天下の人たちはみな西伯に帰服した。西伯は太平の世を実現したので、伯夷《はくい》[16]も海のほとりから周にやってきた。

　西伯が亡くなると、太子の発《はつ》（周の武王）が位につき、周公旦《しゅうこうたん》と召公奭《しょうこうせき》を任用し、殷王朝を討伐した。こうして天下が平定されたので、はじめて王と称した。古公にはあとから諡号《しごう》（おくりな）を加えて太王とし、また太伯にはあとから正式に呉に諸侯として封ずることとした。

　ところで呉の方では太伯が亡くなり、梅里《ばいり》の平墟《へいきょ》[17]に葬られた。代わって弟の仲雍《ちゅうよう》が位をついだ。[18]これが呉の仲雍である。仲雍以後は、仲雍が亡くなると、子の季簡《きかん》、季簡が亡くなると子の叔達《しゅくたつ》、叔達が亡くなると子の熊《ゆう》、熊が亡くなると子の遂《すい》、遂が亡くなると子の柯相《かしょう》、柯相が亡くなると子の彊鳩夷《きょうきゅうい》、彊鳩夷が亡くなると子の余喬疑吾《よきょうぎご》[19]、余喬疑吾が亡くなると子の柯盧《かろ》、柯盧が亡くなると子の周繇《しゅうよう》、周繇が亡くなると子の屈羽《くつう》、屈羽が亡くなると子の夷《い》吾《ご》、夷吾が亡くなると子の禽処《きんしょ》、禽処が亡くなると子の専(20)、専が亡くなると子の頗高《はこう》、頗高が亡くなると子の勾畢《こうひつ》。(21)以上がかわるがわる位についた。

勾畢の頃、晋の献公が周の北の虞《ぐ》を滅ぼした。それは虞公が晋軍に自国の道を貸して虢《かく》を討伐させたことから始まり、後に自国も滅ぼされたのである。(22)勾畢が亡くなると子の去斉《きょせい》、去斉が亡くなると子の寿夢《じゅぼう》が位についた。この後、呉は日益《ま》しに強大となり、自分から王と称するようになった。

おおよそ太伯が呉を開いてから寿夢まで十九代であるが、寿夢の時代にいたって初めて中原の各国と往来し、それらの君主と会見するようになった。そして呉はついに覇をとなえるようになるのである。

注

（1）『論語』泰伯篇では太伯を泰伯につくる。呉の始祖。

（2）姫《き》姓、名は棄《き》。周の始祖、堯・舜の時代、農師となり、台（邰）国に封ぜられ、后稷と号す。后稷の生誕は感生伝説といわれるものに属する。詳しくは『詩経』大雅、生民の什、生民や『史記』周本紀に見える。『詩経』では姜嫄が帝の武《あしあと》の敏《おやゆび》を履んで身ごもったとされ、『史記』では姜原が巨人の迹《あと》を践《ふ》んで身ごもったとされる。なお『史記』によると、姜原は有部《ゆうたい》氏の女《むすめ》とされる。有部氏は部族名、今日の陝西《せんせい》省武功県のあたりにいたと伝えられる。姜原が生まれた子を狭い巷に棄てたこと、林の中に置いたこと、氷の上に棄てたことは『詩経』『史記』に見える。

（3）号は高辛氏、名は夋《しゅん》、字《あざな》は嚳《こく》、黄帝の曽孫と伝えられる。四妻、四子があり、姜原が生んだ棄は周の祖先、簡狄《かんてき》が生んだ契《せつ》は殷の祖先であり、慶都は帝堯を、常儀は帝摯《し》を生んだという。

（4）『史記』周本紀は薫育。王国維「鬼方昆夷玁狁考」（『観堂集林』巻十三）によると、薫鬻《くんいく》は玁狁《けんいん》や匈奴などと同一種族に属するという。

（5）豳《ひん》に同じ。今の陝西省旬邑県西南。

（6）陝西省乾県西北。

（7）陝西省岐山県。

（8）両者煮たきの道具、釜は脚のない鍋、甑は瓦製の煮たき道具。

（9）内城と外城、ひろく城邑を指す。

（10）小城。

（11）大城。

（12）『史記』周本紀は太任につくる。

（13）五嶽の一つ、湖南省衡山県北西。

(14) 六尺が一歩、三百歩が一里。

(15) 『論語』泰伯篇に見える。『論語』は太伯を泰伯につくる。

(16) 孤竹国の賢者、『史記』伯夷列伝に見える。

(17) 徐天祜《じょてんこ》注に引く劉昭の説によると、無錫県《むしゃく》（江蘇省）東皇山に太伯の冢《つか》があるという。張覚注は、梅里は今の無錫市の東十三キロメートルの梅村鎮のこと、平墟は今の無錫市の東十八キロメートルの鴻山《こうざん》の西南の坂《さか》にあり、梅村鎮の境内にあったとする。また平墟は鴻山の古称と推定する。

(18) 『史記』呉太伯世家によると、太伯に子がなかったので弟の仲雍が位をついだという。

(19) 『史記』呉太伯世家は余橋疑吾。

(20) 『史記』呉太伯世家は転。

(21) 『史記』呉太伯世家は勾卑。

(22) この事件は『春秋左氏伝』（以下、『左伝』）僖《き》公五年、『史記』晋世家に詳しい。晋の献公十九年（前六五八）、晋は虞に道を借り、虢《かく》を伐《う》って帰った。その後、献公二十二年（前六五五）、晋はまた虞から道を借り、虢を伐とうとした。虞の大夫宮之奇《きゅうしき》が道を貸すことに反対したが、虞公が聴かず、この年冬、晋は虢を滅ぼし、帰りに虞も滅ぼした。虞は山西省平陸県北にあった国、虢は東虢、西虢、北虢の三つに分かれ、ここでは北虢を指す。北虢は河南省三門峡と山西省平陸県一帯にあった国で、都は上陽（河南省陝県東南）。

第二　呉王寿夢《じゆぼう》伝（呉王寿夢の伝記）

寿夢《じゆぼう》元年（前五八五）。

寿夢(1)は(2)周の天子に朝見し、ついで楚(3)に行き、また他の諸侯の礼制や音楽を見学した。魯《ろ》の成公《せいこう》(4)とは鍾離《しようり》(5)で会合した。寿夢は成公に周公(6)がつくった礼制や音楽を詳しくたずねた。成公は周公がつくった礼制や音楽を全部見せ、ついで夏・殷・周三代の民歌(7)をうたった。

寿夢はいった。

「私は東南の蛮夷の土地で暮らしているので、ただ椎髻《ついけい》（髪をうしろにたれ、ひとたばねにしたまげ）の素朴な風俗をしているにすぎない。どうしたらこうした服装をすることができるだろうか」

そこで感嘆して帰ったが、帰りしな、またいった。

「ああ、こうした礼制はまことによい」

寿夢二年（前五八四）。

楚から逃亡した大夫、申公巫臣《しんこうふしん》が呉に行った。(8) 呉は彼の子の孤庸《こよう》に行人《こうじん》の官職を与えた。彼は呉の人に弓射や車馬の御《ぎょ》し方を教え、楚を伐《う》つことをすすめた。楚の共王《きょう》(9)はこれを聞いて立腹し、子反《しはん》(10)をつかわし、軍隊をひきい、呉の軍隊と戦い、これを破った。呉と楚の二国はこれ以後、怨仇となった。こうして呉は中原の諸国とはじめて往き来することになったが、南方の諸侯とは敵となった。

寿夢五年（前五八一）。

呉は楚を討伐して、子反《しはん》の軍隊を破った。

寿夢十六年（前五七〇）。

楚の共王《きょう》は呉が申公巫臣のために楚を攻撃したことを怨み、そこで兵を発し、呉を討伐し、衡山《こうざん》(11)までいたって兵を返した。

寿夢十七年（前五六九）。

寿夢は申公巫臣の子の孤庸《こよう》を抜擢して国の政治を委せた。

寿夢二十五年（前五六一）。

寿夢は病い重く、亡くなろうとしていた。彼には四人の子がおり、長男は諸樊《しょはん》(12)、次男は余祭《よさい》(13)、三男は余昧《よまい》(14)、四男は季札《きさつ》といった。四男の季札は賢人で、父の寿夢は彼をあとつぎにしたいと思っていた。ところが季札は辞退していった。

「礼制にはむかしからきまりがあります。どうして先王の礼制を廃して父子の私情から事を行なおうとなされるのですか」

そこで寿夢は長男の諸樊に命じていった。

「私は国を季札に伝えたいのだ。そなたは私のことばを忘れることがないように」

諸樊は答えていった。

「周の太王《たいおう》（古公亶甫）は西伯昌が聖人となる吉兆をもっているのを知り、長男（太伯）を廃して末子（季歴）に位をつがせ、そのため王道が興《おこ》りました。今、国を季札に伝えたいというのでしたら、私は田野で農耕をしたいというのが本当の気持ちです」

寿夢はそれに対していった。

「昔、周の太王は末子にあとをつがせて、恩徳は天下の民に及んだ。今、そなたが住んでいるのは小さな国、しかも僻遠の荊蛮の地である。どうして天下統一の大事業などなしとげることができようか。そこでしばらくの間そなたは私のことばを忘れず、必ず君の位を兄弟の順にしたがって伝え、季札に及ぶようにしなさい」

諸樊はいった。

「どうして父上の命令にしたがわないことがありましょうか」

寿夢が亡くなると、諸樊は嫡男であることから、代行という形で国政に当たることになった。

呉王諸樊《しょはん》元年（前五六〇）。

すでに父の喪も終わったので、諸樊は季札に位を譲ろうとしていった。

「昔、父王がご在世の折、朝夕不安げにしておられた。私がお顔色をうかがったところ、季札に位をつがせたいというお気持ちのようであった。後にまた朝廷⒂で悲嘆にくれているようで、私に告げて、「私は季札が賢明であることを知っている」といわれた。長男を廃して末子にあとをつがせたいのだが、それを口にするのははばかられたのである。しかし私は心ではすでにそれを受け入れていた。ところが父王はご自分の私情によって事を行なうことができず、私に国をお任せになられた。私はどうして父王の命にしたがわないでおられようか。今やこの国はそなたの国である。私は父王の遺志を実現させたいと願っている」

季札はこの話を辞退していった。

「そもそも嫡男が国政に当たるのは、決して父王の私情ではなく、祖先以来の国の制度というものです。どうしてこれを改変することができましょうか」

諸樊はかさねていった。

「もし国で〔嫡男以外の相続が〕施行できるなら、先王の命などはかまわないではないか。昔、周の太王が昌の名を改めて季歴としたので二人の兄は荊蛮の地にやってきて、とうとう城を築き、国をつくり、周の政道ができ上がった。先人はこれをたたえ、口から口へ伝えてきた。これはそなたもよく知っていることではないか」

季札はまた辞退していった。

「昔、曹公《そうこう》(16)が軍中で亡くなった時、庶子の公子負芻《ふすう》(17)は自《みずか》ら立って国君となりましたが、嫡男は負芻によって殺されました。諸侯と曹の人たちはみな負芻が国君となったのは不義であるとしました。負芻の兄の子臧《しぞう》は軍中で亡くなった宣公の屍体を受け取りに行っていましたが、負芻が立ったことを聞き、道々なげきながら帰ってきました。曹の君主（負芻）は恐れました。諸侯は子臧を立てて曹の君主としようとしましたが、子臧は曹から逃れ、〔宋に行き、〕曹の成公（負芻）の治国の道を成就させました。(18)私は才能がないが、心では子臧の節義にしたがいたいと願っています。私は本心から位を避けたいのです」

呉の人民はどうしても季札を立てて君としようとしたが、季札は受けなかった。そして田野で農耕をやっていたので、呉の人民もようやくあきらめた。

そこで諸樊はわざと驕りたかぶり、ほしいままなことをやり、鬼神をあなどり、天を仰いで早く死ぬことを祈った。死に臨んで弟の余祭に命じていった。

「必ずや国を季札まで伝えるように」

そこで余祭は季札に延陵《えんりょう》(19)の地を分封し、彼を延陵季子《えんりょうきし》と称した。

余祭十二年（前五三六）。

楚の霊王[20]が諸侯と会合して呉を伐《う》った。そして朱方《しゆほう》[21]を包囲し、「もと斉の大臣で呉に亡命した」慶封《けいほう》[22]を殺した。慶封はしばしば呉のために敵情を偵察したため、晋[23]・楚などの国が慶封を伐ったのである。呉王余祭は怒っていった。

「慶封は追いつめられて呉に亡命してきた。彼に朱方の地を封じたのは士人（慶封）を仇と見なさないことをあらわしたものである」

余祭は直ちに軍隊を出して楚を伐ち、二邑を奪取すると[24]軍隊を引き上げた。

余祭十三年（前五三五）。

楚の霊王は呉が慶封のために自分の国を伐ったのを怨み、心の中ではずっと恨みつづけていた。そこで楚は呉を伐って乾谿《かんけい》[25]まで兵を進めた。これに対して呉は反撃し、楚の軍隊は敗走した。[26]

余祭十七年（前五三一）。

余祭が亡くなり、余昧《よまい》が位をついだ。しかし余昧は在位四年で亡くなった。余昧は亡くなる前、「父のことばどおり」季札に位を譲ろうと思っていた。しかし季札は辞退して逃げ去ったが、その時に次のようにいった。

「私が位を受けないことは、前から分かっていることだ。昔、前の君（諸樊）から私が位をつぐよう命令があったが、私は曹の子臧の節義にならい、避けたのである。私の信条は身も行ないも清らかにし、高尚な道をしたい、それを実行し、ただ仁者の境地におりたいと思うだけである。私にとって富貴などは秋の風が過ぎさるようなもので、何のかかわりもないことだ」

そしてついに延陵に逃げ帰った。呉の人たちはそこで余昧の子である州于《しゅうう》を立てて国君とし、称号を呉王僚《りょう》としたのである。

注

（1）寿夢は号、名は乗《じょう》（『春秋』襄公十二年に呉子乗《じょう》と見える）。
（2）寿夢元年は周の簡王元年。
（3）寿夢元年は楚の共（恭）王六年。
（4）名は黒肱《こくこう》、宣公の子。
（5）安徽省鳳陽県東北。
（6）周公旦のこと。
（7）原文は風、元来は民間の風俗であるが、民間の歌謡の意味もある。
（8）『史記』呉太伯世家によると、申公巫臣は楚の将軍子反と夏姫《かき》を争い、夏姫をつれて晋に亡命し、さらに晋から呉に使したという。なお行人（賓客の接待をつかさどる官職）を与えられたのは申公巫臣の子とされる。『左伝』成公七年も同様である。

（9）原文は楚の荘王。ただし荘王の在位は前六一三—前五九一、寿夢二年より前で、寿夢二年の頃は楚の共王。

（10）子反は楚の公子側《そく》の字《あざな》。共王の時、司馬となる。

（11）『左伝』襄公三年の杜預《どよ》の注では、衡山は「〔浙江省〕呉興烏程県南にあり」とするが、高士奇『春秋地名考略』巻十一は衡は横のこと、つまり衡山は横山で、当涂《とうと》県東北六十里とし、張覚注はこの説が妥当で、今日の安徽省馬鞍市東南、石臼湖の北とする。

（12）名は遏《あつ》、諸樊は号。

（13）馬王堆《まおうたい》出土帛書《はくしょ》の『春秋事語』は余蔡につくる。

（14）『史記』呉太伯世家は余眜《よまつ》につくる。なお『春秋』昭公十五年は夷末。

（15）原文は「三朝」、三朝とは外朝と内朝の治朝・燕朝、外朝は衆庶の意見をきくところ、治朝は政務を行なうところ、燕朝は政務の終わった後、休息するところ。ここでいう三朝は内朝のこと。

（16）曹公は曹の宣公のこと、前五九四—前五七八在位。『春秋』成公十三年によると、晋は斉・魯・宋・衛・鄭《てい》・曹などと聯合して秦を攻めたが、曹の宣公は軍中で亡くなった。

（17）『左伝』成公十三年（前五七八）によると、曹の宣公が亡くなった後、公子負芻は国を守り、公子欣時《きんじ》（字は子臧）は宣公の屍体を受け取りに出かけた。この年秋、負芻は太子を殺し、自ら立ったが、これが曹の成公である。

（18）『左伝』成公十五年（前五七六）によると、晋の厲《れい》公が衛・鄭・曹・宋などの諸侯と戚《せき》で会盟したが、その時、厲公は曹の成公をとらえ、都に送った。そして子臧を周王に謁見させて国君にしようとしたが、子臧はことわって宋に出奔した。翌年、曹の人の要請があり、子臧が曹にもどり、曹の成公も周から帰国した。そこで子臧は自分の封邑と卿の地位をすべて差し出し、ふたたび出仕することはなかった。

（19）今の江蘇省武進県。なお季札の譲国伝説は『左伝』、『公羊《くよう》伝』、『史記』呉太伯世家などに見える。それらによると、季札はその後、呉を出て、魯・斉・鄭・衛・晋などを廻り、賢者として知られたことになっているが、この書にはそれは見えない。

（20）共王の子、名は囲。在位は前五四〇―前五二九。なお『史記』呉太伯世家では、楚の霊王が諸侯と会合して呉を伐ったのは余祭十年となっている。

（21）江蘇省鎮江市丹徒鎮南。

（22）慶封はもと斉の大夫、字は子家、またの字は季。斉の景公の時、左相になったが、崔氏を滅ぼし、執政となった。しかし鮑・高・欒《らん》氏らに攻められ、魯に逃れ、斉が魯を責めたので、呉に逃げた。この間の事情は『左伝』襄公二十八年（前五四五）に詳しい。

（23）『春秋』、『左伝』、『史記』などによれば、晋は朱方の戦さに参加していない。

（24）『左伝』昭公四年、『史記』呉太伯世家はいずれも「三邑を取る」となっている。

（25）楚の東部の地、今の安徽省亳《はく》県東南。

（26）『史記』呉太伯世家によると、この戦さは余祭十二年のこと。

第三　王僚《おうりよう》使公子光伝(1)（王僚の伝記と公子光《こう》・伍子胥《ごししょ》が王僚を殺した顚末）

王僚《おうりよう》二年（前五二五）。

王僚は公子光《こう》をつかわして楚を伐《う》たせた。これは前に楚が諸侯と呉に進攻して慶封《けいほう》を誅殺《ちゅうさつ》したことに報復しようとしたのである。しかし呉の軍隊は敗れ、王の船（船の名は余皇《よこう》）を失った。公子光は王僚に罪されるのを懼《おそ》れ、一晩宿泊して(2)王の船を奪取し、帰ることができた。

公子光は王僚を殺そうと考えていたが、心を打ち明けてともに相談する人が見当たらなかった。そこでひそかに賢人をもとめようとして、人相見《にんそうみ》のうまい人を任用して呉の市場の役人にした。

王僚五年（前五二二）。

楚のもとの臣、伍子胥《ごししょ》が呉に亡命してきた。(3)伍子胥は楚の国の人である。その名は員《うん》、員の父は奢《しゃ》、兄は尚《しょう》である。

奢の父は名を伍挙《ごきょ》といい、楚の荘王につかえ、直言して王を諫めたことがあった。荘王は位について三年たったが、国の政治をかえりみず、酒ばかりのみ、音楽や美女に心をうばわれていた。左手では秦の歌姫をかかえ、右手では越の女をだき、鐘や鼓の間に坐り、音楽をきいていた。そして命令していった。

「もし諫めるものがあったら、死罪に処す」

しかし伍挙はひるまず諫めていった。

「一羽の大きな鳥が楚の宮中の庭にやってきて、三年間、飛ばず、鳴かずでおります。これは何の鳥でしょうか」

そこで荘王はいった。

「この鳥は飛ばなければ駄目だが、一たび飛べばまっしぐらに天高くあがる。鳴かなければ駄目だが、一たび鳴けば人をも驚かす」

これに対して伍挙はいった。

「この鳥が飛ばないし、また鳴かないでいるのは、弓を射るものがこの鳥を射落とそうとしているからです。矢が弦からにわかに放たれたら、どうしてまっしぐらに天高くあがったり、人を驚かすことができましょうか」

これを聞いた荘王は秦の歌姫や越の女を棄て、鐘や鼓の音楽をやめ、孫叔敖《そんしゅくごう》を任用して国政を委ねた。(7)そこでついに天下の覇者となり、各国の諸侯を威服させることになった。

荘王が亡くなり、霊王が位をついだ。(8)霊王は章華の台(9)をつくり、伍挙《ごきょ》らと一緒にのぼった。霊王がいった。

「この台《うてな》はまことに美しい」

伍挙はいった。

「私は、国君たるものは天子の恩寵を受けるのを美しいとし、人民を安定するのを楽しみとし、人の意見をよくきき入れるのを聡であるとし、遠くの人才を招くのを明であるとする、と聞いています。しかるに高い台のような土木工事、棟や梁に描いたり彫ったりした装飾、清らかな音のする金鐘や石磬《せきけい》、鶴の鳴声のような凄まじい音色の管弦などを美しいとするのは聞いたためしがありません。

前の荘王は抱居《ほうきょ》の台(10)をつくりましたが、その高さは望んで国の吉凶の気を予知できる程度、その大きさは宴会の器具(11)を容れる程度、用いた木材は城郭の守備を妨げない程度、費用は役所の負担にならない程度、民の季節の農事を狂わさない程度、役人は朝廷のきまりを変えることがない程度でした。ところが今、君がつくられた台は完成まで七年かかりました。これには国の人民は怨み、財政は底をつき、穀物のみのりは駄目になり、百官は憂い、諸侯は怒り恨み、卿士大夫はそしっています。これではどうして前の荘王のたたえたこと、国君が美しいとすることでしょうか。私はまことに愚かもので、王のいわれる意味が分かりません」
これを聞いた霊王は直ちに工匠をやめさせ、装飾を取り去り、二度と台にのぼって游ぶことをしなかった。これより伍家の三代は楚の忠臣とされた。〔しかし楚の平王の時、伍子胥の父、伍奢の身に次の事件がもち上がった。〕

楚の平王(12)には建《けん》(13)という名の太子がいた。平王は伍奢を太子の太傅《たいふ》(14)、費無忌《ひむき》を少傅《しょうふ》に任じた。平王は費無忌を秦につかわし、秦から太子の妻を娶《めと》ろうとした。秦の女はすこぶる美人であった。費無忌は帰国して平王に報告していった。

「秦の女の美しさといったら、天下にくらべるものもありません。王ご自身が娶《めと》られるように」

平王はそこで秦の女を娶って自分の夫人とし、彼女を寵愛した。そして珍《ちん》という名の子が生まれた。太子のためには別に斉の女を娶った。費無忌はそこで太子のもとを去って平王につかえることになった。しかし費無忌は平王がもしも亡くなり、太子が位につくことになったら、自分の身が危うくなると思いこみ、また太子建を平王に讒言《ざんげん》した。建の母である蔡氏は寵愛を失っていたので、平王は太子に命じて城父《じょうほ》(15)の守りにつかせ、辺境の兵の侵入に備えていた。

しばらくして費無忌は昼となく夜となく太子の欠点をいいたてた。

「太子は秦の女をとられたことから、王を怨まないはずはありません。王にはくれぐれもお気をつけのほど。太子は城父にあって兵をひきつれているし、外では諸侯と交わっています。いずれ都に入って乱をおこそうとする魂胆かと思われます」

そこで平王は伍奢を呼んで問いただした。伍奢は費無忌の讒言であることを知り、王を諫めていった。

「王はどうして中傷して人を陥《おとしい》れようとする小人のことばを聞いて、骨肉の子を疎《うと》んずるのですか」

ところが費無忌は平王が休息されている時をうかがって、またいった。

「王がもし制裁を加えなければ、太子のたくらみは成就するでしょう。そこで王は今にも彼に捕えられることになるでしょう」

平王は大層立腹し、そこでまず伍奢を牢屋に入れ、城父《じょうほ》の司馬の奮揚《ふんよう》に命じて太子を殺しに往かせた。しかし奮揚は人をつかわし、前もって太子にそのことを知らせた。

「急いで立ち去りなさい。そうでないと、殺されてしまいます」

この年三月、(16)太子は宋(17)に出奔した。費無忌はまた平王にいった。

「伍奢には二人の子がおり、みな賢明です。今にして彼らを殺さなければ、楚の禍いとなりましょう。父を人質にして彼らを召し出されますように」

平王は使いをつかわし、伍奢にいった。

「二人の子をつれてきたなら、生命《いのち》は助けるが、さもないと死罪に処する」

伍奢はいった。

「私に二人の子がおり、上の子を尚《しょう》、下の子を胥《しょ》といいます。尚は生まれつき情け深く、誠実なので、もし私が召し出されたと聞いたなら、直ちにやって来るでしょう。ところが胥の人となりは若い時に学問を好み、長じてからは軍事を習っています。学問は国を治めるもの、軍事は天下を平定するものです。またあの子はしっかりかなめとなるものをとらえ、手あらいことを抑え、恥辱も忍び、たとえぬれぎぬであるとしても争わず、やがては大事をなしとげるものです。彼は未来を予見できる賢人(18)です。どうして呼びよせることができましょうか」

平王(19)は、伍奢が自分の二人の子を大層誉《ほま》れに思っていると考え、そこで使者を四頭立ての馬車にのせてつかわし、印綬《いんじゅ》を入れた函《はこ》を封してもたせ、詐《いつわ》って子尚・子胥をおびきよせることを思いついた。使者を通じ次のように告げた。

「二人の子よ、おめでとう。父の奢は忠信《まこと》があり、仁慈《いつくしみ》があるので、災難からのがれ、牢屋から解放されることになった。平王は心では忠臣を牢屋にとらえたことを恥じ、外は諸侯に笑われるようなことをやったとやましく思っている。そこで今度は伍奢を国の宰相に任じ、二人の子を侯に封ずることにする。伍子尚には鴻都侯《こうとこう》を与え、伍子胥には蓋侯《がいこう》を与える。両人は三百余里以上は離れないようにする。伍奢は長らく牢屋にとらわれ、二人の子のことを心配していた。そこで平王は臣《わたくし》をつかわし、印綬をとどけさせたのである」

伍子尚はいった。

「父は三年もの間、牢屋につながれていました。私は内心悲しみのあまり、食べものもおいしくなく、飢えと渇《かわ》きに苦しみました。日夜父を思い、父が生きていないのではないかと心配しました。父が牢屋から解放されることを望んでいるだけで、他にどうして私たちが印綬などをほしがることがありましょうか」

使者がいった。

「お父上は三年もの間、牢屋にとらわれていた。王はこの度恩赦を与えられたが、賞賜などはない。ただ二人の子を侯にするだけである。私の話を聞いたら早速王のところにやって来るべきである。他に何かいうことでもあるのですか」

そこで伍子尚は奥に入り、伍子胥のところに行き、子胥に告げていった。

「父上は幸いに死を免れ、私たち二人は侯に封ぜられることになった。使者は今、門のところにいる。また封した函の印綬ももっている。そなたも使者に会いなさい」

これに対して伍子胥がいった。

「兄上はしばらく休んでいなさい。私が兄上のため卜《うらな》いをやってみましょう」

〔伍子胥は卜いをやっていった。〕

「今日は甲子《こうし》の日、時刻は巳《み》の時[20]にあたる。〔五行相勝の説では、〕巳は火、甲子の子《ね》は水、したがって水は火に勝つことになる。つまり時刻の巳は日の甲子の子によって傷つけられる。また時刻は臣、日は王をあらわし、両者の気は相容れない。これは君がその臣を欺き、父はその子を欺くことである。以上が卜いの結果で、したがって今、王のところに行けば殺されるばかりで、侯に封ぜられるなどどうしてありましょうか」

伍子尚がいった。

「どうして私が侯などをほしがっていることがあろうか。ただ父上にお会いしたい一心です。一度お会いして別れたら、殺されても、生き甲斐があったというものだ」

伍子胥がいった。

「兄上よ。しばらく行くのを思いとどまるように。父上は私が救いましょう。楚王は私の勇気を畏れ、私の勢いにおされて、父上を殺そうとはしないでしょう。兄上がもし誤って行かれたら、父上は必ずや殺され、逃げられないでしょう」

伍子尚はなおもいった。

「父子の恩愛はお互いの心から自然と生まれるものだ。もし万一、運よく父上にお会いできたら、父上への愛情をあらわすことができることになる」

そこで伍子胥は嘆いていった。

「私たちが父上とともに殺されたら、どうして世間に私たちのことが明らかになるだろうか。無実の罪を除かなければ、私たちの恥辱は日ごと増すばかりである。兄上がこれから王のところに行くなら、私はここで別れることにする」

伍子尚は泣いていった。

「私が生きていたとて世間の笑われものだ。このまま長生きしたとしても何の意味があろうか。仇を報いることができなかったら、つまりは廃物のようなものだ。そなたは学問・軍事を習い、策謀を実行する勇気がある。父兄の讐《あだ》はそなたがうたねばならない。私がもしも無事に帰れたら、これは天祐というものだ。この身は水に沈められるとも、土に埋められるとも、厭《いと》うところではない」

伍子胥がいった。

「兄上はもう行こうとしている。それなら私は家を去り、あとをふり返ることはない。兄上が災難に遇わないよう願っている。そうなると、後で悔いても間に合わないのだから」

伍子尚はまた泣いて、伍子胥に別れを告げて使者とともに出かけた。

楚の平王は伍子尚がやってくると、とらえて牢屋に入れた。そして伍子胥をとらえようと追っ手をつかわした。伍子胥は弓を充分引きしぼり、矢をつがえながら、楚を去った。楚の追っ手は彼を追いかけたが、ただその妻に会っただけであった。伍子胥の妻はいった。

「子胥はもう逃げて、三百里のところまで行っている」

使者は無人の荒野まで追いつめると、子胥は弓を張り、矢をつがえて、使者を射殺そうとした。使者はうつぶせながら逃げた。伍子胥が使者にいった。

「帰ってそなたの平王にこう伝えよ。国が滅びないことを願うなら、私の父と兄を釈放せよ。もしそうでなければ、楚は廃墟となるだろう、と」

使者は帰ると、平王にそのことを報告した。平王はそれを聞くや、大軍を発し、伍子胥を追わせた。大江《たいこう》のあたりまでいたり、彼を見失い、とらえることができないで戻った。

伍子胥は大江のほとりまで逃げ、天を仰ぎ、泣きながら林や沼地の中を進んだ。そして叫んだ。

「楚王は暴虐無道で、私の父と兄を殺した。私は他の諸侯の力を借り、讐をうちたい」

伍子胥は楚の太子だった建《けん》が宋にいると聞いて、建のところに行きたいと思った。伍奢は伍子胥が逃げたという知らせを初めて聞いた時、いった。

「楚の君臣は当分は戦争に苦しむことになるだろう」

伍子尚は楚の朝廷にいたり、父と一緒になったが、両人とも市場で死刑に処せられた。

伍子胥は宋に行く途中、申包胥《しんほうしょ》(21)に遇った。そこで彼にいった。

「楚王が私の父と兄を殺した。一体どうしたらよいだろうか」

申包胥がいった。

「ああ、〔それは難問だ。〕私があなたに楚に報復せよと教えれば、不忠になる。またあなたに報復しないようにと教えれば、親友でないことになる。あなたは自分の考えで行ないなさい。私は何もいいません」

伍子胥がいった。

「私は、「父母の讐はともに天を戴《いただ》かないし、地を履まない。兄弟の讐は地域を同じくしないし、壌《つち》を接しない。朋友の讐は郷を隣にしないし、里を共にしない」(『春秋公羊伝』定公四年)と聞いている。今、私は楚の罪悪に復讐し、父兄の恥辱をすすごうとしているのです」

申包胥がいった。

「あなたが楚を滅ぼすことができるなら、私は楚を保つことができる。あなたが楚に危害を与えることができるなら、私は楚を平安にすることができる」

伍子胥はそこで宋に逃亡した。

ところが宋の元《げん》(22)公は国では信用がなく、国の人たちは彼を憎んでいた。大夫の華《か》(23)氏が元公を殺そうとはかり、国の人たちもそれを支持し、宋に大乱がおこった。伍子胥はそこで太子建とともに宋を離れ、鄭《てい》に逃亡した。鄭の人たちは彼らを大変鄭重に扱った。その後、太子建はさらに晋に行った。晋の頃公《けい》(24)は太子建にいった。

「太子《あなた》が鄭に滞在していた時、鄭は太子《あなた》を信任していた。太子《あなた》がもし鄭で晋と内応して鄭を滅ぼすことができたなら、すぐにでも太子《あなた》を鄭に封ずるであろう」

太子建はそこで鄭にもどった。しかしはかりごとはまだ成功していなかった。ちょうどその頃、自分の側近のものをひそかに殺そうとしたが、側近のものはそのはかりごとを知り、それを鄭に告げた。鄭の定公《てい》(25)と子産《しさん》はそこで太子の建を殺した。

太子の建には勝《しょう》という名の子がいた。伍子胥は勝とともに呉に逃走した。昭関(26)に着いた頃、関所の役人が彼らをとらえようとした。

伍子胥はそこでいつわっていった。

「鄭の君が私を探してとらえようとしているのは、私が美しい宝珠をもっていたからである。ところが私はそれをなくした。そこで私をとらえようとするなら、そちがそれを取り上げたと告発しますよ(27)」

関所の役人はそこで彼らをゆるした。伍子胥は勝《しょう》とともに急いで逃走したが、追っ手がすぐ後に迫り、脱《のが》れることが難しいようであった。

長江[28]のあたりまで着いた時、ちょうど老漁夫が船をこいで下流から水をさかのぼってきた。

伍子胥は大声で彼を呼んだ。

「船頭さん。向こう岸まで私を渡してくれ」

二度くり返し呼んだ。老漁夫は彼らをのせて渡そうとした。ちょうどその時、傍らからじっと彼らの様子をうかがっている人がいた。そこで老漁夫は知られるのを恐れ、こう歌った。

「日は昭昭乎たり。[29]
侵《ようや》（寝）く已《すで》に馳《うつ》（移）らば、
子と蘆《ろ》の漪《い》に期せん」

（日はまだ明るい。
次第に日が西へと傾いたら、
蘆《あし》の岸辺であなたと会いましょう）

伍子胥はそこで蘆の岸辺で待っていた。すると、老漁夫がまたこう歌った。

「日は已に夕べなり、予が心憂悲す。
月は已に馳《うつ》（移）る、何ぞ渡るを為さざる。
事は寝《ようや》く急なり、当《まさ》に奈何《いかん》とすべき」

（日はもはや暮れ、私の心は憂い悲しむ。

月もすでにのぼっている、どうして渡らないのか。

事態は急を要する、どうしたらよいか)

伍子胥はすぐに船にのった。老漁夫は彼の心の中を知り、できるだけ遠くの渡し場(30)まではこんだ。

伍子胥が渡り終えると、老漁夫ははじめて彼をよく見て、ひもじそうな顔をしていることを知った。そこで老漁夫はいった。

「あなたはこの樹の下で私を待ってくれ。私はあなたのために食べものをさがしてこよう」

老漁夫が去った後、伍子胥は彼を疑った。そこで深い葦《あし》の中に身を隠した。しばらくして老漁夫が帰ってきた。彼は麦飯、鮑魚《ほうぎょ》の羹《あつもの》、壺に入った漿《しる》(31)をもってきた。樹の下で伍子胥をさがしたが、見あたらなかった。そこで歌をうたって彼を呼んだ。

「蘆中《ろちゅう》の人、蘆中の人。豈《あ》に窮士に非《あら》ざるか」

(蘆の中の人よ、蘆の中の人よ。あなたはよくよく困っている方ではないか)

二度くり返して呼んだ。そこで伍子胥は葦の中から出てきて返事した。老漁夫はいった。

「私はあなたがひもじそうな顔をしているので、あなたのために食べものをさがしてきた。あなたはどうして私を疑ったりしたのですか」

伍子胥はいった。

「人間の性命[32]は本来、天の定めるものですが、今は全くあなた様[33]の手中にあります。どうして疑ったりしましょうか」

伍子胥と勝の二人が食事を終えると、老漁夫は立ち去ろうとした。伍子胥は腰に帯びていた百金もする剣を解き、老漁夫に与えようとした。伍子胥はいった。

「これは私の父がもっていた剣です。北斗七星が鋳込まれてあり、その値段は百金です。これであなたの厚意に報いたいのです」

老漁夫はそれを断っていった。

「私は楚王が命令を出し、伍子胥をとらえたものには五万石《せき》の粟《ぞく》、執圭《しっけい》の爵をたまわる[34]と聞いています。どうして百金ばかりの剣などほしがりましょうか」

ついに辞退して受け取らなかった。そして伍子胥に向かっていった。

「あなたは急いで立ち去りなさい。ここに留まっていてはならない。そうしなければ楚にとらえられることになる」

伍子胥はいった。

「どうかあなたのお名前だけでもお聞かせ願いたい」

老漁夫がいった。

「今日は恐ろしい日で、二人の悪ものが出あいました。あなたは楚の悪もの、私はその楚の悪ものを船にのせて渡したものです。二人の悪ものは互いに意気投合したが、これは暗黙の中にはこばれたもの、どうして名前など用いる必要がありましょうか。あなたは蘆の中の人、私は年老いた漁夫、これだけでよいのです。あなたはたとえ富貴になっても今日のことは忘れないように」

伍子胥がいった。

「承知した」

こうして伍子胥は立ち去ったが、その際伍子胥は老漁夫に告げていった。

「あなたの壺の漿《しる》はしまっておいて、見えないようにしてください」

老漁夫は承知した。伍子胥が数歩足をはこび、老漁夫をふり返ってみると、すでに船をひっくり返し、自分は江水の中に沈んでいた。伍子胥はしばし声もなかった。しかし意を決してその場を離れ、呉に向かったが、途中で病気にかかった。そして溧陽《りつよう》(35)のあたりで食べものを乞うことになった。たまたま瀬水《らいすい》(36)のほとりで綿を打っている女性に出会った。彼女の弁当には飯があった。伍子胥は彼女のところにゆき、いった。

「奥さん、食べものを少しばかり恵んでくれませんか」

その女性がいった。

「私は独りもので、母と同居しています。三十になっても未婚なので、見知らぬあなたに食べものを差しあげるわけにはゆきません」

伍子胥はそこでいった。

「奥さんは困っているものに少しばかりの飯を恵むのをどうして嫌がるのですか」

女性は伍子胥がただ人《びと》でないことを知り、いった。

「私はどうして人情に反《そむ》くようなまねができましょうか」

そこで自分の弁当をひらき、また自分の壺の漿《しる》もあげることにし、跪《ひざまず》いて伍子胥に与えた。

伍子胥は二口食べると、食べるのをやめた。女性がいった。

「あなたはこれから遠くまで行かなければならないのに、どうして腹一杯めしあがらないのですか」

伍子胥は食事を終え、立ち去ろうとしてまた女性にいった。

「奥さんの壺の漿《しる》をかくして見えないようにしてください」

女性は嘆いていった。

「ああ、私は独り身で、母と一緒に三十年暮らしてきました。私はひたすら貞節を守り、嫁ごうとしませんでした。どうして殿御に食べものなどお進めいたしましょうか。今日のことは礼儀にそむき、忍び難いことです。あなたはもう立ち去りなさい」

伍子胥は立ち去ろうとして女性の方をふり返った。すると、女性はすでに瀬水《らいすい》に身を投げていた。伍子胥は思った。

——ああ、貞節、賢明で、よく操《みさお》を守り、何と丈夫《ますらお》のような女性ではないか——

伍子胥はそこで呉の都に行った。そして髪をふりみだし、狂人のようなふりをし、はだしで顔には泥をぬり、市場で物を乞うた。市場の人たちが彼を見たが、誰も知っている人はいなかった。次の日、呉の市場の役人で人相見のうまい人が彼を見ていった。

「私はこれまで多くの人の顔を見たが、こういう人を見たことがない。他国から亡命してきた臣ではなかろうか」

そこでその役人は呉王王僚に報告し、彼の様子を事細かに説明した。そして申しあげた。

「王には彼をお召しになられますように」

王僚がいった。

「そのものをつれてくるように」

公子光がこのことを聞き、ひそかに喜んでいった。

「私は楚が忠臣の伍奢を殺したと聞いている。その子の伍子胥は勇敢であり、その上智謀にもたけている。彼は必ずや父の讐をうつために呉にやってくるだろう」

公子光は心の中ではひそかに自分が彼を引き取りたいと思っていた。

市場の役人はそこで伍子胥をつれて宮中に入り、王僚に謁見することになった。王僚はまず彼の風貌の立派なのに驚いた。身の丈は一丈、腰まわりは五尺、両眉の幅は一尺もあった。王僚は三日間にわたってともに話し合った。しかし伍子胥のことばは一度たりとも同じことを繰り返すことはなかった。王僚はいった。

「彼は賢人である」

伍子胥は王僚が自分を好いていることを知り、宮中に入るたびにいろいろなことを話した。そしてとうとう勇気を出して、ようやく自分の讐を語るようになった。それはひしひしと胸にせまるような悲しみがあった。王僚はそこで伍子胥が自分のために呉が兵を起こして楚を討ってもらいたいと思っていることを知った。

一方、公子光は王僚を殺すことを計画しており、伍子胥が先に王僚と親しくなり、自分の計画が駄目になるのを恐れ、こう讒言した。

「伍子胥が王にすすめて楚を討とうとするのは呉のためにはなりません。ただ自分の私讐《ししゅう》をはらそうとしているだけです。王には彼のはかりごとを取り上げないように」

伍子胥は公子光が王僚を殺そうとしているのを知った。そして、

――あの光という方は国内で事をおこそうとする志をひめているようだ。楚を討つことはあの人にいってはならない――

と思った。そして宮中で王僚に会い、じかに申しあげた。

「私は、諸侯というものは身分の低い男のために隣国に軍隊を派遣するようなことがあってはならないと聞いています」

王僚がたずねた。

「それは一体どういうことか」

伍子胥が答えていった。

「諸侯というものは、政治に専念し、勝手気ままに事をおこしてはなりません。緊急のことがあって初めて軍隊をつかわすものです。今、王は国君の地位にあり、その命令には威厳があります。身分の低い〔私のような〕男のために軍隊をつかわされるのは大義名分がありません。臣《わたくし》は断じて王の命令にしたがうわけにはまいりません」

王僚はそこで楚を討つのを中止した。

伍子胥は朝廷から退き、田野で農耕をやっていた。そして勇士をさがして公子光に推薦し、それによって公子光の歓心を得ようと思っていた。たまたま勇士の専諸《せんしょ》(37)が見つかった。

専諸は呉の堂邑《どうゆう》の人である。伍子胥が楚を逃れ、呉にやってきた時、路上で出会ったのである。専諸は人と格闘し、相手に近づくと、その怒りは万人を圧倒する勢いがあったが、彼の妻が一たび声をかけると、すぐさまもどってきた。

伍子胥が不思議に思ってそのわけをたずねた。

「あなたの怒りはすさまじいが、しかしたった一人の女の声を聞くとすぐさまもどってしまう。これは彼女のご機嫌をとろうとするのですか」

専諸はいった。

「あなたは私のふるまいを見て、何と愚かなものとお思いでしょう。しかしそんなことをおっしゃるのはいかにも鄙《いや》しいことではありませんか。私は一人の下に身を屈するとしても、必ずや万人の上に頭を出すことができます」

伍子胥がよくよくその風貌を見ると、臼のように突き出た額《ひたい》、深い目、虎のような胸、熊のような背で、どんな困難にも勇敢に立ち向かうようで、伍子胥は専諸が勇士であることを知った。そこでひそかに彼と手を結び、彼を役立たせたいと思った。公子光に王僚を殺そうとする陰謀があると知るや、伍子胥は専諸を公子光に推薦した。

公子光は専諸を召しかかえると、彼に礼を尽くした。公子光がいった。

「天があとつぎにされなかった私を、あなたが助けるようにしてくれたのだ」

専諸がいった。

「前の王、余昧《よまい》が亡くなり、その子の僚があとをつがれました。それは名分に合するものです。公子《あなた》はどうして王僚を殺されようとするのですか」

公子光がいった。

「先君寿夢《じゆぼう》には四人の子がいた。長男を諸樊《しよはん》といったが、私の父である。次が余祭《よさい》、その次が余昧《よまい》、末が季札《きさつ》である。季札は賢人なので、寿夢が亡くなる際、まず長男が位につき、その後順番に兄弟が位をつぎ、そして季札にまで及ぶようにとのことであった。しかし当時を思い返すと、季札は使者となって国外に出、㊳さらに逃れて諸侯に身を寄せ、帰国せず、余昧が亡くなったので、国には位をつぐ資格をもつ人がいなくなったのである。位をつぐ資格のあるのは嫡男で、嫡男の子といえば私である。今日、王僚がどうして私に代わって位をつぐ資格があろうか。しかし私は無力で、大臣たちの中にも援助する人がいない。㊴有力な同志がいなければ、私の志は実現できないだろう。私が王僚に代わって位につき、季札が東の方から帰国したとしても、私を廃することはあるまい」

専諸がいった。

「それなら、どうして側近たちが王の面前で堂々と進言するようにされないのですか。前の王の遺命をのべてあなたのお考えをそれとなく伝え、どなたが位をつぐ資格があるのかを知らせようとされないのですか。どうして剣士などを養い、先王ののこされた徳を棄て去ろうとするのですか」

公子光がいった。

「王僚という人はもともと欲深く、力をたのんで利益を求めることを知っているが、自分が退いて人に譲ることなどは分かっていない。だから私は憂いを同じくする勇士を求め、彼らと力を合わせようとするのだ。あなたがこうした道理を分かってくれることを願うだけである」

専諸がいった。

「あなたは他の人にもこうしたことをあからさまにいっているのですか。一体私に何をやれといっているのですか」

公子光がいった。

「いや、こうしたことは他の人に話したことがない。これは国の機密に関することだ。つまらぬ人間など到底やれないことで、この使命はぜひあなたにやってもらいたい」

専諸がいった。

「それでは私に命じてください」

公子光がいった。

「今はまだ時機が熟していない」

専諸がいった。

「一体、君主を殺そうと思ったら、必ず前もってその好物をさがしあてることが必要です。呉王の好物は何ですか」

公子光がいった。

「ご馳走を食べるのが好きである」

専諸がいった。

「どういうものをおいしがるのですか」

公子光がいった。

「あぶった魚を食べるのが好きなのだ」

そこで専諸は出かけて、太湖で魚をあぶる法を教わった。三月たつと、おいしいのがつくれるようになった。あとはゆっくり公子光の命令を待った。

王僚八年（前五一九）。

王僚は公子光をつかわし、楚を伐たせ、楚の軍隊に大勝した。ついで亡くなった太子建の母を鄭から迎えた。鄭の君（定公）は建の母に珠玉・簪《かんざし》・珥《みみだま》を贈り、建を殺した過《あやま》ちを取り消したいと思った。

王僚九年（前五一八）。

呉王は公子光をつかわし、楚を伐ち、居巣・鍾離《しょうり》(40)を攻め落とした。そもそも呉が楚と戦うことになったのは、楚の辺境の邑《ゆう》である胛梁《ひりょう》(41)の女と呉の辺境の邑の処女《おとめ》とが養蚕をやっており、互いの土地の境にあった桑を争って両家が攻めあい、呉の方の家が敗れ、それから呉と楚がかわるがわる相手を攻め、ついに楚が呉の辺境の邑を滅ぼしたことから始まる。そこで呉王は怒って楚を攻め、居巣・鍾離の二邑を奪ってから軍を引き上げたのである。

王僚十二年（前五一五）。

この年冬、楚の平王が亡くなった(42)。伍子胥はこれを聞き、白公勝(43)にいった。

「平王が亡くなり、私の復讐の志はとげられなくなった。だが楚の国がなくなったわけではない。私はどうして思いわずらうことがあろうか」

白公勝は黙って答えなかった。伍子胥はそこで部屋にこもって泣いた。

王僚十三年（前五一四）。

呉は楚が平王の喪に服している機会をとらえて楚を攻めようとした(44)。公子の蓋余《がいよ》と燭傭《しょくよう》(45)に命じ、兵をひきいて楚の都を囲ませた。一方、季札を晋に使者としてつかわし、諸侯の動きをつぶさに視察させた。ところが思いがけなく、楚は兵を発して呉軍の背後を断ったので、呉軍の兵士たちは還ることができなくなった。この時、公子光の心が動いた。伍子胥は公子光が好機到来と見てとっていることを知り、公子光にすすめていった。

「今、呉王は楚を討伐しようとしています。二人の弟（蓋余《がいよ》と燭傭《しょくよう》）は兵をひきいて出発しましたが、その吉凶がどう出るか分かりません。専諸に一任した使命は焦眉の急となりました。好機は二度とめぐりません。この好機を逸してはなりません」

そこで公子光は専諸に会っていった。

「今、呉王の二人の弟は楚の討伐に出かけ、季札も晋に使してまだ帰っていない。この好機を見逃したら、私は二度と王位を手にすることができようか。この好機は見逃すことができない。まして私は王位を受けつぐべき本当の人である」

専諸はいった。

「王僚は殺すことができます。彼の母は年老い、子は幼く、弟は楚の討伐に出かけ、楚はその退路を断ってしまっています。今や呉は外は楚との戦さに苦しみ、内は剛直の臣がいません。こういうことですから、呉王は私に何もできないでしょう」

この年四月、公子光は武装した兵士を地下室にかくし、酒宴を用意して王僚に出席を願い出た。

王僚は自分の母に申しあげた。

「公子光が私のために酒宴を用意して私の出席を願い出たが、何か変わったことでもないか、お分かりでないでしょうか」

母がいった。

「公子光の心には不平があるようで、いつも後ろめたい様子が見られます。ご用心なさいますように」

そこで王僚は棠渓《とうけい》の鉄でできた三重の甲《よろい》(46)を着、護衛の兵を宮門から公子光の家までの道に配置した。階段や座席の左右はみな王僚の親戚が占め、また坐ったり立ったりしている侍従たちは長い戟《げき》をもち、その戟の刃が互いに交わるようにして護衛していた。

やがて宴酣《たけなわ》の時、公子光は脚が痛いといつわり、地下室に入って脚に包帯をし、専諸をつかわし、魚腸剣(47)をば焼いた魚の中に入れて王僚に進めさせた。専諸はいよいよ王僚の前に出ると、手で焼いた魚を素早くさき、そしてその中からかくしてあった匕首を取り出し、王僚めがけて刺そうとした。するとその時、刃を交錯させていた侍従たちの長い戟が専諸の胸を刺した。専諸の胸はさかれ、骨はくだかれたが、専諸は匕首をもと通り手にし、王僚を刺した。匕首は王僚の鎧を貫き、背に達した。王僚はその場で亡くなった。お側のものが一緒になって専諸を殺した。そして多くの兵士たちが騒ぎまわった。公子光は鎧をきた兵士たちをかくしていたが、彼らが王僚の兵士たちを攻撃し、みな殺しにした。

こうして公子光は自分で王位についた。これが呉王闔閭《こうりょ》である。闔閭は専諸の子に封地を与え、客卿(48)に任じた。

一方、季札は使者として出かけていたが、呉の都に帰ってきた。闔閭は季札に位を譲ろうとしたが、季札がいった。

「もしも先王の祭祀を廃することなく、また土地や穀物の神をうやまうことができる人があるなら、その人こそ私の君なのです。私は誰を怨むことがありましょうか。死者（王僚）を哀れみ、生者（闔閭）につかえ、ただ天命にしたがうだけです。私が乱をおこしたわけではありませんので、どなたが君主になろうとも、君主となった方にしたがうのが、先君以来の道です」

こういって季札は王僚の墓前で使者としてつかわされた結果を報告し、また墓に向かって号泣した。それからもとの地位にもどり、闔閭の命令を待った。公子の蓋余と燭傭の二人は兵をひきいて、楚に囲まれたままになっていたが、公子光が王僚を殺し、自分で王位についたと聞き、兵士とともに楚に降った。楚は彼らに舒《じょ》(49)の封地を与えた。

注

（1）この題名は冒頭の原文の「王僚使公子光伐楚」という字句をとったもの。王僚の時代を取り扱っているが、記述は王僚が中心になっているのではない。伍子胥が楚から呉に亡命してきた経緯と伍子胥が公子光とくんで王僚を殺した顛末が詳しくのべられている。

（2）原文は「因捨」。捨の字の意味不明。兪樾《ゆえつ》『諸子平議補録』巻十七が「捨」を「舍」の字の仮借とし、一晩宿る意に解す。この説にしたがう。

（3）伍子胥が楚から呉に亡命したことについては、『左伝』昭公二十年、『史記』伍子胥列伝に詳しい。

（4）伍挙の邑《ゆう》は椒《しょう》にあったので、別の名を椒挙という。

（5）『史記』楚世家では、「左手で鄭姫を抱き、右手で越女を抱い」たとされる。

（6）三年飛ばず、鳴かずは、『史記』滑稽列伝によると、淳于髡《じゅんうこん》が楚の威王を諫めた時の隠語《なぞ》としても見える。

（7）『史記』楚世家によると、伍挙との問答の後、なお数ヶ月、王の淫楽はやまず、大夫蘇従が諫め、そこで王は淫楽をやめ、伍挙を任じ、蘇従に国政を委ねたという。孫叔敖が宰相となったのは荘王九年のこと。

（8）荘王の後、共王、康王、郟敖《きょうごう》がつぎ、その後に霊王が立った。霊王、名は囲、在位は前五四〇より前五二九まで。

（9）游覧のための台《うてな》。今日の湖北省監利県西北にあったと伝えられている。

（10）『国語』楚語は「匏居」につくる。匏居の台の場所は不明。

（11）原文は「宴豆」、豆はたかつき。

（12）平王、名は棄疾、後に熊居《ゆうきょ》と改む。前五二八から前五一六まで在位。

（13）『左伝』昭公十九年によると、棄疾が蔡にいた時、郹陽《げきょう》（河南省新蔡県）の封人の女《むすめ》が棄疾と私通して、太子建が生まれたという。

（14）太子を輔導する官名、ただし『左伝』昭公十九年では「師」となっている。

（15）楚の北の辺境の邑、今日の河南省宝豊県東。

（16）楚の平王七年（前五二二）三月。

（17）今日の河南省東部と山東・江蘇・安徽の間にあった国。この時は宋の元公十年。

（18）原文は「前知の士」、前知は『礼記《らいき》』中庸に見え、物ごとのまだ起こらぬさきに知ること。伍子胥は後にしばしば出てくるように六壬《りくじん》法などの卜《うらな》いに通じており、おそらくそれをいっているかと思われる。

（19）以下の平王の策略は『史記』伍子胥列伝には見えない。

（20）原文に「甲子」とあるのは干支で日をあらわしたもので、甲子の日のこと。王僚五年三月以後の甲子の日は四月七日である。原文に「巳」とあるのは十二支で時刻をあらわしたもので、巳の刻は午前九時から十一時までである。以上のように日や時刻によって吉凶を占うが、原文にはさらに五行説が加わっている。近年、呉・越の隣国である楚の遺蹟から戦国時代の日書《にっしょ》と呼ばれる竹簡が発見されているが、これは以上のような日時による吉凶を占った記録である。工藤元男『睡虎地秦簡よりみた秦代の国家と社会』（創文社、一九九八）、同『占いと中国古代の社会』（東方書店、二〇一一）参照。

（21）申包胥、別に申鮑胥につくる。春秋時代の楚の大夫、姓は公孫、申（河南省南陽市北）に封ぜられたので、申包胥という。

（22）宋の元公、名は佐、前五三一より前五一七まで在位。伍子胥が宋に奔《はし》ったのは元公十年（前五二二）。

（23）華氏は華定・華亥を指す。華氏の乱は『左伝』昭公二十年に見える。

（24）晋の頃公、名は去疾、前五二五より前五一二まで在位。この時は頃公四年。
（25）鄭の定公、名は寧、前五二九より前五一四まで在位。この時は定公八年。子産は公孫僑、字は子産。鄭の簡公十二年（前五五四）、卿となり、二十三年（前五四三）、執政となり、その後、定公・献公・声公に仕える。
（26）昭関は春秋時代、呉・楚の境にあり、交通の要衝。今の安徽省含山県北。
（27）四部叢刊本は「将去取之」（美珠を取りに出かけようとしている）につくる。ただしこの句、『芸文類聚』巻六は「我将告子、欲取之」、『太平御覧』巻八百三は「今執、我将言爾取之」、『初学記』巻七は「将告子、取呑之」につくる。これらにしたがって解した。『史記』伍子胥列伝には見えず、『韓非子』説林上に見え、このところは「我且曰、子取呑之」とある。
（28）長江説（張覚）と溧水《りっすい》説（黄仁生）があるが、前者にしたがう。安徽省和県のあたり。
（29）原文は「日月昭昭乎」。『越絶書』荊平王内伝に「日昭昭」とあるにしたがう。
（30）原文は「千潯之津」。一潯《じん》（尋）は八尺、ただし千潯は実数ではない。
（31）原文は「盎漿」。盎は口が小さく、腹が大きい壺。
（32）万物が天からうけたそれぞれの性質や運命（『易経』乾）。
（33）原文は「丈人」。年長者に対する尊称。
（34）『史記』伍子胥列伝も、伍子胥をとらえたものに五万石の粟、執圭の爵（圭をとる官爵。楚の場合は附庸国の国君の地位にあたる）を賜わるとなっているが、『越絶書』荊平王内伝では千金で購うとなっている。

(35) 今の江蘇省溧陽県西北。
(36) 溧水の別名。
(37) 専諸、『左伝』昭公二十七年に鱄設諸《せんせつしょ》と見える。『史記』刺客列伝に伝記があるが、出身地の堂邑はもとの名棠《とう》、春秋時代は楚に属し、後に呉に属し、堂邑に属した。今の江蘇省六合県北にあった。
(38) 本書第二では季札は延陵に逃げ帰ったことになっている。
(39) 原文は「掌事之間」。徐乃昌『呉越春秋札記』は「掌事」は「掌刺」の誤りとするが、掌事は国政を担当する人、つまり大臣の意味であろう。
(40) 居巣は今の安徽省巣県西南。鍾離は第二の注（5）参照。
(41) 『史記』呉太伯世家は卑梁とす。今の安徽省天長県西北にあたるという。
(42) 『左伝』昭公二十六年（前五一六）九月の条に、楚の平王が卒したと見える。
(43) 白公勝は太子建の子。名は勝。白は楚の邑名、今の河南省息県東にあったという。
(44) 徐天祜注は、『左伝』昭公二十七年（前五一五）、つまり王僚十二年に呉の王僚が楚の平王の喪に乗じて攻め込もうとしたと見え、『史記』呉太伯世家では王僚十三年としているので、これにしたがったとする。
(45) 『左伝』昭公二十七年では「公子掩余・公子燭庸」となっている。
(46) 原文は「棠鉄之甲」。棠渓でつくられた鉄の鎧のこと。棠は棠渓を指し、春秋時代、楚の地名、今の河南省遂平県西北。

(47) 匕首《ひしゅ》（あいくち）の名。
(48) 他国から来て卿の位についた人。専諸の子は堂邑の人で、堂邑は当時楚に属していたのであろう。
(49) 春秋時代、舒国があったが、楚に滅ぼされた。今の安徽省舒城県東南。

第四　闔閭《こうりょ》内伝（闔閭の伝記）

闔閭《こうりょ》元年（前五一四）。

闔閭は位につくや（1）、賢明で有能な人を任用し、恩恵を施し、仁義の君として諸侯に知られるようにした。しかし恩恵や仁義がまだ実施されないでおり、闔閭は国人がなつかず、諸侯も信用しないのではないかと恐れ、そこで伍子胥《ごししょ》を登用して行人《こうじん》（2）の官職を与え、賓客の礼で彼をもてなし、ふたりで国政をはかることになった。

闔閭は伍子胥にいった。

「私は国を強くし、覇王となりたいが、どのようにすればよいだろうか」

伍子胥は地に跪《ひざまず》き、おそるおそる進み、涙をながし、首を伏していった。

「臣《わたくし》は楚国から亡命した罪人のようなものです。父兄を棄てて、その遺体も葬らず、祖先の祭りもしておりません。罪を蒙り、辱《はずかし》めを受け、そこで大王のもとにまいり、その命《めい》をきくことになりました。大王は幸いにもおとがめなさいませんでした。どうして政務にあずかることなどできましょうか」

闔閭がいった。

「そなたがいなければ、私は命《めい》を奉じて敵をとらえたり、敵をふせいだりする(3)以外のことはやれなかった。ところが今日、そなたの助言があったればこそ王位につくことができたのである。一体どうして中途でそなたの隠退などを念頭においたりすることがあろうか」

伍子胥がいった。

「私は、はかりごとのある臣はどうして危険で命《いのち》を落とすような境地にだまって身をおくことがあろうか、と聞いております。と申しますのも、憂いが除かれ、事態が安定すると、必ずや君主にうとんぜられるからです」

闔閭がいった。

「それは違う。私はそなた以外、充分に相談できる人はいない。どうしてそなたを退けることができようか。わが国はへんぴで遠い東南の地にあり、地勢はけわしく、雨や湿気が多い。その上、長江や海の水害もある。君主は国を守らず、人民はたよるところなく、倉庫も設置せず、田畑も開墾しなければ、一体どういうことになるだろうか」

伍子胥は黙っていたが、しばらくして答えた。

「私は、治国の道は君を安んじ、民を理《おさ》めることである、と聞いています。これこそ最上のやり方です」

闔閭がいった。

「君を安んじ、民を治めるにはどんな手だてがあろうか」

伍子胥がいった。

「そもそも君を安んじ、民を治め、覇業をなし、王者になり、近隣の国をしたがえ、遠い国を抑えようとするには、必ずまず城郭をつくり、守備を固め、倉廩《くらみ》を実たし、武器庫をとのえることです。これがその手だてというものです」

闔閭がいった。

「それはよいことだ。そもそも城郭を築き、倉庫をつくるには、土地を観察させ、よいところにつくらなければならない。天空の気を見る術などで隣国を威服させるものがあるのだろうか」

伍子胥がいった。

「天空の気を見る術はあります」

闔閭がいった。

「私はそなたにはかりごとを一任することにする」

伍子胥はそこで専門家に土地を観察させ、水質をしらべさせた。

そして天に象《かたど》り、地に法《のっと》り、大城を築いた。その周囲は四十七里(4)あった。陸門を八つ(5)にしたのは天の八風(6)に象ったものであり、水門を八つ(7)にしたのは地の八聡《はっそう》(8)に法《のっと》ったものであった。また小城を築いた。周囲は十里(9)で、陵門(10)が三つあった。小城の東面に門をつくらなかったのは、これで越の光明を絶とうとしたためである。大城に閶門《しょうもん》をつくったのは天の門に象り、閶闔風(11)を通そうとしたもの、また蛇門《じゃもん》をつくったのは地の門に象ったものである。闔閭は西方の楚を破ろうと思っていた。楚は西北方に位置していたので閶門をつくり、天空の気を通じようとしたのである。そこで別にこれを破楚《はそ》門と名づけた。闔閭は東に向かって大越を併合したいと思っていたが、越は呉の東南方に位置していたので蛇門をつくり、敵国を征服しようとした。呉の地は辰(12)の方角にあり、それは龍と対応する。そこで小城の南門の屋根のはじのそり反っている瓦(13)が二匹の龍が棟をうねっているよう(14)にしたのは、龍の角に象ったものである。

越は巳《み》(15)の方角にあり、巳は蛇《じゃ》に対応する。そこで大城の南門の上に木製の蛇を置き、蛇身は北に向き、蛇頭は城内へ伸びており、越が呉に服属することをあらわしていた。

城郭が完成し、倉庫も備えられると、闔閭はまた伍子胥をつかわし、蓋余《がいよ》、燭傭《しょくよう》を征服させようとした。そして戦闘、騎馬、弓射、駕車などの武術を習わせた。しかし使用する鋭利な武器がなかったので、干将《かんしょう》に依頼して二本の名剣をつくってもらうことになった。干将は呉の人で、欧治子《おうやし》(16)と師匠が同じで、両人とも剣をつくるのが上手であった。越は前に三本の剣を献じてきたことがある。闔閭はこれを手に入れ、宝物としてきた。そこで剣匠に命じ、二本をつくってもらったのである。一本を干将といい、もう一本を莫耶《ばくや》といった。莫耶は干将の妻のことである。干将が剣をつくった時、五山(17)のよい鉄、六合《りくごう》(天地・四方)のすぐれた金属を采《と》り、天地をよくうかがい、日月がともに照らす時、百神が臨んで見て、天の気が下降するようにして始めた。ところが金属や鉄の精が銷《と》けて流れることがなかった。干将はそのわけが分からなかった。妻の莫耶がいった。

「あなたは剣をつくるのが上手だということで王のお耳に達している。そこで王はあなたに剣をつくらせたが、三ヶ月たってもでき上がらない。何かお考えがあるのですか」

干将がいった。

「私にはそのわけが分からないのだ」

莫耶がいった。

「そもそも神が授けたものを変えるには人の助けが必要なのです。今、あなたは剣をつくっているが、人の助けがあって初めてでき上がるのではないでしょうか」

干将がいった。

「昔、私の師匠が冶金をされた時、金属・鉄のたぐいが銷《と》けなかった。そこで夫妻が一緒に冶金の炉の中に入ったところ、ものができ上がった。そこで今日では山で冶金をするが、麻の絰《おび》[18]をし、茅草の衣を着、祭りをしてから、山で金属を鋳《い》ようとする。今、私が剣をつくって変化しないのは、そのためだろうか」

莫耶がいった。

「あなたの師匠は身を爍《と》かしてものができ上がるのを知っていた。私にもそれは難しいことではない」

そこで干将の妻（莫耶）は髪を切り、爪を剪《き》り、炉の中に身を投じた。そして童女・童男三百人をしてふいごを動かさせ、炭をつめさせた。金属・鉄はそこで熔けて、ついに剣ができ上がった。二本の中、陽のを干将といい、陰のを莫耶といった。陽のには亀の背文様が刻まれ、陰のには水があふれ出た文様が刻まれた。干将は陽の方を匿《かく》し、陰の方を献上した。闔閭はそれを大変大事にした。宝剣を手に入れた頃、たまたま魯の使者季孫《きそん》[19]が呉にやってきた。闔閭は掌剣大夫に命じ、莫耶を季孫に献じた。季孫が剣を抜いて仔細にそれを見ると、[20]刃[21]のはしあたりに大きさ黍米ぐらいの欠けた部分があった。季孫は感嘆していった。

「何と立派な剣であることか。強国の師匠[22]でもこれ以上のものはつくれないだろう。そもそもこの剣が完成したからには呉は覇者になるだろう。しかしもし欠陥があれば亡ぶであろう。私はこの剣が好きだが、どうしていただくことができるであろうか」

季孫はこの剣を受けないで立ち去った。

闔閭はすでに莫耶を宝物とし、さらに国中に命じて金鈎《きんこう》(23)をつくらせることとした。命令していった。

「よい鈎《かぎ》をつくることができるものには百金を褒美としてつかわす」

呉では鈎をつくる人が大変多かった。ところが王が出した多額の賞金をぜひとも手に入れたいという人があらわれた。彼は自分の二人の子を殺し、その血を金属にぬらしてとうとう二つの鈎をつくった。そして闔閭に献上し、宮門にいたり、賞金を求めた。王がいった。

「鈎をつくる人が多いのに、そなただけが賞金を求めている。どこが他の人たちの鈎と違うのか」

鈎をつくったものがいった。

「私は鈎をつくった時、王の賞金がほしいばかりに二人の子を殺し、その血で二つの鈎をつくったのです」

王はそこでもっているたくさんの鈎を示していった。

「そなたの鈎はどれであるか」

王の鈎は大変多く、形はいずれも似ており、どれが〔賞金を求めるものの〕鈎か分からなかった。そこで鈎つくりの工匠は鈎に向かって二人の子の名を呼んでいった。

いった。

声がまだ終わらないうちに二つの鈎は一緒に飛んで父の胸にくっついた。呉王は大層驚き、

「呉鴻《ごこう》、扈稽《こけい》よ。私はここにいる。王はそなたたちの精霊が分からないでいる」

「ああ、〔私がよい鈎を手に入れたのは〕本当にそなたのお蔭である」

そして百金を褒美としてあげ、その鈎を肌身離さず着用した。

闔閭元年（前五一四）の六月、兵を動かそうとした時、たまたま楚の白喜《はくき》(24)が呉に亡命してきた。呉王が伍子胥にたずねていった。

「白喜はどういう人か」

伍子胥がいった。

「白喜は楚の白州犂《はくしゅうり》(25)の孫です。楚の平王が州犂を殺したので、喜が呉に亡命してきましたが、私が呉にいると聞いてやってきたのです」

闔閭がいった。

「州犂には何の罪があったのか」

伍子胥がいった。

「白州犂は楚の左尹《さいん》で、号を郤宛《げきえん》(26)といいます。平王につかえ、平王は彼を可愛がっておりました。いつも終日ともに語り、朝になって食事をともにしました。費無忌《ひむき》がこれを嫉妬し、

平王に、「王が宛《えん》を可愛がられているのは国全体の知るところ。どうして酒を一緒にのまないのですか。一度、宛の家に出かけられ、群臣に宛をよく待遇していることを示されては」といいました。平王は、承知した、といい、酒を郤宛《げきえん》の邸で用意させることになりました。そうしておいて無忌は宛に教えて、「平王はすこぶる剛毅勇猛で、兵事を好んでいる。あなたは必ず前もって兵器を堂（表ざしき）の下、門、庭に並べておきなさい」といった。宛は彼のことばを信じ、そのとおりにしました。平王がやってくると大変驚き、「宛は一体何をしようとしているのか」といいました。そこで無忌は、「おそらく王は殺される心配があります。急いで立ち去られるように。事態はまだよくつかめません」といいました。平王は大層立腹され、とうとう郤宛を殺しました。諸侯はこれを聞き、嘆かないものはありませんでした。喜は私が呉にいることを聞いてやってきて、お目通りをお願いしたのです」

闔閭は白喜に会い、たずねていった。

「私の国はへんぴで遠くにあり、東の方は海に沿うている。うわさによると、そなたの父上は楚君の理不尽な怒り、費無忌の讒言にあったということであるが、そなたはわが国を遠しとせず、やってきた。何を私に教えようとされるのか」

白喜がいった。

「私は楚から逃げてきた罪人です。私の父は無罪で理不尽にも殺されました。私は大王が伍子胥が追いつめられているのを救われたことを聞き、千里を遠しとせず、こちらにやってきて命《めい》を聞くことになりました。大王が私に死を賜わることがあっても構いません」

闔閭はそのことばに同情し、白喜を大夫とし、国政を相談することになった。

呉の大夫被離《ひり》が宴会に招かれ、伍子胥に問うた。

「あなたはどういうところを見て喜《き》を信じたのですか」

伍子胥がいった。

「私の楚に対する怨みは喜と同じです。あなたは「河上《かわのほとり》の歌」を聞いたことがありますか。それは次のとおりです。

同病相憐れみ、同憂相救う。
驚翔《きょうしょう》の鳥は相随いて集まり、
瀬下《らいか》の水は回復して倶《とも》に流る。
(同じ病いのものが互いに憐れみ、
同じ憂いのものが互いに助け合う。
驚いて飛びたった鳥は互いにしたがい集まり、
瀬《はやせ》の水は勢いをもり返してともに流れる)

胡地の馬は朔風《きたかぜ》を望んで立ち、越地の燕はいつも太陽に向かって嬉々としています。誰でもその近い関係の人を愛さないものはいないし、その思う人を哀れまないものはいないのではないでしょうか」

　被離がいった。

「あなたのことばはうわべだけのことです。内心何か思うところがあって心配ごとを否定しようとされているのではないですか」

　伍子胥がいった。

「私には何も心配ごとなどありません」

　被離がいった。

「私は喜《き》という人をよく観察しましたが、鷹のような鋭い眼をもち、虎のようなたけだけしい歩き方をし、功を独り占めし、人をほしいまま殺す性格があります。近づけてはなりません」

　伍子胥はそのことばに同意せず、白喜と一緒に呉王につかえた。

　闔閭二年（前五一三）。

　呉王（闔閭）は前に王僚を殺したが、さらに慶忌《けいき》（王僚の子）が隣国（衛）にいる心配をかかえ、諸侯と手を結び、攻めてきはしまいかと恐れた。伍子胥にたずねていった。

「昔、専諸は自分のためによくやってくれた。今、公子慶忌が諸侯とはかりごとをめぐらしているように聞いている。そこで私は食事もおいしくないし、枕を高くして寝られない。このことをあなたにお任せしよう」

伍子胥がいった。

「私は不忠で、とり立てていえる徳行もありません。ところが大王とともに王僚を殺すことを地下室で相談しました。今、さらにその子を討とうとするのは、おそらく天意ではないでしょう」

闔閭がいった。

「昔、周の武王が殷《いん》の紂《ちゅう》王を討ち、その後、武庚《ぶこう》を殺している。(27) しかし周の人たちは怨む気配はなかった。今、こうして相談するのは、どうして天意に反することがあろうか(28)」

伍子胥がいった。

「私は君王につかえ、呉の王統を永続させようとしております。その他にどうして懼《おそ》れることなどありましょうか。私が厚く遇したいと思っている人がおりますが、しかしそれは痩せて小さい人です。何とぞ彼をはかりごとにしたがわせてくださるように」

呉王がいった。

「私が心配しているのは敵に万人の力があるということである。どうして痩せて小さい人などにはかることができようぞ」

伍子胥がいった。

「その痩せて小さい人が事をはかると万人の力があります」

王がいった。

「それは誰であるか。それをいいなさい」

伍子胥がいった。

「その人は姓が要《よう》、名が離《り》と申します。私は昔、壮士椒丘訢《しょうきゅうきん》をくじき、辱《はずかし》めたのを見たことがあります」

王がいった。

「椒丘訢を辱めたというのはいかなることか」

伍子胥がいった。

「椒丘訢《しょうきゅうきん》というのは東海のほとりの人です。斉王のために呉に使し、淮水《わいすい》の渡し場を過ぎました。渡し場で馬に水をやろうとした時、渡し場の役人がいいました。「水中に神がいる。馬を見るとすぐにあらわれてその馬を害する。あなたは馬に水をやるのをやめるように」。訢《きん》はいいました。「壮士の進む道には邪魔する神などあろうか」。そこで従者をして渡し場で馬に水をやらせました。水神が果してあらわれ、その馬を奪いました。馬は水中に消えました。椒丘訢は大そう怒り、袒裼《たんせき》（上着をぬぎ、身体をあらわすこと）して剣をもち、水中に入って神をさがし、戦いをいどもうとしました。連日戦っている中、一方の目が見えなくなりました。そこで呉に行き、たまたま友人の喪に参列しました。訢は自分が水神と戦った勇者であることを鼻にかけ、喪の席上、士大夫たちを軽んじ、威張りちらしていました。ことばも不遜で、他の人を侮《あなど》る気配が見られました。要離は彼と向かいあって坐りました。同席していた人たちは彼があまりに自分の力を自慢するのに辛抱できなくなりました。その時、要離は訢を辱めるようにいいました。「私は勇士の戦いというものは、日と戦うものは日時計の表⑵⑼を動かすことをせず、鬼神と戦うものは踵《くびす》をかえさず、人と戦うものは相手にとどく声を発しない、生きて進むも死して還るも、その辱めをうけない、と聞いています。今、あなたは水神と水中で戦い、馬を亡《な》くし、御者を失い、一方の目が見えなくなりました。このように形体が残《そこ》なわれ、名ばかりの勇であるのは勇士の恥ずるところです。敵と戦って命をおとすことなく、生に執着しています。どうして私の前で威張ることなどできましょうか」。それを聞いた椒丘訢は自分が詰《なじ》られていると思い、恨みと怒りが一緒に噴き出しました。夜、要離のところに行き、攻撃しようとしました。要離はすでに宴席が終わると自分の家にもどり、妻に告げました。「私は壮士椒丘訢を身分のある家の喪で辱めた。恨みや怒りのあまり、夜に必ずやってくるだろう。しかしきっと門は閉めないように」と。夜になり、椒丘訢が果してやってきました。その門が閉められていないのを見、堂（表ざしき）に登ったが、かぎがかけられていず、その寝室に入ったが防備がありませんでした。そして要離は髪をばらばらにし、横になって寝ており、懼れる様子はありませんでした。そこで訢は剣を手にし、要離の髪をつかんでいいました。「あなたには殺されてもよい三つの過《あやま》ちがある。あなたはそれを知っているか」と。離が、知らない、というと、訢は、「あなたは私を身分のある家の大勢の人の前で辱めた。これが一つ目。家に帰って門にかぎをして閉めなかった。これが二つ目。寝ておって守ることがなかった。これが三つ目。あなたにはこうした殺されるべき三つの過ちがあるが、殺されても怨みなどもたないようにと思っている」といいました。要離はそれに対し、「私には三つの殺されるような過ちはない。あなたにこそ三つの愚かな行いがある。あなたは知っているか」といいました。訢が、知らない、というと、要離は、「私はあなたを千人《たくさん》の人の前で辱め、あなたは何ら報復することがなかった。これが一つ目。門に入っても咳もせず、堂に登っても声も出さなかった。これが二つ目。まず自分の剣を抜き、手で私の頭をつかんでおさえつけ、そして大声をあげた。これが三つ目。あなたには三つの愚かさがあるのに私を威《おど》した。何といやしい行為ではないか」といいました。そこで椒丘訢は剣を棄てて嘆いて、「私の勇気をこれまで軽視しようとするものはいなかった。しかし要離は私以上のもの、彼こそ天下の壮士である」といいました。私は要離はこうした人物であると聞いております。以上申し上げたのは本当のことであります」

呉王はいった。

「私は一席設けて彼を接待したい」

伍子胥はそこで要離に会った。そしていった。

「呉王があなたの立派で正しい行ないを聞き、ぜひ一度お会いしたいということです」

そこで要離は伍子胥とともに呉王に会った。

呉王がいった。

「そなたはどういうことがやれるか」

要離がいった。

「私は呉の国都の東、千里の人です。私は身体は小さく、力もなく、向かい風には後ろに倒れ、追い風には前に倒れます。しかし大王から命令があったら、どうして力を尽くさないことがありましょうか」

呉王は心では伍子胥が要離を推薦したのは間違いだと思い、しばらくの間、黙っていた。

要離はそこで自分の方からいった。

「大王は慶忌が心配ではありませんか。私は彼を殺すことができます」

王がいった。

「慶忌が勇者であるのは世間で知っている。筋骨は強く、万人も彼に立ち向かうことはできない。走っては逃げる獣を追い、手では飛鳥をとらえ、身体は飛びあがる勢いで、一たび膝をたたけば数百里も走るようである。私は彼を長江まで追ったが、駟馬《しば》（四頭立ての馬）も追いつけなかった。弓で射たが、彼は巧みに受けとめ、矢ははずれた。(30) 今、そなたの力では問題にならない」

要離がいった。

「王にその考えがあるなら、私は殺すことができる」

王がいった。

「慶忌はすこぶる智慧のある男で、困ったら諸侯にたよるが、しかし彼は諸侯の士などにより低くは扱われない」

要離がいった。

「私は、「自分の妻子を楽しませることにのみ安んじ、君につかえる義務を尽くさないのは忠ではない。家族への愛ばかりを心にし、君の患いを除かないのは義ではない」と聞いております。私が罪を受けたと詐《いつわ》って出奔し、王が私の妻子を死罪にし、呉の市場で焼き、その灰を撒き散らし、千金と百里四方の邑を賞金として臣《わたくし》をとらえさせたら、(31) 慶忌は必ずや私を信ずるでしょう」

王がいった。

「承知した」

そこで要離は罪を受けたといつわり、出奔《しゆつぽん》した。呉王は彼の妻子をとらえ、市場で焼き殺した。要離はそこで諸侯に奔《はし》り、〔呉王に対する〕怨みごとをいい、自分は無罪であることを天下に知らしめようとした。ついに衛《えい》に行き、慶忌に会うことを求めた。そして慶忌に会っていった。

「闔閭の無道は王子のよく知るところ。今、私の妻子を殺し、市場で焼きました。無罪で誅殺されたものであります。呉の内情は私がよく知っております。王子の勇気により闔閭をとらえてくださるよう願います。どうして私とともに東して呉に行かないのですか」

慶忌は要離のはかりごとを信用した。三月たって士卒をえらんで訓練し、ついに呉に出かけた。ちょうど船が長江を渡ろうとしたその中流で、要離の気力が衰えた。そこで風上に席を占め、風の勢いに乗じて矛で慶忌の冠をひっかけ、風の力に順《したが》って慶忌を刺した。慶忌はふり向いてそれをはらった。三度要離の頭をつかんで水中に入れ、それから自分の膝の上に置いていった。

「ああ、天下の勇士なるぞ。私に刃を加えようとした」

お側のものが要離を殺そうとした。慶忌がこれを止めていった。

「これこそ天下の勇士。一日で天下の勇士二人(32)を殺すなどできようか」

そしてお側のものをいましめていった。

「呉に還してその忠誠を表彰させなさい」

こうして慶忌は亡くなった。要離は長江を渡ると、江陵(33)に行った。しかし心が傷み、足は進まなかった。従者がいった。

「君にはどうして進まれないのですか」

要離がいった。

「自分の妻子を殺させておいて君につかえるのは仁というものでない。新しい君となって前の君の子を殺すのは義というものでない。人は生をすてて死に就くのを重んずるが、道義に合わない行ないは尊くない。今、私が生を貪り、徳行を棄てたのも、道義に合わないものである。一体、人間には三つの悪行(34)がありながら、しかも世の中で生きているというが、私は何の面目あってか天下の士人に会えようか」

ことばが終わるや、長江に身投げした。しかし死にきれず、従者が救った。要離はいった。

「私はどうして死ぬことができないのか」

従者がいった。

「君にはしばらく死なないで、爵禄を待ってください」

要離はそこで自分で手足を断ち、剣を上向きに立て、その上に身をふせて自殺した。

闔閭三年（前五一二）。

呉は楚を伐とうとしてまだ出兵しなかった。伍子胥・白喜がたがいにいった。

「われわれは王のために士人を養い、はかりごとをめぐらし、国に利益があるようにしています。王は楚を伐とうとして命令を出されたのに、何のかんのといって直ちに出兵されないのはどういうことですか」

しばらくして呉王が伍子胥と白喜にたずねた。

「私は兵を出したいと思うが、そなたたちはどうであるか」

伍子胥と白喜が答えた。

「われわれは王の命令どおりにいたします」

呉王は内心、伍子胥と白喜の二人は楚を怨み、呉の軍隊を利用して楚を滅ぼそうとしているだけではないかと大変危惧した。そこで高い台に登り、南風に向かって嘯《うそぶ》き、しばらくして嘆息した。群臣は王の心を察知するものがいなかった。ただ伍子胥だけは王の心が決まっていないのをよく知り、そこで孫子《そんし》(35)を王に推薦した。

孫子は名が武《ぶ》、呉の人である。兵法を深く学んだ。世を避けて隠居し、世間では知られなかった。伍子胥は智者や人才をよく見分けることができ、孫子が敵の攻撃をくじき、敵を滅ぼすことができることを知っていた。そこである日、呉王と兵を論じた時、七回にわたり孫子を推薦した。

呉王がいった。

「伍子胥は士人を推薦するということにことよせて、実際は自分が推薦した人を用いたいのではないか」

そこで呉王は孫子を召して兵法をたずねた。孫子が兵法の一篇をのべるたび、王は思わず口で「よし」といい、心では大変に喜んでいた。

呉王がたずねた。

「兵法は小さなことから試みるべきであるか」

孫子がいった。

「そうです。後宮の女性から小さなことを始めなさい」

王がいった。

「承知した」

孫子がいった。

「大王お気に入りの姫二人を軍隊の長とし、それぞれ一隊をひきいさせなさい」

そして後宮の女性三百人(36)にみな甲《よろい》を着させ、かぶとをかぶらせ、剣と盾とをもって立たせた。彼女たちに軍法を告げた。太鼓を合図に前進したり、後退したり、左に向かったり、右に向かったり、ぐるぐる廻ったりするようにし、さらに禁止事項を教えた。それから号令していった。

「一回太鼓が鳴ったら全員用意、二回目の太鼓では勇ましく進み、三回目の太鼓で陣形をつくれ[37]」

そこで後宮の女性はみな口を掩《おお》うて笑った。孫子は自分から枹《ばち》をとって太鼓をうち、三たび号令し、五たび説明した。女性たちは相変わらず笑った。孫子は女性たちが笑いつづけ、やまないのを見てとると、大いに怒り、両眼はたちまち突き出て、驚いた虎のような声を出し、髪は上に立って冠をつきあげ、項《うなじ》の横の纓《かんむりのひも》を断ちきった。そして執法[38]の方を見て、

「鈇《まさかり》と鑕《しつ》（人を胴切りする台）を用意せよ」

といった。孫子はさらにいった。

「約束が明らかでなく、説明・号令が信ぜられないのは将たるものの罪である。すでに約束し、三たび号令し、五たび説明しているのに兵卒がしりぞいたり、進んだりしないのは隊長の過《あやま》ちである。軍法ではどうなっているか」

執法がいった。

「斬首である」

そこで孫武は隊長二人を斬ることを命令した。隊長二人とは呉王のお気に入りの姫のこと

である。呉王は台に登って観望していたが、今にも二人の愛する姫が斬られようとしているのを見、使いの馬を馳《はし》らせ、命令を下していった。

「私は将軍の用兵がいかにすぐれているか了解した。私はこの二人の姫がいないと、食べものもうまくない。斬ってはならない」

孫子がいった。

「私はすでに命をうけて将軍となったのです。将軍の守るべき法は軍で決まっており、君主の命令があっても私は受けません」

孫子は指揮して太鼓を鳴らした。宮女たちは左右にまた前後に進み、ぐるぐる廻ったり、決められたとおりにしなければならず、瞬時も油断できなかった。二隊は静粛で、後ろをふりむくものもいなかった。そこで孫子は呉王に報告していった。

「兵士の訓練はでき上がりました。王の観閲をお願いします。どのように用いられても結構です。たとい水火に赴かせることになっても、避けようとはしません。これで天下を平定できます」

呉王は急に不機嫌になった。

「私はそなたが用兵に巧みであることは知っていた。これで覇者になれるとしても、実際に兵を用いることはないだろう。将軍は兵士の指揮をやめて宿舎にもどりなさい。私は観閲などは願わない」

孫子がいった。

「王はただ兵法を談ずることを好まれるだけで、それを実地に用いられようとはされない」

伍子胥も呉王を諌めていった。

「私は「用兵は凶事で、結果も見ずに試みてはならない」と聞いています。ですから、いよいよ兵を用いることになって、誅殺や征伐ができないなら、用兵の道が分からないということです。今、大王は謙虚な気持ちで有能な士を求め、兵をおこして暴楚を誅し、天下に覇を唱え、諸侯を威服したいと思っておられます。しかし孫武が将軍でなければ、誰が淮水を渡り、泗水《しすい》をこえて、千里の遠くまで出かけ、戦うことができましょうか」

そこで呉王は大そう喜び、太鼓を鳴らして軍隊を集め、楚を攻めた。孫子は将軍となり、舒《じょ》を抜き、呉から亡命した将軍の二公子蓋余《がいよ》と燭傭《しょくよう》を殺した。〔楚の都〕郢《えい》に入ることを謀った。孫武がいった。

「それは人民を疲れさすばかりで、今は郢都を攻めずに、後の機会を待ちなさい」

楚の方では呉が孫子・伍子胥・白喜を将軍に任じたと聞き、国はこれを苦にした。そして臣僚たちはみな怨んだ。彼らは口々に費無忌が讒言して伍奢《ごしゃ》・白州犂《はくしゅうり》(39)を殺したので、呉は絶えず国境をこえて楚に侵入し、楚の臣僚たちは降ってわいたような災難にあうのだといった。

そこで司馬成[40]が令尹《れいいん》の子常にいった。

「太傅《たいふ》の伍奢、左尹の白州犂がいかなる罪であるか、国の人たちは知っていない。あなたは平王と一緒になって彼らを殺すことをはかった。そして国中から誹《そし》られることになり、今日にいたってもそれをいうものは絶えない。まことに不可解なことである。思うに「仁者は人を殺したものを誹るのを掩うのが、ちょうどなかったようにする」というように聞いている。今、あなたは人を殺して国中から誹られているのは、何と〔前にあげた〕仁者と異なるのではないか。一体、費無忌は楚の讒佞《ざんねい》のものであるが、民はその過ちを知らない。今、罪もないのに三人の賢者（伍奢・白州犂・伍尚[41]）を殺したことは呉において楚に対する怨みを育てている。国内では忠臣の心を傷つけ、国外では隣国に笑われている。その上、郤《げき》家・伍《ご》家の人は呉に亡命している。呉には伍員（子胥）・白喜がおり、威勢を手にし、志を強くし、楚に対し讐を討とうとしている。そこで強敵の兵が日に日に脅威となっている。楚が呉と事を構えることがあれば、あなたはたちまち危ういでしょう。一体、智者は讒言を除いて自分が安泰となり、愚者は邪《よこしま》なことばを聴いて自分は滅亡する。今、あなたは讒言を聴き入れ、国を危うくしている」

子常がいった。

「これは嚢《わたくし》（嚢瓦《どうが》、子常のこと）の罪である。私には考えがある」

九月、了常は楚の昭王とともに費無忌を殺し、ついにその一族を滅ぼした。すると、国人の誹謗が止んだ。

呉王に滕玉《とうぎょく》という女《むすめ》がいた。呉王が楚を伐とうとはかっていた時、夫人・女《むすめ》と一緒に会して蒸魚を食べた。王はまず半分を食べ、残りの半分を女《むすめ》に与えた。女《むすめ》は怒っていった。

「王は食べ残しの魚を私に与え、私を辱《はずかし》めた。長く生きているのに忍びない」

そして自殺した。闔閭は彼女の死を悼み、国都の西の閶門の外に葬った。池を掘り、土を積み、文様のある石で椁《かく》をつくり、題湊《だいそう》（外に木を累《かさ》ねた棺）を内棺にし、また黄金の鼎・玉の杯・銀の樽・珍珠でつくった襦（はだぎ）などの宝物を入れ、女《むすめ》に送った。さらに白鶴を呉の市場の中で舞わせ、人々をしてこれを見させた。また一男一女と鶴とを一緒にして羨《えん》門《もん》(42)に入らせ、機《しかけ》を発してそれらを墓室に閉じこめ、生者を殺して死者（女《むすめ》）の陪葬とした。国人はこれを非難した。

湛盧《たんろ》という名の剣が闔閭の暴虐無道を憎み、呉を去って出国し、水路で楚に行った。楚の昭王は横になって寝ていた。そして呉王の湛盧という剣を寝床で手に入れた。昭王はどういうことか分からなかった。そこで風湖子《ふうこし》(43)を召してたずねた。

「私が寝ていて、目がさめると宝剣が手に入っていた。その名を知らないが、何の剣だろうか」

風湖子がいった。

「それは湛盧の剣といいます」

昭王がいった。

「どうしてそういうのか」

風湖子がいった。

「私は呉王が越の献じた宝剣三本を手に入れたと聞いています。一つめを魚腸《ぎょちょう》といい、二つめを磐郢《ばんえい》といい、三つめを湛盧《たんろ》といいます。魚腸の剣はすでに呉王王僚を殺すのに用いました。磐郢は亡くなった女《むすめ》に送りました。今、湛盧が楚に入ったのです」

昭王がいった。

「湛盧が呉を去ったのはどういうわけか」

風湖子がいった。

「私は次のように聞いています。越王允常《いんじょう》が欧冶子《おうやし》をして五本の剣をつくらせ、そして薛《せつ》燭《しょく》(44)に示しました。薛燭が答えて、「魚腸の剣は理にもとり、文様が逆さになっているので用いてはならない。臣が君を殺し、子が父を殺すことになる」といったが、果して闔閭がそれを用いて王僚を殺しました。また薛燭は、「磐郢は別に豪曹《ごうそう》といい、規格に合わないもので、人には無益である」といったが、果して亡くなった女《むすめ》に送ることになりました。さらに薛燭は、「湛盧という名の剣は五金(45)の英を集めたもの、太陽の精で、気があり、霊をもっている。これを抜くと、神気があり、これを服すと、威勢がある。そこで戦って敵を防ぐことができる。しかしもし人君に天理に逆らうはかりごとがあると、その剣は君から離れてしまう」といったが、果して無道の呉王から離れ、そして有道の君のところに来たということです。今、呉王は暴虐無道で、君を殺し、楚を伐つことをはかっています。それ故、湛盧が楚に入ったのです」

昭王がいった。

「その剣の値段はいかほどか」

風湖子がいった。

「私の聞いたところでは、この剣が越にあった時、値段をつけた客があったが、それは三十の市場附設の郷、千匹の駿馬、二つの万戸もある都市に相当するということでした。これは一例です。その頃、薛燭の答えでは、赤菫《せっきん》の山谷はすでに閉ざされて雲気もなく、若耶《じゃくや》の渓水は測ることもできないほど深く(46)、鋳剣を助ける群神は天にのぼり、剣つくりの欧冶子は死んでしまった。城を売って金をつんでも、河一杯の珠玉を出しても、この宝物は手に入れることはできない。まして市場附設の郷、駿馬千匹、万戸もある都会などはいうに足らないものである、ということでした」

昭王は大そう喜び、とうとう宝物とした。闔閭は楚が湛盧の剣を手に入れたと聞き、怒りを発し、そこで孫武・伍子胥・白喜に命じて楚を伐たせることになった。伍子胥はひそかに人をつかわし、楚に対して次のように告げさせた。

「楚がもし子期《しき》を将軍とするなら、私はすぐにとらえて彼を殺すだろう。もし子常が兵を指揮するなら、私はすぐに楚を立ち去るであろう」

楚の方ではこれを聞き、そこで子常を用い、子期を退けた。その結果、呉は楚の六と潜《せん》(47)の二つの邑《ゆう》を陥落させた。

闔閭五年(前五一〇)。

呉王は越が楚を伐つのにしたがわないので、南の方の越を伐った。越王允常《いんじょう》がいった。

「呉は以前からの盟約を信ぜず、貢ぎものを献じたり、贈りものを賜わったりする間柄の国を棄て、お互いの親密な関係を滅ぼすものである」

闔閭はそのことばを受け入れず、ついに越の檇里《すいり》(48)を伐って、これを破った。

闔閭六年(前五〇九)。

楚の昭王は公子嚢瓦《どうが》(子常)に命じて呉を伐たせた。潜・六の戦さに報復したのである。

呉は伍子胥・孫武に命じて楚の軍隊を撃たせ、予章(49)でそれを包囲した。呉王はいった。

「私は楚の危急に乗じ、楚の都に入り、そして都の郢《えい》をうち破りたい。もし郢に入ることができなければ、そなたたち二人は何の功もないのではないか」

そこで楚の軍隊を予章に包囲し、これを大破し、次いで巣《そう》(50)を包囲し、これにも勝った。楚の公子繁《はん》(51)を捕虜にして帰国し、彼を人質にした。

闔閭九年（前五〇六）。

呉王が伍子胥・孫武にいった。

「初めのころ、そなたたちは郢に入ってはならないといっていた。しかし今は一体どうであろうか」

二人の将軍がいった。

「そもそも戦いというものは、一時的に勝って威勢を示しても、いつも勝てるということではありません」

呉王がいった。

「それはどういうことか」

二人の将軍がいった。

「楚の軍隊は天下の強敵です。今、私どもはそれとしのぎをけずっています。十人が死に一人が生き残るというようなものです。そこで王が郢に入るのは天に任せるほかありません。私どもが絶対に入れるとはうけあえません」

呉王がいった。

「私はまた楚を攻撃したいが、どうすればうまくゆくだろうか」

伍子胥と孫武がいった。

「楚の嚢瓦は大そう欲が深く、何回となく諸侯に過《あやま》ちを繰り返しました。そこで唐《とう》や蔡《さい》(52)が彼を怨んでいます。王がどうしても彼を伐とうとすれば、まず唐・蔡と手をにぎることです」

二人の将軍はまたいった。

「昔、蔡の昭公《しょうこう》(53)が楚に入朝したとき、美しい裘《かわごろも》二枚、立派な珮《おびだま》二つをもってゆき、その中、裘一枚と珮一つを楚の昭王に献上しました。昭王はそれらを身につけ、朝廷に臨み、蔡の昭公も自分で裘一枚、珮一つを身につけました。ところが子常（嚢瓦）はそれらを欲しがりましたが、昭公は与えませんでした。子常は昭公を三年楚に留め、帰国させませんでした。唐《とう》の成《せい》公が楚に入朝したとき、二頭の文様のある馬をもって行きました。子常はそれを欲しがりましたが、成公は与えませんでした。そこで子常は成公を三年、楚に留めました。唐の人たちが相談し、成公の従者から馬を手に入れ、そしてその馬で成公を釈放してもらおうとしました。従者に酒を飲ませ、酔ったところを見て馬をぬすみ、子常に献上しました。そこで子常は成公を帰国させました。群臣はそしって、「君は一頭の馬のため三年も楚に囚われましたが、馬をぬすんだものの功労に褒美をやってほしい」といったということでした。それ以来、成公はいつも楚の君臣に報復しようと思い、それを口にしないことはありませんでした。蔡人がこのことを耳にし、つよく蔡侯に裘や珮を子常に献上することをもとめ、それが実現して蔡侯も帰国することができました。そして蔡侯は晋に行き、訴え、子の元《げん》と大夫の子とを人質にすることで、楚を伐つことをもとめました。それ故、唐・蔡と手を結び、楚を伐ちなさいというのです」

呉王はそこで使者をつかわして唐と蔡にいわせた。

「楚は暴虐無道で、忠義で善良な人たちを殺し、諸侯を侵略し、〔蔡・唐の〕二国の君をくるしめ、辱《はずかし》めた。私は兵を挙げ、楚を伐とうとしているが、二国の君にはぜひはかりごとを出していただきたい」

蔡の昭公はその子乾《けん》を呉に人質として出した。そして三国が一緒になって楚を伐つことをはかり、軍隊を淮水の北岸に駐屯させた。ついで予章のあたりで楚と漢水《かんすい》をはさんで陣を布《し》いた。楚の子常はついに漢水を渡り、小別山から大別山にかけて陣を布いた。三たび戦ったが、楚軍に利あらず、子常は進むことができないのを知り、逃亡しようとした。〔大夫の〕史皇がいった。

「今、子常は理由もなく楚王と一緒になって三人の忠臣を殺した。天の禍《わざわ》いがやってきたのも楚王のせいである」

子常は答えなかった。

十月、楚の二つの軍隊が柏挙《はくきょ》(57)に陣を布いた。闔閭の弟夫概《ふがい》は朝早く起きて闔閭に請うていった。

「子常は仁愛の心なく、欲深く、人に恵むことがほとんどない。したがってその臣下は決死の覚悟がない。彼を追撃すれば必ず破ることができる」

闔閭はそれを許さなかった。夫概がまたいった。

「臣下のものが自分の志を遂行しようとするときは君主の命令など待っておられないといわれているが、この場合をいうのだ」

ついに夫概は自分の部下五千人をひきいて子常を撃った。楚は大敗し、〔子常は〕鄭に逃走した(58)。楚の軍隊は大いに混乱した。呉の軍隊がこれに乗じ、ついに楚軍を破った。楚軍はまだ漢水を渡らず、兵士たちは食事中であった。呉は楚が逃げ出したので、それを雍滞《ようたい》(59)で撃ち破った。そして五回戦った後、ただちに都の郢にいたった。楚の昭王は呉の侵入に追いつめられ、城郭を出、逃げようとし、妹の季芈《きび》と一緒に黄河と濉水《すいすい》との間に出た。楚の大夫尹《いん》固《こ》(60)も王とともに同じ舟で逃げ去った。呉の軍隊がついに郢に入り、昭王の引き渡しをもとめた。王は濉水を渡り、長江を渡り、雲中(61)に入った。日が暮れ、宿泊していると、群盗が攻撃してきた。戈でもって王の頭に撃ちかかった。大夫尹固が背中でこれを受けとめようとして肩にあたった。王は懼れて鄖《うん》(62)に逃げた。大夫鍾建《しょうけん》は季芈《きび》を背負ってしたがった。鄖公闘辛《とうしん》は昭王を迎えて大そう喜び、彼を無事還したいと思った。しかしその弟闘懐《とうかい》が怒っていった。

「昭王は私どもの仇である」

そして昭王を殺そうとした。その兄闘辛にいった。

「昔、楚の平王は私どもの父（闘成然《とうせいぜん》）を殺した(63)のだから、私どもがその子を殺しても構わないではないか」

闘辛がいった。

「国君（平王）がその臣を討っても誰も仇とは思わない。一体、人の禍いに乗ずるのは仁ではないし、宗族を滅ぼし、祭祀を絶やすのは孝ではない。評判が悪くなることを行なうのは智ではない」

しかし闘懐の怒りはおさまらなかった。闘辛はひそかに自分の末弟闘巣《とうそう》とともに昭王をつれて随《ずい》(64)に逃げた。呉の軍隊がこれを追い、そして随の君にいった。

「周の子孫で漢水《かんすい》のほとりにいたものは、楚が彼らを滅ぼした。今、天がその禍いに報い、罰を楚に加えようというのに貴君（随君）はどうして楚王を大事にしているのか。周王室に何か罪でもあって賊（楚王）を隠しているのか。昭王を差し出せば、心から恩にきる」

随の君は昭王を呉王に渡すのを卜《うらな》ったところ、不吉であった。そこで呉王にことわっていった。

「今日《こんにち》、随は辺ぴなところにある小国で、楚にすこぶる近い。楚がこれまでわが国を保護してくれた。両国は盟約を結んできたが、それは今日にいたるも変わっていない。もし今、楚に危難があってそれを見棄てれば、どうして呉王につかえることができようか。今しばらく楚王を安らかにしてもらえれば、楚王は呉王のいかなる命令にもしたがうことでしょう」

呉の軍隊はそのことばを信頼して撤退した。当時、楚の大夫の子期《しき》は、昭王とともに逃亡していたが、ひそかに呉軍と取引きして昭王を差し出そうとしていた。昭王はこれを聞き、随の君のお蔭で禍いからのがれることができると、すぐに子期の胸を割き、随の君と盟約を結んで随を立ち去った(65)。

呉王は郢に入り、そこにとどまった。伍子胥は昭王をとらえられなかったので、そこで平王の墓を掘り、その屍を出し、三百回鞭うった。左足で腹を践《ふ》み、右手でその目を抉《えぐ》り、彼を責めていった。

「誰がそなたに讒諛《ざんゆ》のことばで私の父兄を殺させたのか。何と無実の罪でなかったか」

そして闔閭をして楚の昭王の夫人をめとらせた。また伍子胥・孫武・白喜も楚の子常、司馬成らの妻をめとり、そうして楚の君も臣も辱めたのである。

伍子胥はさらに軍隊を引きつれ、鄭《てい》を撃った。鄭の定公は前に太子建を殺し、伍子胥を苦しめたことがある。このことから鄭を怨んでいたのである。呉の軍隊が国境に入ろうとしたとき、献公(66)は大変懼れ、国中に命令していった。

「もし呉軍を撤退させることができるものがあれば、私はそのものと一緒に国を分けて治めることにしよう」

漁師の子が応募していった。

「私が撤退させることができます。小さな兵器、わずかな食糧さえ用いることなく、ただ一本の楫《かい》さえあれば、道中、歌をうたいながら行くと、呉軍は撤退します」

〔鄭の〕献公はそこで漁師の子に一本の楫《かい》を与えた。いよいよ伍子胥の軍隊がやってきたとき、道で楫《かい》をたたいて歌っていった。

「蘆中《ろちゆう》の人よ」

これを二回くり返した。

伍子胥はこれを聞いてびっくり仰天し、いった。

「一体誰だろう」

そして一緒に話し合うことになり、伍子胥はいった。

「あなたはどういう方ですか」

漁師の子がいった。

「私は〔かつてあなたを助けた〕老漁師の子です。私どもの国君は恐れて国中に命令し、呉軍を撤退さすことができるものがあれば、国を分けて一緒に治めようといわれました。私は、私の父があなたと旅の途中でお会いしたことがあるのを思い出し、あなたをたよって鄭の国を攻めるのをやめるようお願いする次第です」

伍子胥は嘆いていった。

「悲しいことだね。私は前にあなたの父上の御恩を蒙り、これまでになりました。蒼天が上にあって見ています。私はどうして忘れたりいたしましょうか」

そこで伍子胥は鄭をゆるし、軍隊を撤退させて楚を守った。そして昭王の所在《ありか》をもとめるのが日に日に急になった。

申包胥は山中に逃れていたが、このことを聞き、人をつかわして伍子胥にいわせた。

「あなたの復讐は何とひどいことか。あなたは前に平王の臣下としてつかえていたのに、今、屍を辱《はずかし》めることをやった。何と非道なことではないか」

伍子胥が使者にいった。

「私のために申包胥にこう告げてくれ。〔私の志を実現するのに〕日暮れて路は遠かった。そこで私はわざと行ないにはずれ、道に逆らうことをすることになったのである、と」

申包胥は伍子胥を説得できないことを知り、秦に行き、楚を助けるように請うた。申包胥は昼は走り、夜も趨《はし》り、足のかかとや足の裏が割《さ》けたので、下衣を裂き、足や膝をつつんだ。秦の王宮の広場で鶴のように立ち、号泣した。七日七晩、声が絶えなかった。秦の哀公(67)は酒色に溺れ、国事を顧みなかった。申包胥は号泣をやめ、歌った。

「呉は無道たり。
封豕《ほうし》長蛇《ちょうだもつ》以て上国を食し、
天下を有せんと欲し、政（征）楚より起こる。
寡君《かくん》出でて草沢《そうたく》にあり、
来らせて急を告げしむ」

（呉は無道である。
大豕《おおぶた》・大蛇のように中原《ちゅうげん》の諸国を蚕食《さんしょく》し、
天下を支配しようとして、まず楚から征服を始めた。
わが君は流亡して草莽《そうもう》にあり、
私をつかわして急を告げさせた）

こうして七日間、泣きながら歌いつづけた。
秦の哀公は大変驚き、

「楚にこうした賢臣がいるのに呉は楚を滅ぼそうとしている。私の臣にはこのようなものはいない。私も間もなく滅びるだろう」

といい、無衣《ぶい》（『詩経』秦風）の詩を歌った。

「豈《あに》、衣無しと曰《い》わんや。
子《し》と袍《ほう》を同《とも》にせん。
〔我が戈矛《かぼう》を修め、〕
子と仇《とも》を同にせん」
（衣がなくとも、
君と袍《わたいれ》をともにしよう。
〔王が軍を出動させた。〕
戈矛（武器）をもって、
君とともに出征しよう）

申包胥はいった。

「私は、徳に背いて貪ろうとするものはその欲望に限りがないと聞いています。もし王が隣国（楚）を心配されないとすると、〔楚は呉に平定され、〕貴国の辺境も侵される恐れがあります。そこで呉が楚を平定する前に、楚の地の分け前を取られますように。もし楚が滅びることになれば、秦に何の利益がありましょうか。そうなれば、君の土地も滅ぼされることになります。何とぞ、王は霊妙なお考えにより楚を存続くださるように願います。もし存続の暁には代々王におつかえいたします」

秦伯（哀公）が次のように伝えさせた。

「私は申し出の趣《おもむき》うけたまわりました。あなたはしばらく旅舎で休息してください。協議の上、お知らせします」

申包胥がいった。

「わが君は今、草莽の中にあり、身を休めるところもありません。私がどうして安楽にしておられるでしょうか」

申包胥はまた宮殿の広場に立ち、牆《かき》に倚《よ》りかかって号泣し、日夜声が絶えなかった。そして少しの水も口に入れなかった。秦の哀公はそのため涙を流し、そして軍隊を出動させた。

闔閭十年（前五〇五）。

秦の軍隊がまだ出動しない時、越王允常《いんじょう》は闔閭が檇里《すいり》を破ったことを恨み、兵を起こして呉を伐った。そのころ呉の軍隊は楚にあったので、越はかくれて不意に呉を襲った。

その年六月、申包胥は秦の軍隊とともに楚にやってきた。秦は公子子蒲《しほ》、子虎《しこ》に命じ、五百台の戦車をひきい、楚を救い、呉を撃とうとした。二人の秦の公子がいった。

「われわれはまだ呉の戦い方が分からない」

そこで楚の軍隊を前に進ませ、呉と戦わせ、その後、秦の軍隊が合流した。呉の夫概《ふがい》を大いに破った。

その年七月、楚の司馬子成《しせい》、秦の公子子蒲が呉王と対峙した。その間、楚はひそかに兵をつかわし、唐《とう》を伐って滅ぼした。伍子胥は長い間、楚に留まり、昭王をさがしてなかなか去らなかったが、夫概の軍隊が敗れたので退却した。

その年九月、〔夫概は〕ひそかに帰国し、自分から立って呉王となった。闔閭はこれを聞き、そこで楚の軍隊をすておいて夫概を殺そうとした。夫概は楚に出奔した。楚の昭王は夫概を棠渓《とうけい》(68)に封じた。闔閭はやむなく帰国した。伍子胥・孫武・白喜は楚に留まって楚の軍隊と淮（雍《よう》）澨《ぜい》で戦った。秦の軍隊はまた呉の軍隊を破った。楚の子期は呉の軍隊に火を放とうとした。子西《しせい》(69)がいった。

「わが国の父兄は自分から戦いに出て骨を草野に暴《さら》しているが、まだ骨を収めていない。そこに火を放ってよいだろうか」

子期がいった。

「国が滅び、多数の人を失った。生者もあり、死者もある。が、どうして死者を惜しみ生者を死にいたらしめることがあろうか。死者がもし知ったら、必ず煙のたつのに乗じ、われわれを助けるだろう。もし知らなかったら、どうして草野の中の骨を惜しんで呉を滅ぼさないことがあろうか」

こうして火を放って戦った。呉の軍隊が大敗した。伍子胥らはたがいにいった。

「あの楚はわれわれの残兵を破ったが、まだわれわれは無傷である」

孫武がいった。

「私は呉の兵士をひきい、西に向かい、楚を破り、昭王を追い払い、平王の墓を掘り、その屍を斬り割いて辱《はずかし》めた。これでもう充分だ」

伍子胥がいった。

「覇者の王があらわれてよりこの方、まだ人臣でこのように仇をうったものはいない。もはや立ち去ろう」

呉の軍隊が立ち去った後、楚の昭王は国に帰った。

楽師《がくし》扈子《こし》は楚王が讒言を信じて伍奢・白州犂を殺し、呉が絶えず国境に侵入し、ついには平王の墓を掘り、その屍に鞭うち、またその妻を犯し、そして楚の君臣を辱めたのをそしった。また楚の昭王が呉にくるしめられて追われ、天下の人たちにも大変いやしめられているようなので、これを恥じていることを悲しんだ。そこで琴をならし、楚のために「窮劫《きゆうきよう》の曲」（君の困急を傷《いた》む曲）をつくり、君の危急を傷み、心をこめて往事をのべたのである。その歌詞は次のようであった。

「王や、王や、何ぞ烈に乖《そむ》き、宗廟を顧みず、讒孽《ざんげつ》を聴けるや。
無忌を任用し、殺すところ多く、白氏の族を誅夷《ちゅうい》し、幾《ほとん》ど滅びんとす。
二子東に奔《はし》りて呉・越に適《ゆ》く、呉王哀痛して忉怛《とうだつ》を助く。
涕《なみだ》を垂れ、兵を挙げ、将《まさ》に西伐せんとし、伍胥・白喜・孫武決す。
三たび戦い、郢《えい》を破り、王、奔発す、兵を留め、騎を縦《はな》ち、荊闕《けいけつ》を虜にす。
楚荊の骸骨、発掘に遭い、腐屍を鞭辱《べんじょく》せられて、恥雪《すす》ぎ難し。
幾《ほとん》ど宗廟を危うくし、社稷《しゃしょく》滅びんとす、
厳王(70)何の罪あってか国幾《ほとん》ど絶えなんとす。
卿士は悽愴、民は惻戻《そくれい》、呉軍去ると雖も、怖《おそ》れ歇《や》まず。
願わくば王更《あらた》めて忠節を隠撫し、讒口に能《よ》く謗褻《ぼうせつ》せらるること勿《なか》れ」

（王よ、王よ。どうして道にそむいて功業を立てず、宗廟を顧みず、小人の中傷に耳を傾けたのか。
費無忌を任用して多くの人を殺した。白家の一族などはみな殺しにしたので一族は滅びようとしている。
二子（伍子胥・白喜）は東に逃走して呉・越に行った。呉王はうれえ悲しんで彼らの復讐を助けた。

涙をながし、兵を発し、西方に征伐に出かけ、伍子胥・白喜・孫武が策略をきめた。三たび戦い、楚都郢《えい》を破り、楚王は逃走した。呉軍は楚にとどまり、兵を縦《はな》って楚の王宮を掠奪した。

楚の平王の骸骨は発掘され、その腐った屍は鞭をうたれ、辱めをうけたが、その恥をすすぐのは難しい。

宗廟が危うく、社稷は滅びようとしているが、厳王には何の罪あってか国が滅びようとしているのか。

官吏は悲しみ傷み、民も哀れみ悲しんでいる。呉軍が去っても、怖れはやむことがない。

王には心を入れかえ、忠臣を愛し、讒佞《ざんねい》のやからが告げ口をすることがないようお願いする〕

昭王は涙を流し、琴曲のあらわす情《こころ》をよく理解した。そこで扈子《こし》は二度と演奏することはなかった。

伍子胥らは〔呉に帰る途中〕溧陽《りつよう》の瀬水《らいすい》のほとりを過ぎた。そして長くため息をついていった。

「私はここで飢えて、食べものをある女性に乞うたことがある。女性は私に食べものを与え、水に身を投じて亡くなった」

その女性に百金をお礼に与えたいと思ったが、その家が分からなかった。そこで百金を水中に投じて去った。しばらくして一人の老婆が泣いてやってきた。ある人がたずねた。

「どうしてそんなに悲しそうに泣くのか」

老婆がいった。

「私に娘がおりました。節を守って家に居り、三十になっても嫁《とつ》がなかったのです。先年、ここで綿を打ってましたら、旅の途中で食べものに窮した先生に遇い、その人に飯をやりました。そのことが世間に泄《も》れるのを恐れ、自分で瀬水に身を投じました。今、伍先生がやって来たと聞きましたが、その償いを得ておりません。私は娘が無駄死にしたことで心が傷み、そこで悲しんでいるだけです」

ある人がいった。

「伍子胥は百金をお礼に出したいと思っていたが、その家が分からず、金を水中に投じて立ち去ったのです」

そこで老婆はとうとう水中から金を手に入れ、帰っていった。

伍子胥は呉に帰った。呉王は全軍が帰ってくると聞き、魚を料理して鱠《なます》をつくった。帰って来た日、予定の時を過ぎてもやって来ず、魚は臭くなった。しばらくして伍子胥がやって来た。闔閭は鱠を出して食べさせたが、その臭《にお》いが分からなかった。王はもう一度鱠をつくったが、その味は前と同じであった。呉の人たちが鱠をつくるようになったのは闔閭から始まるのである。

諸将が楚から還ってきた。そこで閶門の名を改めて破楚門ということにした。ついでまた斉を伐つことをはかった。斉の景公(71)が女《むすめ》を呉に人質として出そうとした。呉王はそこで太子《たいし》波《は》(72)のために斉の女《むすめ》を迎えた。しかし女《むすめ》は年若く、斉の国を思っては日夜泣き叫んだ。そのため病気となった。闔閭はそこで北門をつくり、望斉門《ぼうせいもん》と名づけ、女《むすめ》をその門の上に游びにゆかせた。それでも女の思いはやまず、病気は日益《ま》しに重くなり、とうとう亡くなろうとした。そのとき女がいった。

「もし死者が知ることがあるなら、必ず私を虞山《ぐざん》(73)の頂上に葬り、そして斉国を望めるようにしてください」

闔閭は彼女を悲しみ、そのことばのとおりにし、虞山の頂上に葬った。このころ波太子も病気で亡くなった。闔閭はどの公子を後つぎにしたらよいか、まだ決めていなかった。波太子の子の夫差《ふさ》は、夜となく昼となく、伍子胥に告げていった。

「王は太子を立てる考えであるが、私以外誰か適当な人がいるだろうか。このはかりごとはあなた次第である」

伍子胥がいった。

「太子はまだ決まっていない。私が加われば決まるだろう」

闔閭はしばらくして伍子胥を呼び、太子を誰にするか相談した。伍子胥がいった。

「私の聞くところでは国の祭祀は後つぎがなくなると廃され、後つぎがあると興《おこ》るということです。今日《こんにち》、太子は亡くなり、王には早くから侍従も失っています。王が太子をえらびたいと思うなら、波の子の夫差が最適であります」

闔閭がいった。

「夫差は愚かもので仁でもない。おそらく呉国の王位を保持することはできまい」

伍子胥がいった。

「夫差はまごころをもって人を愛し、堅く節操を守り、礼儀に敦《あつ》い方です。父が亡くなれば子が代わるのは経書に明文があります」

闔閭がいった。

「私はそなたの意見にしたがおう」

そこで夫差を立てて太子とし、太子に命じ、兵をひきいて楚に駐屯させ、その地を防衛させた。闔閭自身は宮室を営んだ。射台(74)を安里に立て、華池を平昌に、南城宮(75)を長楽里に設けた。そして宮室を出入りし、外で游んだり内で臥したりしていた。秋と冬は城中で政治をし、春と夏は城外で政治をした。姑蘇《こそ》の台(76)もつくった。朝には鉏山《しょざん》で食事をし、昼には蘇台《そだい》で游び、鷗陂《おうは》(77)で弓を射、游台で馬を走らせ、石城(78)の離宮で楽しみ、長洲(79)〔の猟場〕で犬を走らせた。

これらは闔閭が覇者であった時のことである。太子が決まるに及び、太子をつかわし、楚を伐ち、楚の軍隊を破り、番《は》(80)を陥落させた。楚は呉の兵がまた侵入するのを恐れ、そこで都の郢を去り、蔿若《いじゃく》(81)に移った。当時、呉は伍子胥・白喜・孫武のはかりごとで、西の方は強敵の楚を破り、北の方は斉や晋を威嚇し、南の方は於越《おえつ》(82)を伐った。

注

(1) 諸樊の子、公子光。前五一四より前四九六まで在位。
(2) 官名、各国の使者を接待したり、四方に使者とし、使する。
(3) 原文は「緤御之使」。張覚によれば、緤は縄で馬の足をつなぐこと、御は車馬にのって御すること、「緤御之使」は命を奉じ、外征し、敵と戦う意。
(4) 『越絶書』第三によると、大城は「周り四十七里二百一十歩二尺」、『呉地記』では「大城の周廻四十五里三十歩」。
(5) 『呉郡志』巻三によると、東面は婁《ろう》・匠の二門、西面は閶・胥の二門、南面は盤・蛇の二門、北面は斉・平の二門。
(6) 東北・東・東南・南・西南・西・西北・北の八つの方向から吹いて来る風。なお『呂氏春秋』有始覧、『淮南子《えなんじ》』地形訓、『説文』などにも八風が見えるが、名称は多少異なる。
(7) 盤門・婁門・匠門・平門は水陸を兼ねるもの、他の四水門は不明(張宗祥説)。
(8) 『芸文類聚』巻六十三、『太平御覧』巻百九十三に引く『呉越春秋』は「窗」。張覚注は「地の八窗」とは「地の八門」のことであるとし、『淮南子』地形訓の東北の蒼門、東方の開明の門、東南の陽門、南方の暑門、西南方の白門、西方の閶闔の門、西北方の幽都の門、北方の寒門をあげる。ただし『呉地記』は「八卦《はっか》」。「八卦」は乾《けん》・兌《だ》・離・震・巽《そん》・坎《かん》・艮《ごん》・坤《こん》である。
(9) 『越絶書』第三では「周り十二里」、『呉地記』では「八里六百六十歩」。
(10) 四部叢刊本は「陵門」、四庫全書本は「陸門」。ただし黄仁生注は『越絶書』第二に小城の門にみな楼があったと見えることから、陵門を高門と解す。
(11) 『説文』では西風のこと。
(12) 南よりの東。
(13) 原文は「反羽」、つまり反宇のこと。屋根に沿うてそり反っていること。
(14) 原文は「両鯢鱙《げいぎょう》」。徐乃昌『呉越春秋札記』は「鯢鱙」を「蟉繞《りょうじょう》」とす。蟉は虬、龍の角あるもの、鱙は繞(めぐること)。
(15) 東よりの南。
(16) 『淮南子』覧冥訓は区冶につくる。越の人で、春秋時代の鋳剣の工匠。
(17) 五山は各種の説があるが、ここでは特定の山を指すのでなく、天下の名山を指すのであろう。原文の「六合の金英」は何の金属か明らかでないが、楊寛『中国古代冶鉄技術発展史』（上海人民出版社、一九八二）は炭素を滲み込ませたものとする。

(18) 麻の絰は喪の時に腰もしくは頭に用いる麻帯。

(19) 魯の大臣。魯の桓公の少子季友の子孫、おそらく季平子。

(20) 原文は「季孫抜剣之」、周生春校勘記は剣の下に「視」の字が抜けているという。

(21) 原文は「鍔」、刃のこと。

(22) 原文は「上国の師」。上国は中原の諸国を指す。

(23) えだほこ。敵をひっかけて殺す武器で、先にかぎのついたほこ。

(24) 別に帛否、伯嚭につくる。字は子余、楚の大夫白州犂《はくしゅうり》の孫。

(25) 『左伝』昭公元年によれば、伯州犂は公子囲に殺されたという。

(26) 『左伝』によれば、太宰伯嚭は魯昭公元年に死に、左尹郤宛《げきえん》（字は子悪）は魯昭公二十七年に死んでいる。徐天祜は徐広の説により白州犂の子が郤宛であるという。

(27) 『史記』周本紀によれば、武庚は紂王の子で、周の武王が亡くなった後、管叔・蔡叔と反乱をおこし、成王が周公に命じて殺させた。

(28) 原文は「何乃天乎」。孫詒譲《そんいじょう》は「何反天乎」につくるべきであるとする。その説にしたがう。

(29) ひかげばしら。日かげで時間をはかる石柱。

(30) 原文は「射之闇接矢不可中」。黄仁生注は闇接を諳接に解し、受けとめるのに熟練していることに解す。その説にしたがう。

(31)『呉郡志』巻二十、人物に引く『呉越春秋』は「断臣右手」につくる。『太平御覧』巻四百九十四に引く『呉越春秋』は「焚之呉市、飛揚其灰、購臣千金与百里之邑」につくる。後者にしたがう。

(32)慶忌自身と要離のこと。

(33)楚の国都郢《えい》のこと。秦は江陽県、漢にいたって江陵県が置かれた。今の湖北省江陵県境。

(34)原文「三悪」。三悪は暴・虐・頗(『左伝』昭公十四年)。

(35)孫武(孫子)の伝記は『史記』孫子呉起列伝に見える。ただし『史記』は斉の人とし、また闔閭に謁見できたのは、伍子胥の推薦によるとは見えず、ただ兵法に詳しかったからとしている。

(36)『史記』では「宮中の美女百八十人」となっている。

(37)『史記』では「前と号令した時は胸を、左と号令した時は左手を、右と号令した時は右手を、後ろと号令した時は背中を見よ」となっている。

(38)法務官。

(39)原文「一朝之患」。『礼記』檀弓、『孟子』離婁下に「君子は終身の憂あって、一朝の患いなし」とある。

(40)『左伝』昭公二十七年は沈尹戌(左司馬戌)につくる。

(41)徐天祜は伍奢・白州犂・郤宛としているが、盧《ろ》文弨《ぶんしょう》は郤宛でなく、伍尚とする。盧説にしたがう。

(42) 墓穴のひつぎの置いてあるところの門。

(43) 『越絶書』第十三では「風胡子」。

(44) 春秋時代、秦の人。剣の鑑定にすぐれていたという。

(45) 五種の金属、金・銀・銅・鉛・鉄とする説、金・銀・銅・鉄・錫《すず》とする説があるが、ここでは各種の金属を指しているのだろう。

(46) 『越絶書』第十三は、赤菫の山は錫を出し、若耶渓は銅を出す、となっている。張覚注は赤菫の山は鄞城山・鋳浦山ともいい、今日の浙江省奉化県東、若耶渓は若邪渓・五雲渓ともいい、浙江省紹興県東南若邪山のふもととする。

(47) 『史記』呉太伯世家は六と灊《せん》。六は今日の安徽省六安県北、潜は今日の安徽省霍山県南。

(48) 別に酔李につくる。今日の浙江省嘉興県西南。

(49) 春秋時代の予章は漢水の東、長江の北。今の武漢市以北。漢代以後の江南の予章と異なる。

(50) 『史記』呉太伯世家では居巣、今日の安徽省巣県。

(51) 楚の守巣大夫。『左伝』定公二年に見える。

(52) 唐は国名、姫姓。この時の国君は唐の成公、国都は湖北省随県西北にあった。蔡も国名、姫姓。この時の国君は、『史記』管蔡世家によれば、蔡の昭侯（本書では昭公）、国都の下蔡は安徽省鳳台県にあった。

(53) 蔡の昭侯と唐の成公のことは、『左伝』定公三年（前五〇七）に見える。

(54) 原文は「子元与太子」。しかし『左伝』定公三年では自分の子元《げん》と大夫の子となっている。
(55) 原文は「唐侯」。『左伝』定公四年では蔡侯とあるにしたがう。
(56) 張覚注では小別山は別の名甑山《そうさん》、今の湖北省漢川県南。大別山は別の名魯山、翼際山、今の武漢市西南鸚鵡洲の北。
(57) 今の湖北省麻城県東。
(58) 原文には見えないが、『史記』伍子胥列伝によれば、鄭に逃走したのは子常。
(59) 『左伝』定公四年は雍澨《ようぜい》につくる。雍澨は今の湖北省京山県。
(60) 『左伝』定公四年では鍼尹固《しんいんこ》につくる。
(61) 雲中は『史記』伍子胥列伝では雲夢（湖北・湖南の境）。
(62) 国名。この頃は楚に滅ぼされ、楚の一県となっている。故城は今の湖北省安陸県にあった。
(63) 平王が闘成然を殺したことは『左伝』昭公十四年に見える。
(64) 国名、姫姓。今の湖北省随県南にあった。
(65) 『左伝』定公四年では、以前に子期の家臣だった鑪金《りょきん》が随の人に昭王を呉に渡さぬよう強くもとめたので、昭王は鑪金に感謝して引見しようとしたが、人の困窮に乗じて自分の利をはかりたくないといってことわった。そこで昭王は子期の胸の血を割き取ってその血で随君と盟《ちか》ったことになっている。
(66) 原文に定公とあるは、献公（定公の子）の誤り。
(67) 原文は桓公であるが、『史記』伍子胥列伝に哀公とあり、それにしたがう。

(68) 今の河南省遂平県西北。
(69) 楚の大夫。名は闘宜申。楚の平王の庶子。
(70) 荘王のこと。後漢の明帝の諱《いみな》を避けたもの。
(71) 原文は「斉子」。斉の景公のこと。景公は荘公の弟、名は杵臼《しょきゅう》、前五四七より前四九〇まで在位。
(72) 『呉地記』斉門北の条では太子終纍《しゅうるい》（闔閭の子）となっている。
(73) 山名。今の江蘇省常熟県西北にある。
(74) 射台は射礼を行なう場所。『越絶書』第二は安陽里、『呉郡志』巻八に引く『呉越春秋』は「安平里」、江蘇省呉県にあったという。
(75) 『呉地記』は、華池、華林苑、南城宮はみな長洲県境（江蘇省呉県）にあったという。
(76) 『呉郡志』巻八では、姑蘇台は姑蘇山にあったとされ、姑蘇山は今の蘇州市の西南の横山の西北。
(77) 『越絶書』第二では、䱸山は紐山、蘇台は胥母（張宗祥によると、洞庭東山、今の莫厘山）、鷗陂は射陂（張宗祥によると、今の沙盜潭と虎丘山の塘水の会するところ）とされる。
(78) 張覚注は、今の蘇州市の西南の霊岩山とする。
(79) 江蘇省呉県太湖の北。
(80) 鄱《は》に通ず。今の江西省波陽県、別に安徽省鳳台県西北とする説がある。
(81) 『史記』呉太伯世家では「鄀《じゃく》」。鄀に上鄀と下鄀とがあり、ここでは上鄀、今の湖北省宜城県東南。

(82) 越国のこと、「於」は発語の声。呉・越の戦いは闔閭五年（前五一〇）に始まり、第二回は闔閭十年（前五〇五）、第三回は闔閭十九年（前四九六）、ここに見えているのは第三回のこと。詳しくは『左伝』定公十四年、『史記』呉太伯世家に見える。

第五　夫差内伝（夫差の伝記）

夫差十一年（前四八五）。

夫差は北方の斉を伐った。(1) 斉は大夫高氏（高無丕《こうむひ》）をつかわし、呉の軍隊にわびていった。

「斉君は国で孤立し、倉庫は空《から》で食糧もなく、民は離散しています。斉は呉を強大な味方と思っていたが、今、まだ宣戦の布告がないのに、呉はもう討伐の兵を出しました。わが国の国都の住民は郊外で跪《ひざまず》いて呉王を迎え、戦さの話をしないよう願うでしょう。呉王は斉を哀れみ、乱暴をしないように望みます」

呉の軍隊はそこで還った。

夫差十二年（前四八四）。

夫差はまた北に向かい、斉を伐った。越王がこれを聞き、部下をひきいて呉に入朝した。そして貴重な宝物を太宰《たいさい》の伯嚭《はくひ》に献上した。伯嚭は喜んで越の賂《まいない》を受け、越を大そう信頼した。そして日夜呉王に越のことを申し上げた。王はすっかり伯嚭のはかりごとを信用した。

伍子胥がそれを大そう恐れていった。

「越が呉に斉を伐つのをすすめるのは呉を棄てるようなものだ」

そして進んで諫めていった。

「越という国は〔呉にとって〕心腹の病気のようなものです。先にその疾病をとり除かず、今、うわべばかりのことば、いつわりを信じて斉の方を攻めようとしています。斉を破っても、ちょうど磐石《おおきないし》のある田土を手に入れたようなもので、苗が育つことがありません。王には斉をゆるして越を先にするように願います。そうでなければ、後で悔いても及ばないでしょう」

呉王はそれを聴かず、伍子胥を斉につかわし、交戦の時期を通告させた。伍子胥が自分の子にいった。

「私はしばしば王を諫めた。しかし王は私のことばを用いられなかった。今に呉は亡びるであろう。そなたが私とともに呉に殉ずるのは、無駄なことである」

そこで自分の子を斉の鮑氏《ほうし》（鮑牧）に頼んで呉に還ってきた。太宰嚭はすでに伍子胥と仲違いしており、この時とばかり伍子胥を讒言していった。

「伍子胥はあの強暴な斉のため王を諫めようとしていますが、彼のいうことなどお聞きになりませんように」

王がいった。

「よく分かっている」

まだ軍隊を出さなかった。ちょうどその頃、魯《ろ》が子貢《しこう》(3)をつかわし、呉を訪問させた。

夫差十三年（前四八三）。

斉の大夫陳成恒《ちんせいこう》(4)が簡公を殺そうとしていたが、心では高氏・国氏・鮑氏・晏《あん》氏を憚《はば》かっていた。そこでその前に兵を出して魯を伐った。魯の君はこれを心配した。孔子も心配して門人を呼んでいった。

「諸侯が互いに攻め合っているのは、丘《わたくし》がつねづね恥じているものです。一体、魯は父母の国です。丘《わたくし》の先祖の墓もあります。今、斉は魯を伐とうとしています。あなた方は外国に游説に行ってみる気持ちはありませんか」

子路(5)が挨拶して出かけようとした。孔子は彼をとめた。子張《しちょう》・子石《しせき》が出かけるのを願い出た。孔子は許さなかった。最後に子貢が挨拶して出かけようとした。孔子はやっと彼をつかわした。子貢は北に向かい、斉に行った(6)。陳成恒（田常）に会っていった。

「そもそも魯は伐つのが難しい国であります。しかるに君が伐とうとしているのは誤りです」

陳成恒がいった。

「魯はどうして伐つのが難しいのか」

子貢がいった。

「その城壁は薄く、また低く、その池は狭く、また浅くなっています。その君主は愚かで、仁愛の心がありません。大臣は役に立たず、士(7)は戦争を悪《にく》んでいます。相手にして戦うべきものではありません。君は呉を伐つのが最もよいのです。一体、呉は城壁が厚く、また高く、池は広く、また深くなっています。甲《よろい》は堅く、士はえりすぐられたもので、兵器は充分あり、弩《ど》(いしゆみ)は勁《つよ》くできています。さらに賢明な大夫を守らせています。これこそ伐って領土とするのがたやすいということです」

陳成恒はむっとして顔色を変えていった。

「あなたが難しいというのは他の人がたやすいというものである。あなたがたやすいというのは他の人が難しいというものである。一体、私に何を教えようとするのか」

子貢がいった。

「私の聞くところでは、君《あなた》が三回封ぜられようとして三回とも成功しなかったのは、大臣であなたに反対するものがいたからだということです。今、君《あなた》はさらに魯を破って斉の領土を広め、魯をおとしめ、自分の地位を高めたいとしているが、しかし君《あなた》は功業にはあずかれないでしょう。といいますのは、上は主君の心を驕《おご》らせ、下は臣下にほしいままなことをやらせ、そして大事を成そうと求めているからです。これは全く難しいことです。その上、上が驕ればほしいままになり、臣が驕れば争うことになります。これでは君《あなた》が上は王と仲違いすることになり、下は大臣と互いに争うことになります。このようになれば、君《あなた》が斉で身を立て名をあげても累卵の危うきに立たされるでしょう。そこで呉を伐つのが第一だというのです。それに呉王は剛猛でつよく、よくその命令を実行し、一方人民は戦いや守備に長じ、法の禁止事項を心得ています。もし斉軍が呉軍に遭遇すれば、捕虜にされるのは間違いありません。今、君《あなた》は国中いたるところの兵士を動員し、また大臣をして武装させるなら、人民が国外で戦死し、大臣が国内にいなくなるでしょう。

君《あなた》は上に強敵の臣がなく、下に庶民の兵士がいなくなるでしょう。そうすると、君主を孤立させ、斉を自分の思うよう支配するのは君《あなた》だけであります」

陳成恒はいった。

「よろしい。しかし私の軍隊はすでに魯の城下に駐屯している。私が軍隊を魯から撤退させたら、呉の大臣に私を疑う心がおこるだろう。これはどうしたらよいだろうか」

子貢がいった。

「君《あなた》は兵を抑えて魯を攻めさせないように。私が君《あなた》のため南に行き、呉王に会うようにさせてください。呉が魯を救い、斉を伐つのを頼むのです。君《あなた》はそこで兵をひきい、呉を迎え撃ってください」

陳成恒は承知した。子貢は南して呉王に会い、呉王にいった。

「私は、王者は他国の世つぎを絶やさないし、覇者は強敵がいない、と聞いております。千鈞《せんきん》の重さでもわずか一銖《いっしゅ》(8)を加えると衡《はかり》の針は移ります。今、万乗（一万台の兵車）の斉が千乗の魯を合わせ、呉と力を争おうとしていますが、私はひそかに君のために恐れるものです。一体、魯を救うのは明らかな名誉であり、斉を伐つのは大きな利益であります。亡《ほろ》ぼうとしている魯を存続させ、横暴な斉に損害を与え、強大な晋を屈服させるのは義であることは王もお疑いなさらないことでしょう」

呉王がいった。

「よろしい。しかし私はかつて越と戦い、越王を会稽山に住むようにさせた。そして呉に臣となるようにした。そのときは越王を殺すことがなかった。三年たって帰国させた。一体、越の君（勾践《こうせん》）は賢明で、自分の身を苦しめ、力を出して日夜おこたらず、内では兵政をととのえ、外では諸侯につかえ、必ず私に報復しようとする心がある。あなたは私が越を伐つのを待ってほしい。その上であなたの意見をうかがおう」

子貢がいった。

「それはいけません。一体、越が強いからといって魯以上ではありません。呉が強いからといって斉以上ではありません。王が越を伐つということで私のいうことを聴かないなら、斉は魯を滅ぼしているでしょう。それに弱い越を畏れて強い斉を悪《にく》むのは勇とはいえません。小さな利益にとらわれて大きな損害を忘れるのは智とはいえません。私の聞くところでは、仁者は人を困《くる》しめることなくその徳を広め、智者は時機を逸することなくその功績をあげ、王者は他国の世つぎを絶やすことなくその義を立てる、ということであります。さらに越をそのように畏れるようでしたら、私が東に行き、越王と会い、軍隊を出させ、呉王にしたがい、その部下になるようにさせましょう」

呉王が大そう喜んだ。そこで子貢は東に行き、越王に会おうとした。越王はこれを聞き、道を清め、郊外まで出迎えた。そして自身で宿舎にいたり、たずねた。

「私どもは辺ぴな小さい国で、蛮夷の民が住んでおります。大夫《あなた》は何のため恥とも思わずお出《い》でなされたのですか」

子貢がいった。

「君をあわれみなぐさめようとしてやってきました」

越王勾践が再拝稽首していった。

「私は、禍《わざわ》いと福《さいわ》いとは隣り合わせであると聞いております。今、大夫《あなた》が私をあわれみ、なぐさめようとしてこられたのは私の福《さいわ》いです。私はあなたの説をうかがわないわけにはまいりますまい」

子貢がいった。

「私は先ごろ呉王に会いました。そして魯を救い、斉を伐つように話しました。しかし呉王は心の中で越を畏れていました。一体、人に報復する志がないのに人にそう疑わせるのは拙劣であります。人に報復する志があってそう人に覚《さと》らせるのは危険であります。事が発覚しないのに事前にもれるのも危険であります。以上の三つは事をおこす場合、大いに警戒しなければならないことです」

越王は再拝していった。

「私は幼いとき父を失いました。そして自分の力を考えずに呉人と戦いました。軍隊は敗れ、身は辱《はずかし》められ、逃走しました。高地の会稽山に隠棲し、低地の海浜を守りました。ただ魚や鼈《すつぽん》を見るだけでした。今、大夫《あなた》はあわれみなぐさめようとしてご自身でやってこられ、またおことばをたまわり、私に教えられました。これは天のたまものです。どうして教えを受けないことがありましょうか」

子貢がいった。

「私は、「英明な君主は人材を任用して、その才能を発揮させないことはない。しかし正直な人士が賢能を推薦すると、世間に容《い》れられない」と聴いています。「そこで人材の任用のし方ですが」財物を分配する時は仁者を用いること、禍いや難儀がおこった時は勇者を用いること、智慧を出して国のはかりごとを立てる時は賢者を用いること、天下を治め、諸侯を平定する時は聖徳ある人を用いること、です。このようであれば、軍隊が強大であっても自分の威力を行なうことができず、権勢をもって上の地位にあっても政令を下のものに施すことができない、こうした君主は何人いるでしょうか。臣下としても自分で人をえらんでともに功業を成就し、君主を助けて王者とならしめる、こうした臣下も何人いるでしょうか。

今、呉王は斉・晋を伐つ志をもっています。君には重要な宝物を惜しむことなく呉王に遺《おく》り、その心を喜ばせ、辞を低くすることをいとわず、その礼を尽くすなら、斉を伐つでしょう。斉は必ず戦い、もし呉が勝たなければ君の福《さいわ》いです。もし斉が勝てば、必ずその兵をひきいて晋に臨むでしょう。そこで呉の騎士や精鋭の兵は斉の戦いで疲れ、重宝・車騎・羽毛のある旗は晋の戦いでなくなることでしょう。そうすれば君は呉の残兵を制圧することができます」

越王は再拝していった。

「昔、呉王は自分の民衆をたのんで、(9)私どもの国をそこない、私どもの民衆をほろぼし、殺したり、私どもの百官をいやしめたり、私どもの宗廟を消滅させたりし、国は廃墟、荒野となり、私どもは魚や鼈《すっぽん》のえさのようになりました。(10)私が呉に対して怨むのは骨髄より深いといえます。されど私は呉には子が父を畏れるように、弟が兄を敬うようにつかえてきました。これは私の死言（うわべのことば）です。[11] 今、大夫からおことばがあり、そこで私はお志にこたえたく思います。私は身は立派な席にも安んぜず、口はご馳走も食べず、目はきれいな色を見ず、耳は上品な音楽を聞かず、すでに三年が過ぎました。唇《くちびる》を焦がし、舌を乾かすほど話をし、身を苦しめ、力を労《いた》めるように働き、上は群臣につかえ、下は百姓《ひゃくせい》を養い、一たび呉と天下平原の野で交戦することを願っております。身や臂《ひじ》を正し、呉・越の士を奮いたたせ、踵《くびす》をついで死に連なり、肝脳、地に塗《まみ》れるのは私の願いです。これを三年にわたり思いつづけながら、まだ実現されておりません。今、国内でのわが国の力を量ってみると、呉を傷つけることはできません。国外の諸侯も当てにはなりません。国には支配者などいないように願い、群臣も棄て、容貌を変え、姓名を易《か》え、箕《き》帚《そう》（掃除道具）を手にとり、牛馬を養って暮らすことを思っていました。私は腰と首が斬られてつながらず、手足がばらばらになり、四肢がちらばりならぶのは郷邑に笑われることと知ってはいるが、私の決心はきまりました。今、大夫からおことばがあり、亡《ほろ》びかけている国、死にかけている人を助けてくれるとのこと、私は天のたまわりものにたより、命令を待っております」

子貢がいった。

「そもそも呉王の人となりはやたら功名を欲しがっているが、利害得失がよく分かっていない」

越王はあわただしく自分の坐席を離れ、へりくだった。子貢がいった。

「私の見るところでは、呉王はしばしば戦争をし、士卒は休む暇もありません。大臣はお気に入りの人を用い、讒言する人がますますふえています。そもそも伍子胥はその人となりは誠を尽くし、心は清潔、外に対しては賢明で時変を知っています。自分の命にかえても君の過《あやま》ちを隠すことなく、正しいことばで君に忠をはげみ、真直な行ないで国を治めます。しかしその身を滅ぼすとも、君には〔伍子胥のいうことを〕聴き入れられません。これに反して太宰嚭《たいさいひ》は、その人となりは智者であるように見えて愚者、強者であるように見えて弱者、巧みなことば、うまい話を自分の身にしまいこみ、欺きいつわることをよくやって君につかえています。前の方は分かるが後の方は分からず、君の過ちのとおりにし、自分の身の安全をはかっています。これは国を残《そこ》ない、君を傷つける佞臣《ねいしん》です」

越王は大そう喜んだ。子貢が越を去るにあたって越王は百鎰《いつ》の黄金、一振りの宝剣、二頭の良馬を送ろうとしたが、子貢は受けなかった。

子貢は呉にいたり、呉王にいった。

「私は越王が部下のようになって斉を伐つのにしたがうことを越王に告げました。越王は大そう恐れていいました。『昔、私は不幸にして独り身で、若いときに父を失った。国内の状況もよく考えず、呉に罪を受けることになり、軍は敗れ、身は辱められ、逃げ出して会稽山で暮らしていた。国は廃墟、草むらとなり、身は魚や鼈のえさのようになった[12]。大王の御心により俎豆《そとう》（祭器）を奉じ、祭祀を修めるようになれば、大王の恩恵は死ぬまで忘れないであろう。どうしてはかりごとなどやろうか」と。内心は大そう恐れており、使者をつかわし、王にあやまろうとしておりました」

子貢は五日間宿舎に泊まっていた。越の使者が果してやってきた。そのことばは次のようであった。

「東海にあって王に役せらるる臣、勾践の使者臣、文種《ぶんしょう》、王の部下として贈り物をおくり、少しくお側のものに申し上げたき儀があります。昔、私は不幸もので、若くして父を失い、国内の力も考えず、罪を貴国に得、軍は敗れ、身は辱められ、会稽山へと逃亡しました。しかるに王の恩恵により祭祀を行なうことができますのは死んでも忘れません。今、ひそかに大王が大義を興され、強きを誅し、弱きを救い、暴虐な斉を苦しめ、周室を安堵されると聞き、賤臣文種《ぶんしょう》をして前王が所蔵していた甲《よろい》二十領、屈盧《くつろ》[13]の矛《ほこ》、歩光の剣[14]を献上し、将士たちにお祝いをのべるものでございます。もし大義を実現しようとされるなら、私どもは小国ですが、国中の士卒三千人を出して部下として指示にしたがいたく思います。また自分自身（越王）堅い甲《よろい》を着、精鋭の武器を手にもち、進んで敵の矢石を受けようと思います。そして君臣死すとも恨むところはありません」

呉王は大そう喜び、早速子貢を召していった。

「越の使者が果してやってきた。士卒三千を出し、その君がそれをしたがえ、私と一緒に斉を伐ちたいということである。それでよいだろうか」

子貢がいった。

「それはいけません。そもそも国を空《から》にし、士兵を出し、さらにその君がそれをひきいるのは仁といえません。幣（礼物）は受けられ、その軍隊は出動を許し、その君の随行をお断りなされるのがよいでしょう」

呉王はそれを承諾した。子貢は去って晋に行き、(15)定公に会っていった。

「私は、『はかりごとが預《あらかじ》め定まっていないと、にわかに応ずることができない。軍隊は預め用意していないと、敵に勝つことはできない』と聞いています。今、呉と斉が戦おうとしています。呉が戦って勝たなければ、越が呉をかき乱すことは必定でしょう。呉が斉と戦って勝てば、呉の軍隊は晋に攻めこんでくるのは必定でしょう。君はこれをどう考えられますか」

定公がいった。

「どのように対処すればよいだろうか」

子貢がいった。

「軍隊を整え、兵士を伏せて待ちなさい」

晋の君はそのとおりにした。子貢は魯へ帰っていった。呉王は果して九郡の兵を起こして斉と戦おうとしていた。呉王はまず胥門から出発した。ついで姑胥《こしょ》の台を過ぎた。急に睡気がし、姑胥の台で昼のうたたねをし、夢をみた。目がさめてみると、その心は安らかであったが、憂いも感ぜられた。そこで太宰嚭に命じ、告げていった。

「私が昼ねをしているとき夢をみ、さめてみると、心は安らかであったが、憂いも感ぜられた。ついてはこれを占い、憂うることがないようにできないか。その夢では、章明宮《しょうめい》に入って二つの鬲《れき》(16)を見た。それは蒸《む》すもので、炊《た》くものではなかった。また二匹の黒犬を見たが、一匹はほえて南に行き、他の一匹はほえて北に行った。二つの鋘《ご》(17)(すき)が私の宮殿の牆《かき》に挿してあり、流水は蕩々と流れ、わが宮堂をこえていった。後房ではふいごが鼓のように震《ふる》えて鳴り、鍛工がおった。前の庭園にはほしいままに梧桐が生じていた。あなたは私のためにこれを占ってください」

太宰嚭がいった。

「何と立派なことであるか、王が軍隊を出されて斉を伐つのは。私は、「〔章明宮の〕章というのは徳の鏘鏘《しょうしょう》(高いさま)たること、明というのは敵を破り名声が聞こえ、功が朗明《あきらか》なこと」と聞いています。二つの鬲《れき》は蒸《む》して炊《た》かないというのは大王に聖徳があり、気に余りあることを意味しています。二匹の黒犬がほえて南し、ほえて北するというのは四方の夷がすでに服し、諸侯を朝せしめることを意味します。二つの鍤《すき》が宮牆に挿してあるというのは農夫に収穫があり、田にある人が耕すという意味であります。蕩々として宮堂を越えるというのは隣国が貢物を献上し、財貨に余りがあるということです。後房でふいごが鼓のように鳴り、鍛工がおるというのは宮廷の女性が悦び楽しみ、琴瑟《きんしつ》が和することです。前の庭園にほしいままに梧桐が生ずというのは楽府《がふ》の鼓の音がひびくことであります」

呉王は大そう喜んだが、心では充分納得できるものではなかった。そこで王孫駱《おうそんらく》を召してたずねた。

「私はにわかに昼、夢をみたが、それを私のため説明してくれ」

王孫駱がいった。

「私は卜《うらな》いについてはよく知らず、したがってそれに通じているということはありません。今、王の夢みたことは私には占うことなどできません。そうしたことが分かるのは東掖門《とうえき》の亭長で長城公の弟公孫聖《こうそんせい》ぐらいです。聖はその人となりは若いときには游びが好きで、長じてからは学問が好きになりました。多くの知識をもち、博くものを観察しています。鬼神のありさまも知っています。王には彼にたずねられるよう願います」

王はそこで王孫駱をつかわし、公孫聖にたのんだ。

「呉王は昼、姑胥の台に寝ていてにわかに夢に感じたが、目がさめたら心のいたむものがあった。そこであなたに占ってもらうことになったので、急いで姑胥の台にまいられよ」

これを聞くや、公孫聖は地に伏して泣き、しばらくして起ち上がった。彼の妻が旁《かたわ》らから聖にいった。

「あなたは何と情ない方ですこと。人主にお目にかかれるなどめったにないことで、にわかにお召しがあったのに雨のように涙をながして泣くとは」

公孫聖は天を仰いでなげいていった。

「悲しいことよ。あなたの知るところではない。今日は壬午《じんご》の日、時は午の刻、⒅私と呉王の性命は上天に属している。もはや逃亡することもできない。ただ私が哀しいことになるだけでなく、呉王の心も傷《いた》ましめることになるのだ」

妻がいった。

「あなたは道術があることで君主に聞こえています。道術があればそれを実行すべきです。上は呉王を諫め、下はご自身と間違いないことをちかわれるように。今、急のお召しを聞き、憂いまどい、錯乱するなどは賢人のなすところではありません」

公孫聖がいった。

「愚かなことよ、女子のいうことは。私は道術を修めてから十年、ひたすら身を隠し、害を避けてきたのは、寿命をのばしたいと思ったからである。思いがけなくにわかなお召しにあい、世を半ばにし、自らを棄てることになる。だからそなたと離れることを悲しむだけである」

ついに家を去り、姑胥の台にいたった。呉王がいった。

「私が北して斉・魯を伐とうとし、まず胥門を出、姑胥の台を過ぎた。するとにわかに昼寝して夢をみた。そちはその夢を占い、吉凶をいいなさい」

公孫聖はいった。

「私がいわなかったら、身も名も安全でしょう。もしいったなら、王の前で必ずや死し、死体はばらばらになることでしょう。しかしながら忠臣は自分の身をかえりみないものです」

そして天を仰ぎ、なげいてまたいった。

「私は、「船を好むものは必ず溺れ、戦いを好むものは必ず亡《ほろ》ぶ」と聞いています。私は直言を好み、命を惜しむものではありません。王には私の話をお考えになられるように。私は次のように聞いております。〔章明宮の〕章とは戦っても勝たず、あわてふためいて敗走すること、明とは昭昭《あきらかなこと》を去り、冥冥《くらいこと》に就くことです。門に入り、鑈《れき》（鬲）を見、それは蒸して炊かないことというのは、大王が火でものを煮て食べることができないということです。二匹の黒犬がほえて南し、ほえて北するとは、その黒犬の黒は陰《いん》で、北するの北とは匿《かく》れることです。二つの鍤《すき》が宮牆に挿さっているとは、越軍が呉国に入り、宗廟を伐ち、社稷を掘るということです。流水蕩々として宮堂を越えるとは宮が空虚になることです。後房でふいごが鼓のように鳴るというのは坐してため息をつくことです。前の庭園でほしいままに梧桐が生ずるというのは梧桐の心《しん》が空で、器物にはならず、ただ俑《よう》として死人とともに葬られるということです。願わくは大王には軍をおさえ、出動させず、徳を修め、斉を伐つことがないように。そうすれば以上の心配は消えさるでしょう。部下の太宰嚭、王孫駱をつかわし、冠幘《かぶりもの》をぬぎ、肉袒《はだぬぎ》し、徒跣《はだし》で、首をたれ、勾践におわびすれば国は安泰となり、ご自身は死ぬこともないでしょう」

呉王はこれを聞き、涙を落とし、怒っていった。

「私は天が生んだもの、神がつかわしたもの(19)である」

力士石番《せきはん》の方を向き、命じて鉄鎚で彼を撃ち殺させた。聖は頭を上げ、天に向かっていった。

「ああ、天は私が無実であるのを知っているだろうか。忠でありながら罪を獲たもので、この身は死するとも罪はない。私を直言の人として葬るよりは夫婦一緒に死なせ、〔琴瑟の〕

柱とするのがよい。私たちを深山まではこぶと、後々まで一緒に響きをたてるであろう」

そこで呉王は門番に命じて彼の死体を蒸丘《じょうきゅう》(20)にはこばせていった。

「豺狼《さいろう》がそなたの肉を食い、野火がそなたの骨を焼き、東風がしばしば吹き来り、そなたの死骸を高く飛ばすであろうが、骨肉は糜爛しており、どうして響きなどたてることがあろうか」

太宰嚭が走り進み、いった。

「大王のお喜びを祝します。災いはもはや消滅しました。そこではなむけの觴《さかずき》を挙げ、軍を出動させることとです」

呉王はそこで太宰嚭を右校司馬、王孫駱を左校〔司馬〕に任じ、勾践の軍をしたがえ、斉を伐つことになった。伍子胥がこれを聞き、諫めていった。

「私は、「十万の衆を興し、軍隊を千里の遠くまで行かせるのは、人民の負担、国家の出費は日に数千金」と聞いております。士民の死を考えず、一時の勝を争って得ようとするのは、国を危うくし、身を亡《ほろ》ぼすこと間違いなきものと考えます。その上、賊（越）とともにいてその禍いに気づかず、外部に兵を出しまた怨をもとめ、他国に幸いをもとめようとしているのは、ちょうどかさ、ひぜんを治そうとして心腹の疾《やま》いを放置するようなもので、発病すると、当然死んでしまいます。かさ、ひぜんは皮膚の疾いで、心配するに足りません。今、斉の千里の外を侵し、さらに楚・趙(21)の界へと手がのびていますが、斉の疾いはひぜんのようなもの。越の疾いこそ心腹のそれです。発病しなくとも傷つき、もし発病することがあれば死ぬことでしょう。大王には何とぞまず越を平定してからその後で斉を伐つことをはかるように。私の主張は変わりません。私がどうして忠誠を尽くさないことがありましょうか。私は今や老齢のため耳目もたしかでない。また心もくるって道理も分からず、国を益することはできないでしょう。しかしひそかに『金匱《きんき》(22)』第八を見ると、それは憂うべきものがあります」

呉王がいった。

「それは一体どういうことか」

伍子胥がいった。

「今年（夫差十三年）七月辛亥《しんがい》の日の明け方に大王は斉を伐つことを始められた。この日の十干の辛は歳星（木星）が〔十二年かかって〕天をめぐり、ちょうどやってきた(23)ということです。この日の十二支の亥《い》は太陰星(24)がまだやってきておりません。

この年、十干と十二支が合わさるのは五月の壬子《じんし》の日(25)でしたが、これも太陰星がまだやってきませんでした。ところで辛亥の日は武力を行使するのに有利で、武力を行使すれば勝利を得ることができます。しかし歳神の徳神が危うきを救い、弱きを済《すく》うから、斗（北斗七星の一つ、呉の分野）を合し、斗がある星座の丑《ちゆう》に衝撃を与えます。丑は土、辛は金で、土は金を生み出すものですから、丑は辛の根本です。そこまでは大吉なのですが、この時丑は白虎神(26)に遇って逼《せま》られます。辛は功曹神(27)ですが、太常神(28)に遇って逼られます。亥は大吉ですが、上に辛が加わると九醜(29)となり、さらにその上白虎神が重なると一段と凶になります。もしもこの時に事を始めるなら、先に少しばかり勝利を得ても、後にはきっと大敗を喫します。天地に災難があらわれ、禍害は間もなくおこることでしょう」

しかし呉王は伍子胥の諫めを聴き入れなかった。ついに九月に太宰嚭をつかわして斉を伐たせた。

軍隊が都の北の郊外に駐屯していた時、呉王は太宰嚭にいった。

「進軍せよ。有功者を忘れず、有罪者を赦《ゆる》すことがないように。戦士を取り扱うこと赤子を視るようにせよ。智者とともに謀り、仁者とともに親しく交わるように」

太宰嚭は呉王の命を受け、ついに出動した。呉王は大夫被離《ひり》を召してたずねた。

「そなたはつねに伍子胥と心を同じくし、志を一にし、そして同じはかりごとを考えている。私は軍隊を出し、斉を伐とうとしている。伍子胥は自分でどういっているか」

被離がいった。

「伍子胥は前の王（闔閭）に忠誠を尽くそうとしました。今は自分で老狂、耳目はさだかならず、当今何を行なうべきかを知らず、呉には何ら役に立たない、といっています」

王はついに斉を伐ち、斉は呉と艾陵《がいりょう》(30)のあたりで戦った。斉の軍隊が敗れ、呉王はすでに勝利を得た。そこで行人《こうじん》（使者）を斉につかわし、平和条約を結ばせようとした。そしていわせた。

「呉王は斉に水没の恐れがあると聞き、軍隊をひきいてやってきて実地に見ようとした。ところが斉の方は軍隊を出して蒲《がま》の草むらの地にいたので、呉はどこに集まれば安全であるか分からず、陣を布いて備えをなし、思いがけず斉の軍隊に大きな損害を与えた。しかし和親条約を結んで去りたいと願っているのである」

斉王（簡公）がいった。

「私はこの北辺に住まいし、国境を出るようなはかりごとはない。今、呉は長江・淮水《わいすい》を渡り、千里をこえてわが国土にやってきた。そしてわが民衆を殺した。上帝が哀れんで存続するようにされ、国の崩壊は免れることになるでしょう。王は今、和親の譲歩を申し出られたが、どうして命《めい》に逆《さか》らうことがありましょうか」

呉は斉とついに盟約して去った。呉王は国に還り、伍子胥を責めていった。

「わが先王（闔閭）は徳を行ない、それが上帝まで達した。功業をあらわし、武力を用い、そなたのため西の方では楚と仇敵となった。先王はたとえば農夫が艾《くさかり》をやるのと同じようなことをやり、四方の蓬《よもぎ》・蒿《あかざ》を切りとり、そして名声を荊蛮に対してあげた。これはまた大夫《そなた》の力によるものである。今、大夫《そなた》は昏耄《こんぼう》（老いぼれ）となり、自分の心は安定していない。変わったことをいい、詐《いつわ》りをやり、怨み・にくしみから事をやる。事をやればわが士卒や民衆を罪し、わが法度を乱し、わざわいのきざしのようなものをもってわが軍隊を敗北させようとしている。天が哀れみを降し、斉の軍隊は服従することになった。私はどうしてその功業を自分のものとすることがあろうか。これは先王の遺徳であり、神霊の祐福《たすけ》である。あなたなど呉にとってどういう貢献があろうか」

伍子胥はうでまくりして大いに怒った。剣をすてて答えていった。

「昔、わが先王に服従しない臣がいましたが、彼らは疑わしいはかりごとをよく決し、国は大難に陥ることはありませんでした。今、王は年よりを棄て去り、外からの禍患は憂うることがありません。これは子どものはかりごとで、覇王のすることではありません。天がまだ呉を見棄てられないので、きっと小さな喜び（敵に勝った喜び）に走っているが、後に大きな憂いが迫っています。王がもし目覚めたなら、呉は今後も存するでしょうし、もし目覚めないなら、呉の命運は短いものでしょう。員《うん》（伍子胥の名）は疾《やま》いと称し、退いて、そこで王が〔越に〕擒《とら》えられるのを見るに忍びません。員がもしその前に亡くなったら、私の目を門に掛け、そして呉が滅びるのを見ることでしょう」

呉王は聞かなかった。宮殿の上に坐っていて、ひとりで四人の人が庭に向かって互いに背をもたれているのを見た。王は怪しみながら、これをよく見ていた。群臣がたずねた。

「王はどこを見られているのですか」

王がいった。

「私は四人の人を見ているが、互いに背をもたれている。人のことばを聞くと、四方に分かれて逃走するのだ」

伍子胥がいった。

「もし王のいわれるとおりなら、民衆を失おうとしているのです」

呉王が怒っていった。

「そなたのいうことは不吉だ」

伍子胥がいった。

「不吉だけでなく、王も亡くなるであろう」

その後五日して呉王はまた宮殿の上に坐し、遠くに両人が相対しているのを見た。北に向かっている人が南に向かっている人を殺した。王が群臣にたずねた。

「そなたたちも見たか」

群臣はいった。

「何にも見えません」

伍子胥がいった。

「王は何を見られたのですか」

王がいった。

「前日見たのは四人であったが、今日はまた二人が対しているのを見た。北に向かっている人が南に向かっている人を殺した」

伍子胥がいった。

「私の聞くところでは、四人が逃走するのは背叛をあらわします。北に向かっている人が南に向かっている人を殺すのは臣が君を殺すことをあらわします」

王は何もいわなかった。呉王は文台（宮中の台）の上で酒宴をひらいた。群臣がすべて出席していた。太宰嚭が酒宴を取りしきり、越王はそばに坐し、伍子胥も加わっていた。王がいった。

「私は、「君は功労のある臣を賤《いや》しまないし、父は勇力のある子を憎まない」と聞いている。今、太宰嚭は私にとって功績がある。私は彼に最高の賞として爵をあたえようとしている。越王は慈愛があり、誠実で、親につかえるように私につかえている。私はまたその国土を増してやり、討伐を助けた功績のお返しにしたいと思う。大夫のそなたたちはどのように思うか」

群臣は祝っていった。

「大王自ら至徳を行ない、心から士を養っています。群臣はいずれも進んで国の難儀を見て命を投げ出します。王の名声はあらわれ、威光は四海を震わせています。功労のあるものは賞を蒙り、亡国はまた復活しています。覇者の功業、王者の事業であり、恩恵はすべての群臣に行きわたっています」

そこで伍子胥は地に伏し、涙を流していった。

「ああ、哀しいことよ。このような事態にあっては黙っているほかはない。忠臣が口を掩《おお》い、讒言する人が君の側にいます。政《まつりごと》は敗れ、道はこわれ、へつらいはとめどもありません。邪《よこしま》な説、偽りのことばは、間違ったことを正しいとしています。讒言する人を懲《こ》らさず、忠臣に罪を帰することになると、呉国を滅亡に向かわせます。宗廟はすでにこわされ、社《しゃ》稷《しょく》はやしなうことができず、城郭は丘墟のようになり、宮殿には荊棘《いばら》が生ずることになるでしょう」

呉王は大そう怒り、次のようにいった。

「老臣（伍子胥）は詐《いつわ》りが多く、呉のわざわいのもとである。権力をもっぱらにし、威光をほしいままにし、ひとりでわが国を危機におとしいれている。私は先王のことがあるので、まだ彼に刑法を施行することができないでいる。これからは家に退いてよくよく自分で考え、呉のはかりごとを妨げることがないように」

伍子胥がいった。

「今、臣《わたくし》は不忠不信で、前の王の臣下のようではありえません。臣《わたくし》は自分の身を惜しもうとは思いません。ただ呉国の滅亡を恐れるだけです。昔、〔夏の〕桀《けつ》王は関龍逢《かんりゆうほう》を殺し、〔殷の〕紂《ちゆう》王は王子比干《ひかん》を殺し、今、大王は臣を誅し、桀王や紂王の仲間に入ろうとしています。大王よ、これをよく心されるように。臣はお側を去ることを願います」

伍子胥は朝廷を退いた後、被離にいった。

「私は鄭・楚の国境で弓をひきしぼり、矢をつがい、長江・淮水をこえて渡り、自分でここまでやってきた。前の王は私のはかりごとを聞き入れ、楚を破って仇を討つことができた。前の王の恩に報いようと思って今日までやってきた。私は自分の身を惜しむわけではない。ただ禍いがあなたの身にも及ぼうとしているのだ」

被離がいった。

「諫言がまだ聞き入れられないのに自殺すれば何の益があろうか。どうして呉から逃げないのか」

伍子胥がいった。

「逃げて一体どこに行けばよいのか」

呉王は伍子胥が怨恨《うらみ》をいだいているのを聞き、人に命じて属鏤《しょくる》の剣を与えた。伍子胥は剣を受け、もすそをもちあげ、はだしで堂を下り、中庭で天を仰ぎ、怨み叫んだ。

「私は初め汝《そなた》の父の忠臣だった。呉を興し、はかりごとを設けて楚を破り、南は強敵越を服従させた。威光を諸侯に加え、覇王の功業をなしとげさせた。今、汝《そなた》は私のことばを用いず、かえって私に剣を与えた。私が今日死んだら、呉の宮殿は廃墟となり、庭には蔓草《つるくさ》が生じ、越人が汝《そなた》の土地神や穀物神の祭壇をぶちこわすことになるだろう。汝《そなた》はどうして私を忘れることができようか。昔、先王は汝《そなた》を太子とすることを欲せず、私は死をもってこれを争い、ついに汝《そなた》の願いどおりになった。そこで公子たちの多くが私を怨んでいる。私はただ呉に役立ったことをやってきた。今、私が国を安定させた恩を忘れ、かえって私に死を賜わった。何と誤ったことではなかろうか」

呉王はこれを聞き、大そう怒っていった。

「そなたは忠誠にして信義を守る人ではない。私のために斉に使し、自分の子を斉の鮑氏に託し、私に不忠な心があった。急ぎ自決せよ。私はそなたに二度と会いたくないのだ」

伍子胥は剣を把《と》り、天を仰ぎ、なげいていった。

「私が亡くなった後、後世必ず私を忠臣とするだろう。上は夏・殷の世に配置され、忠臣の関龍逢《かんりゅうほう》・比干《ひかん》と友となることができるだろう」

ついに剣を立て胸につきさし、死んだ。呉王はそこで伍子胥の屍を取り、鴟夷《しい》（馬革製の酒ぶくろ）に入れて、江水の中に投じようとしていった。

「胥よ。そなたが一旦死んだら、誰か知る人があろうか」

そしてその頭を断《き》り、高楼の上に置き、それにいった。

「日月はそなたの肉を炙《あぶ》り、飄風《つむじかぜ》はそなたの眼を吹きおとし、炎光はそなたの骨を焼き、魚鼈《ぎょべつ》はそなたの肉を食べるだろう。そなたの骨は灰と変わり、どうして物を見ることができようか」

そこでその軀《からだ》を棄て、それを江水に投じたのである。伍子胥は流れにしたがって波とともに揚《あ》がり、潮がよせくるたびにはげしくつきあたり岸を崩した。それから呉王は被離にいった。

「そなたは前に伍子胥とともに私の短所を論じたことがある」

そこで被離を髡《こん》の刑(31)に処した。王孫駱がこれを聞き、朝廷に来なかった。王は召してたずねた。

「そなたは何故私を避けて朝廷に来なかったのか」

王孫駱はいった。

「私はただ恐れているからです」

王がいった。

「そなたは私が伍子胥を殺したのはきびしすぎると思っているのか」

王孫駱がいった。

「大王の気勢が高まっているのに、伍子胥の地位は低くなっています。そこで王は彼を誅されました。私の生命はどうして伍子胥と相違がありましょうか。私はそこで恐れるのです」

王がいった。

「私が太宰嚭のことばを聞いて伍子胥を殺したのではない。伍子胥は私に何かたくらみをもっていたからだ」

王孫駱がいった。

「私は、「人に君たるものには必ず直諫する臣がいる。上の位にあるものには必ず直言する友だちがいる」と聞いています。一体、伍子胥は先王以来の老臣です。不忠不信であれば、先王の臣であることはできません」

呉王は心の中で悲しみ、伍子胥を殺したことを悔いた。どうして太宰嚭が伍子胥を讒言したのを非としなかったのであろうかと思い、太宰嚭を殺そうとした。王孫駱がいった。

「それはいけません。王がもし太宰嚭を殺したなら、第二の伍子胥をつくりあげるようなものです」

そこで王は太宰嚭を殺さなかった。

夫差十四年（前四八二）。

夫差はすでに伍子胥を殺した。その後、穀物は毎年みのりが悪く、人民は多く呉王を怨んだ。それなのに呉王はまた斉を伐とうとした。深い溝を掘り、商（宋）と魯の間を通じさせた。北は沂水《きすい》につらなり、西は済水《せいすい》につらなった。魯・晋と共同して黄池《こうち》(32)のほとりで攻撃しようとした。しかし群臣がまた諫めるのを心配し、国中に命令していった。

「私は斉を伐とうとしている。それを諫めようとするものがあれば死刑に処す」

太子友《ゆう》は伍子胥が忠臣であるのに用いられず、〔太宰嚭が〕邪《よこしま》であるのに政治を専断しているのを知り、これを呉王に直言したいと思っていたが、とがめにあうのを恐れ、王をそれとなく諫め、王の心を変えたいと思った。

すがすがしい明け方に弾丸をいだき、手には弾弓《はじきゆみ》をもち、王宮の後ろの庭園からやってきたが、衣服や履きものがいずれもぬれていた。呉王は怪しんでこれをたずねた。

「そなたはどうして衣服をぬらし、履きものをぬらし、身体がそんなになったのか」

太子友がいった。

「たまたま王宮の後ろの庭園で游んでいたとき、秋の蜩《ひぐらし》の鳴き声を聞きました。そこでそこに見に往ってきました。すると、かの秋の蟬は高い木にのぼり、清らかな露を飲み、風にゆられ、長く声をあげ、悲しく鳴いていました。自分では安らかと思い、蟷螂《とうろう》（かまきり）が枝を超えたり、枝をはったり、腰をひきずり、爪をあげ、その身体を傾けているのを知りませんでした。そもそも蟷螂は欲深そうにして進みますが、それは何か利益にありつきたいからです。ところがその蟷螂は黄雀(33)が緑の林に一杯おり、枝の陰のあたりを徘徊し、軽やかに飛んだり(34)、そっと進んだりして蟷螂を食べようとしているのを知りませんでした。その黄雀はただ蟷螂をうかがうことだけを知り、私が弾弓で高いところをねらって射、そこから飛び出した弾丸が自分の背にあたることを知りませんでした。ところがその時、私は一心に黄雀を目ざしており、陥し穴がそばにあり、暗やみの中、たちまち陥し穴に落ち、深い井にはまることを知りませんでした。私はそこで身をぬらし、履きものをぬらし、大王に笑われることになろうとしているのです」

王がいった。

「天下の愚、それ以上のものはない。ただ目前の利益に気をとられ、後方の禍患が分からないのだ」

そこで太子はいった。

「天下の愚はまたそれより甚しいものがあります。魯は周公の末裔で、孔子の教えを伝え、仁義を守り、道徳をたもち、隣国に向かって欲しがるところがありません。ところが斉は兵を挙げて魯を伐ちました。民の命を惜しむことなく、ただ手に入れたいものがあるだけでした。そもそも斉はただ兵を挙げて魯を伐つことを知っていたが、呉が国内の兵士を動員し、倉庫の財貨を使いはたし、軍隊を千里の外にまで出し、斉を攻撃しようとしているのは知りません。一体呉はただ国境をこえ、自分の国にしたがわない国を征伐することを知っているが、越王が決死の士をえらび、三江の口より出て五湖(35)の中に入り、わが呉の国を屠《ほふ》り、わが呉の宮殿を滅ぼそうとしているのを知りません。天下の危険はこれ以上のものはありません」

しかし呉王は太子の諫めを聞かず、ついに兵を北上させ、斉を伐った。越王は呉王が斉を伐ったことを聞き、范蠡《はんれい》・洩庸《えいよう》に命じ、軍隊をひきい、海上に駐屯させ、さらに長江にいたらせ、呉の帰路を断った。太子友を姑熊夷《こゆうい》(36)で破り、長江・淮水を通り、転じて呉を襲った。ついに呉国に入り、姑胥台《がいりよう》を焼き、その大舟（余皇舟）を奪取した。

呉は斉の軍隊を艾陵で破った。その後、軍隊を帰して晋に臨み、晋の定公と会盟の長の地位を争った。まだ合意ができない中、辺境の斥候がにわかにやってきて、越の反乱を知らせてきた。呉王夫差は大そう懼れ、群臣(37)を集め、はかっていった。

「われわれははるか遠くまでやってきた。会盟に加わることなく帰るか、それとも前進するか、いずれが有利であるか」

王孫駱がいった。

「前進するのが一番よろしい。諸侯の盟主となって権力をにぎり、ご自分の志を実現されることです。王は士に対しては命令を明らかに伝え、彼らに〔功のあるときは〕高官厚禄をもってはげまし、したがわないときは辱め、各自をして死力を尽くさせるよう願います」

夫差は暗くなると、馬にまぐさをやった。そして将士に食料を与え、兵器を帯びさせ、甲《よろい》をまとわせ、馬にくつわをさせ、枚《ばい》(38)をふくませた。火を造《くら》(39)（倉）から出し、暗闇にまぎれて行進した。呉の軍隊はみな犀《さい》の文様のある長い盾、扁諸の剣(40)をもち、陣を方形にして進んだ。中央の軍はみな白い衣裳を着、白い旗(41)をもち、文様のない甲《よろい》をまとい、白い羽の矰《そう》（いぐるみ。短い矢）を用い、これを望むと茶《と》（茅草の秀《ほ》）のようであった。王は自分から鉞《まさかり》を手にし、頭に旗をつけ、方形の陣の中間(42)に立っていた。左軍はみな赤い衣裳を着、赤い旗をもち、丹色の甲《よろい》をつけ、朱色の羽の矰《そう》を用い、これを望むと火のようであった。右軍は黒い衣裳を着、黒い戦車にのり、黒い甲《よろい》をつけ、黒色の羽の矰を用い、これを望むと墨のようであった。武装の兵士は全部で三万六千人。夜明けに陣をつくったが、晋軍から一里のところであった。空はまだ明けやらず、王は自分から金鼓《かねたいこ》を鳴らし、三軍は気勢をあげ、軍勢を元気づけた。

その声は天を動かし、地をゆするほどであった。晋の方では大そう驚き、出動せず、塁《とりで》を堅くしてふせごうとした。そして童褐《どうかつ》(43)に命じて呉にたずねさせた。

「両方の軍は兵を偃《ふ》せ、好《よし》みを通じ、日中に会うということになっていた。ところが今、貴国は順序にそむき、私どもの国の軍塁にいたった。約束の日時に先んじ、順序を乱したのは何故か、説明されたい」

呉王は自分から答えていった。

「天子から命令があったのである。周室は弱小となり、諸侯からの貢献を約束しながら王室の府《くら》には入らない。上帝や鬼神の祭祀も行なうことができない。しかし〔周室と同じ〕姫《き》姓の諸侯も心配して救おうとすることがない。そのことを使者をつかわし告げてこられ、それがひっきりなしであった。周室は初め晋にたより、夷狄である私どもにはお構いなしであった。たまたまこのたび晋はこうした王室への背叛に及んだ。そこで私は力を尽くして晋君〔定公〕にしたがおうとしたが、晋君は私を会盟の長とするのを承知しなかった。この上はただ力で争うだけである。私は進み、去ることはない。晋君が私の長となるのを認めなかったら、諸侯の物笑いとなるであろう。私が〔戦いに勝たないで〕晋君につかえるようになるのは今日の戦いで明らかになる。また〔戦いに勝って〕君につかえることができなくなるのも今日明らかになることである。使者の往来は煩わしいので、私自身親しく命を軍営の外でうかがいましょう」

童褐《どうかつ》が帰ろうとした時、呉王は彼の左の足を躡《ふ》んで、童褐と決別した。童褐は帰って報告することになり、諸侯・大夫とならんで晋の定公の前に坐った。使いの結果を定公に報告し終わると、趙鞅《ちょうおう》(44)に告げていった。

「私の見るところでは、呉王の顔には大きな憂いがあるようでした。小さいことでは寵愛の妾か嫡子が死んだことでです。そうでなければ呉国の国内に背叛があるようです。大きなことでは越の人が呉に侵入したのに帰られないでいることでです。その心には憂いにみちたいたしさが感ぜられます。進むにしても退くにしても、死を恐れず、難に赴こうとしています。そこで私たちは戦うことなどできません。主君には呉に前の約束どおりのこと（呉を会盟の長とすること）を許し、争いをやって国を危うくすることがないように。しかし許すにしてもただ許すのではなく、必ず呉王が信義を守ることをはっきりさせますように」

趙鞅は承知し、宮廷に入って定公に目通りしていった。

「〔周室と同じ〕姫姓というと呉の方が先であり、古い方を長とし、国としての礼を尽くすのがよいでしょう」

定公が承知し、童褐にまた命じ、呉にその旨伝えた。そこで呉王は晋が正しいことをいっているのに感じ入り、幕《とばり》の中に退いて会盟した。呉・晋二国の君臣がすべてならび、呉王は公と称し、晋侯はその次となった。群臣はみな盟《ちか》った。

呉はすでに晋の長となって帰国することとなり、まだ黄池《こうち》をこえなかった。越は呉王が長い間、国を離れ、帰らないのを聞き、将士をすべて集め、章山(45)をこえ、三江を渡って呉を伐とうとした。呉王は斉・宋が自分に危害を与えるのではないかと恐れ、王孫駱に命じて功業を周に告げさせた。

「昔、楚は天子に貢物を差し出すのを承知せず、また兄弟の国を遠ざけました。私の前の君である闔閭はその道に外れた行ないを見るに見かね、剣をつけ、鈹《ひ》（つるぎ）を挺《ぬ》き、楚の昭王と中原で戦いました。天は呉に福《さいわ》いをたまわり(46)、楚の軍隊は敗れました。今、斉は楚よりさらに劣り、また王命にしたがわず、そして兄弟の国を遠ざけています。夫差はその道に外れた行ないを見るに見かね、甲《よろい》を着、剣をつけ、ただちに艾陵《がいりょう》に向かいました。天は呉に福《さいわ》いを与え、斉の軍隊は鋒《ほこ》をかえして退きました。夫差はどうして自分で自分の功業を誇ることがありましょうか。これは〔周の〕文王・武王の徳の助けによるものです。しかし呉に帰る時期を失し、ついに長江を下り、淮水をさかのぼり、溝を掘り、水を深くし、商（宋）・魯の間に出、帰国しようとして天子に告ぐるものであります」

周王(47)が答えていった。

「伯父(48)（呉王）はあなたをつかわされたのか。同盟の国が一つになれば、私はそれをたよりにするだろう。私は心からこれを嘉《よみ》する。伯父がもし私を輔佐することができたら、ともに長《とこし》えの幸福を受けるであろう。周室に何の憂いがあることか」

そこで周王は呉王に弓・弩《ど》、王の胙《そ》（ひもろぎ）をたまわり、また王号と謚号《しごう》を与えた。呉王は黄池より帰った。そして人民を休息させ、兵士を解散させた。

夫差二十年（前四七六）。

越王が軍隊を起こして呉を伐った。呉は越と檇李《すいり》[49]で戦った。呉の軍隊は大敗した。軍は散りぢりになり、死者の数は数えきれないほどだった。越は追撃して呉を破った。呉王は困《くる》しめられ、危急に立った。王孫駱をつかわし、越王に頭を下げて講和を請い、越王が以前呉王に講和を求めた時のようにした。越王がそれに対していった。

「昔、天は越を呉にたまわったのに、呉は受けなかった。今、天は呉を越にたまわったが、それに逆らうことができようか。私に句章《こうしょう》・甬江《ようこう》[50]の東の地を献じてもらいたい。私は君とその地の二君となるであろう」

呉王がいった。

「私どもは周室の下で先王（闔閭）は天子より食事をいただく礼をたまわった。もし越王が周室の礼義を忘れることがないなら、貴国の属国となされることが私の願いである。私どもの行人（外交官）は諸侯国の名義をのこしてくださることをお願いしたが、君王にはそれをお考えくださることを望みます」

越の大夫文種《ぶんしょう》がいった。

「呉王は無道である。今、幸いに呉王を捕虜にしたなら、王には彼の命《いのち》を絶つよう願いたい」

越王がいった。

「私は呉の土地神・穀物神を残《そこ》ない、呉の宗廟を滅ぼそうとしているのだ」

呉王はそれを聴き、黙ったままだった。そして使者を七回もつかわし、講和を頼んだ。しかし越王は聞き入れなかった。

夫差二十三年（前四七三）。

十月に越王はまた呉を伐った。呉は困窮して戦う力もなく、士卒は分散し、城門を守るものもいなかった。ついに越は呉を滅ぼした。呉王は群臣をひきいて逃走した。昼夜休まず逃走し、三日三晩に及んだ。そして秦余杭山《しんよこうざん》(51)にいたった。呉王は、心中憂いに満ち、目はかすみ、歩くのもおぼつかなかった。口は渇き、腹は飢え、あちらこちら見わたして、生の米を手に入れ、食し、地に身を伏せて水を飲んだ。側のものをふりかえっていった。

「これは何という名か」

こたえていった。

「これは生稲です」

呉王はいった。

「これは公孫聖がいっていた火食する（煮たり焼いたりして食べる）ことができず、偉偟《あたふた》して逃走するということなのだ」

王孫駱がいった。

「腹一杯になったら出かけましょう。前方に胥山《しょざん》があり、その西の坂に匿《かく》れて休むことができます」

王は出かけたが、しばらくして自生の瓜を手に入れ、すでに熟していたので、呉王はそれをとって食した。王は側のものにいった。

「どうして冬でも瓜が生えているのか。道に近いのに人が食べないのはどうしてか」

側のものがいった。

「糞種《ふんしゅ》のものは人が食べないといわれています」

呉王がいった。

「糞種とはどういうものをいうのか」

側のものがいった。

「盛夏のときに人々は生瓜を食べ、道ばたで糞をします。そこで糞から子（実）がまた生じます。〔それ故糞種といいます。〕秋の霜がおりると、人々は食べるのを嫌い、そこで食べないのです」

呉王がなげいていった。

「伍子胥が旦食《たんしょく》（仮の食べもの）といっていたものだ」

また太宰嚭に対していった。

「私は公孫聖を殺し、その死体を胥山の山頂に棄てた。そこで私は天下の人に責められるのを恥じ、足は進むことができないし、心も前に向かうことができない」

太宰嚭がいった。

「死と生、失敗と成功、これらは定まったことで、どうして過去を避けることができるのでしょうか」

王がいった。

「避けることはできない。しかし私はどうしてこうも無知だったのか。そなたがためしに前に向かって公孫聖を呼んでみなさい。公孫聖がいるなら、ただちに応答があるはずだ」

呉王は秦余杭山にとどまり、太宰嚭が叫んでいった。

「公孫聖、公孫聖、公孫聖」

三回呼んだところ公孫聖が山中から答えて、

「公孫聖」

といった。その後三回叫んだが、三回とも応答があった。呉王は天を仰ぎ、叫んでいった。

「私は呉に還ることができるだろうか。もし国に還ったら、私は後々まで公孫聖に尽くしたい」

しばらくして越の兵士がやってきて、呉王を三重に囲んだ。范蠡《はんれい》は中央の軍隊におり、左手は鼓をもち、右手は枹《ばち》をにぎって鼓をうった。呉王は矢ぶみを書いて大夫文種、范蠡の軍隊に射た。そのことばは次のとおりであった。

「私は、「狡兎《こうと》（すばやいうさぎ）が死ぬと、良犬（猟犬）は不用になって煮て食われるし、敵国がもし滅ぶと、滅ぼした国の謀臣は必ず殺される」と聞いています。今、呉は病んで滅びようとしています。大夫は何をお考えか」

大夫文種、相国《しょうこく》范蠡は急いで攻撃した。大夫文種が矢ぶみを射て次のようにいった。

「上天は蒼蒼《あおあお》としてあなたを存続させるようでもあり、滅亡させるようでもある。越君勾践の臣下、文種が敢て次のように告げます。昔、天は越を呉にたまわったとき、呉は受けようとしなかった。これは天意に反するものである。勾践は天を敬《うやま》い、功徳を立て、すでに国に還ることができた。今、上天は越の功徳に報いようとしており、敬《つつし》んで呉を受け、上天の恩恵を忘れることはない。その上、呉は大きな六つの過失を犯した。そのため滅亡にいたったが、王はこのことをご存じか。忠臣伍子胥というものがおり、真心から諫めたが、かえって殺された。これが大きな過失の第一。公孫聖が直言したが、功績は報われなかった。これが大きな過失の第二。太宰嚭は愚かで邪《よこしま》、ことばは軽はずみで、讒言したりへつらったりした。またでたらめな話をし、勝手なことをしゃべった。彼のいうことを聞いてそれを用いた。これが大きな過失の第三。そもそも斉と晋に叛逆の行ないなく、分をこえた奢侈《しゃし》の過《あやま》ちもないのに呉は二国を伐ち、君臣を辱め、土地神・穀物神を破壊した。これが大きな過失の第四。さらに呉は越と音律を同じくし、天上は同じ星宿に属し、地上は同じ地脈に属しているのに、呉は侵し伐った。これが大きな過失の第五。昔、越王は自分で呉の前の王闔閭を殺害したが、罪はこれより大なるものはない。幸いにして呉は越を伐ったが、天命にしたがわず、その仇を棄て、後に大患となった。これが大きな過失の第六。越王は謹んで青天を上に奉ずる。どうして天命にしたがわないことがあろうか」

大夫文種は越王にいった。

「中（仲）冬の気が止まり、天はちょうど殺戮の時季となりました。天にしたがって殺さなければ、かえって殃《わざわ》いを受けることになるでしょう」

越王は敬んで拝していった。

「分かった。今、呉王に対するはかりごとをめぐらしているが、どうしたらよいか」

大夫文種がいった。

「君は五行相勝の図紋の衣服(52)を着、歩光の剣を腰に帯び、手に屈盧の矛をもって、目を瞋《いか》らし、大きな声を出し、呉王をとらえよ」

越王はいった。

「分かった」

そこで大夫文種のいうとおりにして、呉王にいった。

「今日こそそなたの答えをききたい」

そういってしばらくたったが、呉王は自殺する気配がなかった。越王はまた使者をつかわし、いわせた。

「どうして王は辱めを忍び、厚顔無恥でいられるのか。世に万年もつづく君はいないし、死生は誰も同じである。今、王が〔自殺によって〕体面を保つなら、どうして軍隊に命じて王に刃を加えさせることがあろうか」

呉王はそれでも自殺しようとしなかった。勾践は文種と范蠡にいった。

「二人ともどうして呉王を殺さないのか」

文種と范蠡がいった。

「私たちは人の臣下たるもの、人主を殺すことはできない。王が急ぎ、呉王に自決を命ずることが願わしい。天誅は行なうべきであり、長いことそのままにして行なわないのはいけない」

越王はまた目を瞋《いか》らし、怒って呉王にいった。

「死は人の憎むところである。しかしながら死を憎む人は罪を天に得ることなく、罪を他人に負わせることがないはずだ。今、そなたは六つの過ちを犯した罪をいだきながら、恥を知らず、生を求めようとしている。何と鄙《いや》しいことではないか」

呉王はそこでため息をつき、四方を見まわしていった。

「分かった」

そして剣を引き、それを立て、胸をあてて死んだ。ついで越王は太宰嚭にいった。

「そなたは臣として不忠にして誠実さがなく、国を滅ぼし、主君を自殺に追いやった」

そして太宰嚭とその妻子を殺した。

呉王は剣をもって自殺しようとした時、側のものを顧みていった。

「私は生きていても恥ずかしいが、死んでも恥ずかしい。もし死者に知覚があるということなら、地下で先王に合わせる顔がない。忠臣伍子胥と公孫聖も会うに忍びない。たとえ死者に知覚がないとしても、私は生者に申し訳がない。私が死んだら必ず絹の帯をつくって私の目に覆《かぶ》せなさい。

それでも目を蔽わないのではないかとも案ぜられるので、さらに三幅の羅繡《らしゆう》（うすぎぬ）を重ねて明るさをさえぎるようになることを望む。生きている時、私の目ははっきりものを見せてくれなかった。死後私の身体を見ることがないように。私はこれ以上何をいおうぞ」越王は呉王を礼を以て秦余杭山《しんよこうざん》の卑猶山《ひゆうざん》(53)に葬った。越王は軍士で戦さで功のあったものを集め、一人一人低湿の土を累《かさ》ねさせ、呉王を葬った。太宰嚭も卑猶山の旁《かたわ》らに葬られた。

注

（1）『左伝』哀公九年・同十年に呉が斉を伐ったことが見える。これは前四八六・前四八五のこと。『史記』呉太伯世家でも夫差十年（前四八六）、十一年（前四八五）に呉が斉を伐ったとされる。ところが本書は夫差十一年・十二年に斉を伐ったとされている。徐天祜注は、夫差十一年は斉が呉に謝したため、実際は戦わなかったのではないかとしている。

（2）以下、同様のことばが『史記』呉太伯世家・伍子胥列伝に見える。

（3）衛の人。姓は端木《たんぼく》、名は賜《し》。孔子の弟子。『史記』仲尼弟子列伝に見える。

（4）田常のこと。陳完の子孫。田常、別名恒、死後諡《おくりな》して成子というので、陳成恒と称す。『史記』田敬仲完世家に見える。

（5）以下、子路は仲由、字は子路、子張は顓孫師《せんそんし》、字は子張、子石は公孫龍、字は子石。『史記』仲尼弟子列伝に見える。

（6）子貢が斉・呉・越を廻り、また呉に帰ったことは『越絶書』第九、『史記』仲尼弟子列伝に詳しい。
（7）『越絶書』第九は「士民」。
（8）鈞は三十斤、一銖は十二分。
（9）原文「分其民之衆」。兪樾『読越絶書』は分を介の誤りとする。
（10）『呉越春秋』は「身為魚鼈」、『越絶書』第九は「身為魚鼈餌」。
（11）『越絶書』第九は「此孤之外言也」（これは私の外に対することば）。死言も本心のことばではなく、外に対するものということか。
（12）注（10）に同じ。
（13）矛の名匠の名。
（14）名剣の名。『越絶書』第十二に歩光の剣が見えるが、屈盧は弓の名となっている。
（15）原文は「子貢去晋」。『越絶書』第九、『史記』仲尼弟子列伝は「去」の下に「之」の字がある。
（16）鼎の一種。胴の下部が中空の三本足になった食物を煮る器物。
（17）徐天祜注は鍈を刀の名とす。しかし鏵《か》と同じで、もろはのすき。
（18）原文は「時加南方」。陰陽説では南方は午の刻、また巳・午・未は火に属し、火神が天を司っているので不祥であるとする。
（19）原文は「使」。『太平御覧』巻四百八十三に引く『呉越春秋』は「助」。

(20) 徐天祜注は別に蒸山といい、また陽山というとする。陽山は今の蘇州市の西北にある。
(21) 趙は魯の誤り。
(22) 金匱は金でつくった箱に秘蔵した書物。『漢書』芸文志数術略五行に『堪輿《たんよ》金匱』十四巻がのっているが、これは地相によって吉凶を占ったもの、すでに散佚して内容は分からない。この『金匱』は漢代に流行した八合や六壬によって吉凶を占った書物であろう。
(23) 伍子胥は楚人、その占法は楚のものであろう。第三の注(20)において楚の占法についてのべた。日と時刻を基本とした占いに、ここでは天地盤(天上の十二辰の分野が天盤、地上十二辰の方位が地盤)の配合関係、および神将加臨が加わっているが、これは遁甲九宮の法に近いとされている。
(24) 太陰星は古代の占星家が考え出した星で、歳星(木星)と逆の運行で、それを用いて十二支と配して年を記す。
(25) 原文は「合壬子、歳前合也」。合は合日のこと。古代に八合の説があり、十干十二支は六十日で一周するが、その間、八合があるという。十一月丙午が一合、二月乙酉が二合、三月甲戌が三合、四月癸亥が四合、五月壬子が五合、八月辛卯が六合、九月庚辰が七合、十月丁巳が八合。これらが合日、したがって壬子は五月の合日。
(26) 丑は十二神の一つで、土神、丑に位置する。白虎は十二将の一つで凶将。
(27) 功曹は漢代の官名であるが、ここでは十二神の一つに位置する。
(28) 太常は漢代の九卿の一つであるが、ここでは十二将の一つ。

（29）醜は悪の意味。乙戊己辛壬の五干と子午卯酉の四支を合わせて九となし、相配すると天地の道に合するが、辛と亥とが相配されると、天地の道に合しない。
（30）山東省萊蕪《らいぶ》県東。艾陵の戦いは『左伝』では哀公十一年、つまり夫差十二年のこと。
（31）髪をそりおとす刑。
（32）宋の地。今の河南省封丘県西南。
（33）雀の一種。嘴と脚が黄色。
（34）原文は「蹶蹶」。張覚注は『玉篇』の「踂跋《じょうえつ》」とし、軽やかに脚をあげて行くの意に解す。
（35）三江・五湖については諸説あり。ここでは何を指すか不明。
（36）原文は「始熊夷」。『国語』呉語は「姑熊夷」、これにしたがう。今の蘇州市西南横山附近。
（37）原文は「諸侯」。盧文弨によって改む。『国語』呉語は「大夫」。
（38）はしのような木で両端にひもがある。ひそかに敵を攻める時にくわえさせる。
（39）『国語』呉語は「奄」。
（40）徐天祜は、闔閭すでに干将・莫耶の二剣を鋳成し、余は三千を鋳、いずれも扁諸の剣と称したという。
（41）原文は「髦」。『国語』呉語は「旃」。
（42）原文は「陣」。『国語』呉語は「中陣」、それにしたがう。
（43）『左伝』哀公十三年、『国語』呉語は「董褐」、晋の大夫司馬寅《しばいん》のこと。
（44）晋の正卿、趙簡子のこと。

（45）徐天祜注は章山を『尚書』禹貢篇の内方山にあてる。これは今の湖北省鍾祥県西南漢水のあたりとされているが、張覚注は越王はこれをこえて三江をわたることはできないとし、章山は長山の誤り、長山は太湖東岸の山名とする。
（46）原文は「天、其の忠を舎《やど》す」。『国語』呉語は「忠」を「衷」につくり、韋昭注は衷を善とする。
（47）周王は景王の子の敬王丐《かい》。
（48）周の天子は同姓の諸侯を伯父もしくは叔父と称した。
（49）第四には檇里として見える。
（50）原文は「勾甬東の地」。徐天祜は、句は句章、甬は甬江、東は東境、つまり句章・甬江の東の地方とす。句章は浙江省余姚県東南、甬江は上流は四明山に出、浙江省鄞《ぎん》県・鎮海県をへて海に入る。その東の地方とは浙江省舟山島。
（51）徐天祜注は陽山の別名とす。別に四飛山、卑猶山、万安山、蒸山などという。すでに蒸丘として見える。注（20）参照。
（52）原文は「五勝の衣」。
（53）卑猶山は秦余杭山系の一つ。

下巻

第六　越王無余《むよ》外伝（越王無余の伝記）

越の先君無余は夏の禹《う》の末裔である。禹の父の鯀《こん》は帝顓頊《せんぎょく》の子孫である。鯀は有莘《ゆうしん》氏の女《むすめ》を妻とした。(1)その名前を女嬉《じょき》といった。嬉は年が三十をこしていたが、まだ身ごもることがなかった。嬉は砥山《しざん》(2)で薏苡《よくい》（はとむぎ）を手に入れてこれを呑んだ。すると、身ごもった感じがしたが、果して身ごもっていた。胸を剖《さ》いて高密《こうみつ》(3)を生んだ。西羌《せいきょう》に住んでいたが、その地を石紐《せきちゅう》(4)といっていた。石紐は蜀の西川(5)にあった。堯帝のとき、洪水が氾濫して天下は水につかり、九州は交通がふさがり、四瀆《しとく》（長江・淮水・黄河・済水）は流れなくなった。堯帝はそこで中国が安らかでなく、人民が禍いに遭ったのを傷《いた》み、四嶽(6)に命じ、賢良を登用し、治水を任せようとした。しかし中国より条方《じょうほう》(7)にいたるまで推薦される人がいなかったので、堯帝も任用することができなかった。四嶽はそこで鯀《こん》を候補者として堯帝に推薦した。堯帝はいった。

「鯀は命令に逆らい、仲間と仲が悪いので駄目だ」

四嶽がいった。

「群臣とくらべると鯀に及ぶものはいない」

堯は鯀を用いて水を治めさせた。命をうけてから九年たっても成功しなかった。帝は怒っていった。

「朕は彼に治水の能力がないことは早くから分かっている」

そこで別の人を求め、舜《しゅん》を見つけた。舜は天子の政治を代わって行ない、各地に巡狩した。そして鯀の治水を観たところ、やった形迹もないので、鯀を羽山《うざん》に追放した。鯀は水に身を投げ、黄熊《おうゆう》(8)と化した。そこで羽淵《うえん》の神となった。舜は四嶽とともに鯀の子の高密（禹）を推挙した。四嶽は禹にいった。

「舜は治水が成功しないので、そなたを推挙して父の仕事をつがせることにした」

禹がいった。

「承知しました。私は父の仕事をやり終え、そして天意にもとづいて治めましょう。私にお任せくださるよう」

禹は父が成功しなかったことを傷《いた》んで、長江にしたがい、黄河をさかのぼり、さらに済水と淮水にも及んだ。自分で身を労し、思いを焦《こ》がし、各地に行った。七年間、音楽は聞かず、自分の家の門を過ぎても家に入らず、冠が木の枝にかかっても意に介さず、履物もはかず、そうした生活をつづけてもまだ成功しないので、憂いながら思いにふけっていた。そこで『黄帝中経暦《こうていちゆうけいれき》』(9)を読んでみた。それは聖人が書いたもののようで、次のとおりであった。

「天下の九山の中、東南には天柱山があり、別に宛委山《えんいざん》(10)という。南方の神、赤帝が山上の宮殿に住んでいる。宮殿は文様のある玉柱がそれを支え、上は巨大な石が覆っている。その中に黄金でできた簡札の書が収められ、文字には青玉がはめこまれている。簡札は白銀の糸で編まれ、文字はすべて簡片の上に凸出している」

禹はそこで東方へ巡視し、衡山《こうざん》(11)に登り、白馬の血で祭ったが、求めた書はなかった。禹はそれから山の頂きに登り、天を仰ぎ、大きな声を発した。すると、たちまち睡《ねむ》くなり、横になった。そして夢で赤い刺繡のある衣をきた男子を見た。自分では玄夷《げんい》蒼水《そうすい》（仙人の名）の使者であると称し、禹にいった。

「帝が文命《ぶんめい》（禹の別名）をここにつかわされたと聞き、ここにやってきてあなたを待っていた。今はまだ天の書を手に入れる時ではない。私がその時期を告げるから、戯れに吟唱などすることがないように。私は元来、覆釜《ふくふ》の山(12)にあって曲に合わせて歌をうたっているものであるから」

そしてこの人は東の方に向かい、また禹にいった。

「わが山神の書を得ようとするものは、必ず黄帝の山の巌《いわお》の下で斎戒しなさい。そして三月庚子の日、ふたたび山に登り、山頂で石を開くと、黄金の简札の書を手にすることができる」

禹は夢がさめてから山を下り、黄帝の山の巌の下に行き、斎戒した。そして三月庚子の日、宛委《えんい》山に登り、黄金の简札の書を取り出し、そこに見える玉の字を読み、ようやく河道を疏通させる道理を会得した。

そこでまた衡山にもどり、四種の乗り物(13)にのって河川を巡視した。また霍山《かくざん》(14)から出発して、五嶽を巡回した。『詩経』〔小雅信南山〕ではこの時のことを「信たる彼《か》の南山、惟《こ》れ禹これを甸《おさ》む(15)」といっている。禹はついに四瀆《しとく》を巡行し、益《えき》・夔《き》とともに計画をねった。名山大沢《だいたく》に行くと、その神を召して山川の脈絡と走向、金・玉のあるところ、鳥獣昆虫のたぐい、八方の民俗、外国異域の土地里数をたずね、益《えき》に命じ、個条書きに書かせた。そこでこれを『山海経《せんがいきょう》』と名づけたのである。

禹は年が三十であったが、まだ妻をめとらないでいた。そして塗山《とざん》(16)にやってきた。妻をめとる時期を失し、婚姻の制度にそむくのを心配し、そこで人々に告げていった。

「私が妻をめとろうとすれば、きっと前兆があるだろう」

そのとおり九つの尾をもつ白狐が禹のところにやってきた。禹がいった。

「白は私の衣服の色である。九つの尾は九州の王となる証《あか》しである」

そこで塗山の人たちが歌っていった。

「綏綏《すいすい》たる白狐、(17)九尾痝痝《ぼうぼう》たり。

わが家の嘉夷《かい》、来って賓《ひん》となり、王とならん。

家を成し、室を成し、われ彼の昌を造《いた》さん。

天人の際、ここに於て則ち行なわる、

明らかなるかな」

（ぶらぶらしている白狐、九つの尻尾は大きい。

わが家にやってきたよき夷族、客人となり、王となるだろう。

美しい家庭をつくり、わたしはあなたと栄えるだろう。

天と人との間はこのことばどおり行なわれるだろう。

これは明白なことだ）

禹はそこで塗山の女を妻とした。彼女を女嬌《じょきょう》(18)といった。結婚のために辛・壬・癸・甲の四日をあてただけで、〔また治水に出かけた。〕禹が出かけて十ヶ月たち、女嬌は子の啓《けい》を生んだ。啓は生まれても父を見ることがなかった。昼も夕もひとりで泣いていた。

禹は巡視に出かけ、大章《たいしょう》をして東西を測量させ、竪亥《じゅがい》(19)をして南北を測量させた。広い八方の果てまで行き、天数と地数(20)を利用して山川の長さや大きさを計算させた。

禹は船で長江を渡り、南方の治水の原理をしらべた。その時、黄龍が船を背負い、船中の人たちは恐れおののいた。禹は笑いながらいった。

「私は天命を受けて、全力をつくし、万民のために苦労しているのだ。生は人性の欲するところ、死は天命の定むるところ、そなた（黄龍）は何をやろうとしているのか」

禹は顔色も変えず、今度は船の人たちにいった。

「この黄龍は天が私たちのために役立てようとつかわされたもの」

そこで黄龍は尾を曳きずり、船をすてて去った。

禹は南に行き、蒼梧《そうご》山(21)で視察していた時、縛られている人を見た。禹は彼の背を撫でて泣いた。益がいった。

「この人は法を犯し、当然このようになるべきもの、それを泣かれるのはどういうわけか」

禹がいった。

「天下に道があれば、民は罪にならない。天下に道がなければ、罪は善人にも及ぶ。私は、「一人の男子が耕さなければ、飢えを受けるものが出、一人の女性が養蚕をしなければ、〔衣がなく〕寒《こご》えるものが出る」と聞いている。私は舜帝のため、水土を治め、民が安らかに生活し、その所を得るようにやっている。今、法により処分されるもの、このようである。これは私の徳が薄く、民を教化できない証《あか》しである。だから彼のために泣き、悲しんでいるのだ」

それから禹は広く天下を巡視した。東は人迹未踏のところまでいたり、西は積石山(22)まで足をのばし、南は赤岸(23)をこえ、北は寒谷(24)を過ぎた。また崑崙山脈(25)をまわり、玄扈《げんこ》山・玄扈水(26)を視察し、地形・地勢を明らかにし、山の金石に字を刻んだ。西部の辺境では流沙(27)を除き、北辺の沙漠地帯(28)では弱水(29)を疏通させ、青泉河と赤淵湖(30)を別々に洞穴に入らせ、長江を疏通して東流させ、碣石山(31)で海に入らせ、汚泥や深潭(32)の黄河下流の九つの分水道(33)を疏通させ、東北では五つの河道(34)を開通し、龍門山(35)を掘り、伊闕《いけつ》山(36)を開いた。そして土地を治め、土壌を見て田賦を定め、地形を観察して州を分けた。各地方それぞれ貢ぎものを納めた。民はけわしい山地を去って中原《ちゅうげん》に居住した。堯帝はいった。

「そうだ。このようにやってもらいたいと思っていたのだ」

そこで禹を号して伯禹といい、官を司空といい、姒《じ》氏の姓を賜わり、州伯を統《す》べさせ、そして全国十二州(37)を巡回させた。堯帝が亡くなり、禹は三年の喪に服したが、父母の喪のように行なった。昼は哭《な》き、夜も泣いた。泣いても声にはならなかった。堯帝は位を舜に禅《ゆず》り、舜は大禹を推挙した。禹の官を司徒と改め、内は舜帝を輔佐し、外は九州をめぐってその長官たち(38)を治めた。舜が亡くなる時、位を禹に禅ることを遺命した。禹は三年の喪に服した。身体は瘠《や》せ衰え、顔は真黒くなった。位を商均《しょうきん》（舜の子）に譲り、自分は退いて陽山の南、陰河(39)の北に住んだ。多くの民は商均に服さず、追いかけて禹のところに行こうとした。そのありさまはちょうど驚いた鳥が天に飛び立つようであり、駭《おどろ》いた魚が淵にもぐるようであった。昼は歌い、夜は吟じ、高いところに登り、叫んでいった。

「禹はわれわれを棄てた。どうすれば上に戴くことができるだろうか」

禹は三年の喪が終わると、民がよるべのないことを哀れみ、天子の位についた。三年ごとに臣下の功績を考え、五年たつと政《まつりごと》が安定した。天下を周行し、また大越にもどった。茅《ぼう》山《ざん》(40)に登り、四方の大臣たちを入朝させ、中国の諸侯とも会見した。諸侯の中、防風《ぼうふう》(41)が後《おく》れてやってきたので、斬ってみなの衆に見せしめとした。天下がすべて禹に属することを示したのである。ついで盛大に会合を行ない、治国の道をはかった。内心では自分が覆釜《ふくふ》山《ざん》で「天の書を手に入れ」州を鎮めたことをほめ、衆人に対しては堯・舜が立派な徳を行ない、天の心に応じたことをほめた。そこで茅山の名を改めて会稽の山といった。そして国政を発布して、万民を休養させようとした。国号を夏后《かこう》といい、有功のものを封じ、有徳のものに爵を与えた。些細でない悪いことをやっても誅されないのを悪《にく》み、微小でない良いことをやって賞されない人の功績をあらわした。天下の人は仰ぎみて慕い、ちょうど児が母を思い、子が父をしたうようであった。そして禹は越に留まろうとしたが、群臣が従わないのを恐れていった。

「私は、「実を食べる人は枝を傷つけないし、水を飲む人は流れを濁《にご》さない」と聞いている。私は覆釜山で書を手に入れ、天下の災《わざわ》いを除き、民をして里閭《ふるさと》に帰らせた。越での徳はかくも明らかである。どうして忘れてよいであろうか」

　そこで臣下のことばを受け入れ、諫《いさ》めを聴き、民を安んじ、家々を治めた。山を平らにし、木を切って邑《ゆう》をつくり、木に印をえがき、しるしとし、木を横にして門とした。また権衡《はかり》を正しく調《ととの》え、斗斛《ます》を公平にし、井（刑法）(42)をつくって人々に示し、またいろいろなきまりをつくった。そこで鳳凰は樹にすみ、鸞《らん》鳥は側に巣をつくり、麒麟は庭を歩き、百鳥が沢で草をとるようにした。(43)そうこうする中、耆艾《きがい》（五、六十歳）となり、老いがあらわれつつあった。そこでなげいていった。

「私はすっかり年をとり、寿命が尽きようとしている。これでもはや事業も終わるであろう」

　群臣に命じていった。

「わが亡き後は、われを会稽の山に葬れ。葦の椁《かく》、桐の棺《かん》とし、壙《あな》は七尺掘り、下は泉に及ぶことがないように。墳《もりつち》の高さは三尺、土の階《きざはし》は三段階。葬った後は墓地をひろげ、田土の面積は小さくなることがないように。そして死者は楽しむが、つくる人たちは苦しみをうけることがないように」

禹が亡くなった後、多くの瑞鳥・瑞獣は消え去った。しかし天は禹の徳をほめ、その功業を労《いたわ》った。百鳥を還して民の田土を治めさせることにした。ただし〔百鳥に〕大きいのや小さいのがあったり、進んだり退いたりするのに順序があったり、多かったり、そうでなかったりではあったが、しかし、百鳥はきまって往来した。

禹が亡くなり、その位は益《えき》に伝えられた。益は三年の喪に服した。益は禹をしたい、禹のことをいわない時はなかった。喪が終わると、益は禹の子啓《けい》に位をつがせようと、自分は啓を避けて箕山《きざん》(44)の南にうつった。そこで諸侯は益のもとを去って啓に入朝し、そしていった。

「われわれの君は禹王の子である」

啓はついに天子の位につき、夏の国を治め、『尚書』禹貢に見える禹の功業にしたがい、九州の地に五穀をうえることにし、毎年絶えることがなかった。

啓は使者をつかわし、毎年春秋二回、禹を越に祭らせ、宗廟を南山（会稽山）の上につくらさせた。

禹以下六世をへて帝少康《しょうこう》となった。少康は禹の祭祀が絶えるのではないかと恐れ、自分の庶子を越に封じた。その号を無余《むよ》といった。余《よ》は初めて封を受けた時、人民は山地に住んでおり鳥田の利があったが、田租や貢ぎものはわずかに宗廟祭祀の費用に給するにすぎなかった。そこでまた山の平地を耕し、種子をまかせた。また禽《とり》や鹿をとって食料にあてることも行なわれた。

無余は質朴で、宮室を飾ることなどせず、民と住居をともにした。春秋に禹の墓を会稽に祠《まつ》った。無余から十余世、その終わりの方の君は勢力がほとんどなく、自立できず、衆庶にまじって、編戸の民（平民）となった。禹の祭祀が絶えてから十余年たって、生まれながらことばのできる人があらわれた。そのことばは次のとおりであった。

「鳥禽が呼んでいる」

次いで鳥のように叫んで、天を指し、禹の墓に向かっていった。

「われは無余君の末裔である。われは前君の祭祀を修め、わが禹墓の祀《まつ》りを復し、民のために福を天に請い、鬼神の意を伝えるであろう」

民衆は大いに喜び、みな協力して禹の祠りを行ない、四季に貢ぎものを入れた。そして一緒にこの人を君主として立て、越の君主の後を継承させ、夏王の祠りを復し、百鳥が耕を助ける瑞祥をよく安んじ、もたらし、そして百姓のために天命のあることを祈った。その後、次第に君臣の区別ができ、号して無壬《むじん》といった。無壬は無睪《むえき》を生んだ。睪は国を守ることに専心し、上天の命にたがうことがなかった。無睪が亡くなり、次は夫譚《ふたん》となったともいわれる。夫譚は允常《いんじょう》を生んだ。允常が立ったが、呉では呉王寿夢《じゅぼう》、諸樊《しょはん》、闔閭《こうりょ》の時代にあたる。越が覇をとなえるのは允常より始まる。

注

（1）『世本』（たとえば茆泮林輯本）では鯀は有莘氏の女を娶り、これを女志といい、高密を生んだとなっている。
（2）別名砥柱、今の河南省三門峡市東北の黄河の中。
（3）『世本』右の条の宋衷《そうちゅう》注は、高密は禹が封ぜられた国とする。『初学記』巻九に引く『帝王世紀』は、禹の名は文命、字《あざな》は高密とする。
（4）禹が石紐に生まれたとする伝えは、いろいろな史料に見え、『史記』夏本紀正義に引く前漢末、揚雄『蜀本紀』は禹はもと汶山《びんざん》郡広柔県の人で、石紐に生まれ、その地は痢児畔《りじはん》と名づけられたとする。『三国志』蜀書秦宓《しんぷく》伝の裴松之《はいしょうし》注に引く譙周《しょうしゅう》『蜀本紀』もほぼ同様なことを記し、石紐の地は刳児坪《こじへい》と名づけられたという。『続漢書』郡国志蜀郡広柔県の劉昭注に引く『帝王世紀』は、禹は石紐に生まれ、県に石紐邑があったという。石紐の詳細については、工藤元男『睡虎地秦簡よりみた秦代の国家と社会』（創文社、一九九八）第八章参照。
（5）西川は今の四川省汶川県。
（6）四方の大山の祭祀をつかさどり、それぞれの地方を治める役人。
（7）四方の辺地。
（8）鯀が黄熊に化した伝えは『左伝』昭公七年、『国語』晋語に晋の韓宣子と鄭の子産との対話に見える。この伝説については森三樹三郎『支那古代神話』（大雅堂、一九四四）第一章禹の条参照。

（9）『淮南子』墬形訓によれば、九山は会稽、泰山、王屋、首山、太華、岐山、太行、羊腸、孟門。その中、会稽山だけが東南に位置している。

（10）天柱山・宛委山は会稽山のこと。

（11）会稽山のこと。五嶽の一つの衡山ではない。

（12）徐天祜注は『輿地志』を引き、会稽山に覆䈾《ふくふ》（ふせたかま）のような石があり、これを覆䈾山といい、別に釜山といったとしている。

（13）『尚書』禹貢篇、『史記』夏本紀にも見えるが、陸行には車に乗り、水行には船に乗り、泥行には橇《ぜい》（そり）に乗り、山行には檋《きょく》（かんじき）に乗った。

（14）前に見える衡嶽、天柱山のこと。

（15）意味は「はるかにつらなるあの南山、禹がこれを治めたところ」。

（16）徐天祜注は『会稽志』により、塗山は山陰県西北四十五里にありとする。ただし『越絶書』記地伝は、山陰県を去ること五十里とし、今の浙江省紹興県説、『華陽国志』巻一は「江州の塗山」とし、今の四川省重慶市巴県説。いずれも伝説にもとづくもの。

（17）『詩経』衛風有狐の詩に「狐あり、綏綏」とあり、綏綏はぶらぶらしていること。

（18）『太平御覧』巻百三十五に引く『帝王世紀』は女媧《じょか》とする。

（19）徐天祜注は許慎の説を引き、大章と竪亥の両人は善行の人、みな禹の臣としている。

（20）『易経』繫辞上によると、十の数の中、奇数が天数、偶数が地数、これらを利用して山川の里程や面積をしらべさせた。
(21) 今日の湖南省南部、広西省の東北部、広東省西北部の一帯。
(22) 山名。積石山に二つある。大積石山は今日の青海省南部の大雪山、小積石山は今日の甘粛省臨夏西北（古の唐述山）。ここは後者と解される。
(23) 徐天祜注は『水経注』を引き、新安県の南に白石山があり、広陽山とも名づけられ、水を赤岸水という、としている。
(24) 徐天祜注は『劉向別録』を引き、「燕に黍谷あり、地美にして寒く、五穀を生ぜず」という。今の北京市密雲県西南。
(25) 徐天祜注は『漢書』地理志を引き、臨羌の西にあり、黄河の源とする。
(26) 原文は「六扈」であるが、孫詒譲は玄扈につくるべしとする。『山海経』中山経に「玄扈の水」とある。玄扈山は陝西省洛南県西。
(27) 『尚書』禹貢篇には「西は流沙に被す」とあるが、西はのびて流沙沢（居延海）にいたったという意味。
(28) 原文は「北漢」。「北漠」の誤りとされる。
(29) 徐天祜注は『漢書』地理志を引き、弱水は張掖《ちょうえき》郡刪州県にありとする。今の甘粛省の張掖河、俗に黒河という。
(30) 青泉は青渓、江蘇省南京市鍾山西南に発し、秦淮河に入る。赤淵は湖名、今の江蘇省句容県西南にある。

(31) 山の名。今日の河北省撫寧県西北にある(尹世積『禹貢集解』)。
(32) 原文は「湣淵」。湣は濁った水。
(33) 『尚書』禹貢篇では「九川」。九川は弱水、黒水、黄河、瀁水《ようすい》(漢水)、長江、沇水《いんすい》(済水)、淮水、渭水、洛水。
(34) 原文は「五水」。五水は『水経注』蘄水《きすい》注によると、巴水、希水、赤亭水、西帰水、蘄水。
(35) 龍門山は北嶺、梁山山脈に属し、今の陝西省韓城県東北にある。
(36) 河南省洛陽県の南。
(37) 原文は「十二部」。十二の部落とする説もある。
(38) 原文は「九伯」。九州の長官。
(39) 徐天祜注は潁川《えいせん》陽城とする。今の河南省登封県北。陰河は河南省嵩県より禹県にいたる間の山地。
(40) 徐天祜注は『十道志』を引いて、会稽山のもとの名は茅山《ぼうざん》、別名苗山《びょうざん》であるとする。
(41) 防風氏が後れたため禹に殺されたことは『国語』魯語に見える。
(42) 「井」について黄仁生注は「刑」とし、張覚注は『説文』にしたがい、八家一井の井とする。前者にしたがう。
(43) 鳥が耕作を助けることは後にも見えるが、鳥が草根をぬき、後にそれを食べることとされる。
(44) 箕山はいくつかあるが、ここでは河南省登封県東南。

第七　勾践《こうせん》入臣外伝（勾践、呉の臣《どれい》となった伝え）

越王勾践五年（前四九二）。

この年五月、勾践は大夫文種《ぶんしょう》、范蠡《はんれい》とともに呉に入り、その臣《どれい》となった(1)。群臣はみな浙《せっ》江《こう》(2)のほとりまで見送った。そして水に臨んで送別の酒宴をした。越の残兵は固陵《こりょう》(3)に並んだ。

大夫文種が進んで越王に祝意をあらわした。そのことば(4)は次のようであった。

「皇天祐助し、前に沈むも後に揚《あ》がる(5)。
禍いは徳の根となり、憂いは福の堂となる。
人を威《おど》すものは滅び、服従するものは昌《さか》える。
王は牽致《けんち》さると雖《いえど》も、その後は殃《わざわ》いなからん。
君臣生離し、上皇を感動す。
衆夫哀悲し、感傷せざるなし。
臣、脯《ほ》(6)を薦《すす》め、酒二觴《にしょう》を行なうを請う」

（皇天、越を助け、前に沈んだが、後に揚がるだろう。
災禍は功徳を生ずる根となり、憂患は幸福になる殿堂である。
威力で人を凌ぐものは滅び、服従するものは昌《さか》える。
大王は今日ひっぱられてゆくが、今後は殃《わざわ》いがないだろう。
越の君臣は生きて別れ別れになるが、上天を感動させた。
もろびとは悲しみ、心を傷めないものはない。
臣《わたくし》は、脯（ほじし）を献じ、各位が二杯の酒を乾《ほ》されんことを請う）

越王は天を仰いでため息をつき、杯を挙げて涙をながし、黙ったまま何もいわなかった。
文種がまた進んで祝意をあらわすことば(7)をのべた。

「大王の徳寿、疆《かぎ》りなく極まりなし。
乾坤《けんこん》霊を受《さず》け、神祇《しんぎ》輔翼せん。
我が王之《これ》を厚くし、祉《し》祐《ゆう》側にあり。
徳は百殃《ひゃくおう》を銷《け》し、利は其の福を受く。
彼の呉庭を去り、来りて越国に帰らん。
觴酒既に升《あ》げ、万歳を称せんことを請う」
（大王の功徳と寿命は限りなく極まりない。

天地は福をたまわり、天神地祇が輔佐するだろう。
わが大王は天神地祇の厚恩に感じ、福佑はつねに身辺にある。
大王の徳行はすべての殃《わざわ》いを消し、上天の福を受けて万事うまくゆくだろう。
やがては呉の宮廷を去り、必ずや越国に帰るだろう。
酒を満たした杯を挙げ、高らかに万歳をとなえることを請う）

越王がいった。

「私は前の王の余徳をうけ、辺境で国を守ってきた。幸いに諸大夫のはかりごとをいただき、前の王の丘墓を保ってきた。しかるに今、恥辱に遭い、天下の物笑いとなった。これは私の罪だろうか。また諸大夫の責任だろうか。私は自分に罪があるかどうか分からない。二、三の方がそれについて意見をのべてくれるようお願いする」

大夫扶同《ふどう》がいった。

「何とそのおことばの鄙《いや》しいことであることか。昔、殷の湯《とう》王は夏台《かだい》(8)に繫がれたとき、伊《い》尹《いん》はその側を離れませんでした。周の文王が石室に囚《とら》われた(9)とき、太公はその国を棄てませんでした。国が興ったり衰えたりするのは天意によるが、存したり滅んだりするのは人の努力に関係があります。湯王はやり方を改めて夏の桀《けつ》王に媚《こ》び、文王は服従して殷の紂《ちゅう》王に可愛がられました。夏の桀王、殷の紂王は力をたのんで二人の聖人（湯王と文王）を虐《しいた》げました。湯王と文王の両君は自分を屈し、そして天道を得たのです。それ故殷の湯王は窮しても自分は心を傷めることがなく、周の文王は苦しんでも心を病むことはありませんでした」

越王がいった。

「昔、堯は舜や禹を任用して天下が治まった。洪水の害があっても、人災とはならなかった。異変があっても民には及ばなかった。まして人君に対して害を加えることなどあろうか」

大夫苦成《くせい》がいった。

「大王のいわれるとおりではありません。天には暦数（めぐりあわせ）があり、徳には厚薄の別があります。黄帝は禅譲しなかったが、堯は天子の位を舜に禅譲しました。三代の時代は臣がその君を殺し、五覇の時代は子がその父を殺すことがありました。徳には広狭の別があり、気質には高低のちがいがあります。今の世でちょうど市場に商品を置いて詐欺をはたらくようなもので、はかりごとをいだいて敵を待っています。不幸にしてわざわいに陥ったなら、ただ伸びあがって苦境を脱出しようとするだけです。大王はこれをご存じでなく、喜んだり怒ったりしています」

越王がいった。

「人に任せるものは、自分の身が辱《はずかし》められることがないが、自分でやるものは、国を危うくする。大夫はみな事がおこらない前にはかり、敵を倒し、讐《あだ》を破り、国君は坐して泰山《たいざん》のような大きな福をうけるように思っている。しかるに今、私はこうした窮地に立っている。ところがそなたたちは殷の湯王、周の文王が困窮の末、後に覇をとなえたというが、そうした話は何と礼儀にそむくものでなかろうか。一体、君子はわずかな時間でも重んずるが、珠玉などは貴ばないものである。今、私は戦《いく》さを心配することなく帰国したいが、しかし敵人に囚われ、身は奴隷となり、妻は婢妾となり、往ったまま還らず、敵国で客死するであろう。もし魂魄《こんぱく》に知覚があれば、前君に愧《は》じるであろう。もし知覚がないなら、私の体や骨も敵国に棄て去られるであろう。何と大夫のいっていることは私の心に合しないことか」

そこで大夫文種と范蠡がいった。

「古人が次のようにいっていることを聞いています。「困厄の境地にいなければ、志は広くならない。身体に心配がなければ、思いは深くならない」と。聖王や賢主はみな困厄に遇い、救いのない恥を蒙っています。身はとらわれてもその後名誉はさらに尊く、身体は辱められても声望はかえって高まり、卑しいところにおっても運が悪いとはせず、危うきにおっても恵まれないとはしませんでした。五帝の徳は厚く、窮厄の恨みがありませんでした。[10] しかしながらなお洪水の心配がありました。また周の文王は突然辱めを三回にわたってうけ、三回獄屋に囚《とら》えられました。涙をながして冤罪《えんざい》をうけ、哭《な》いて奴隷となりました。しかし『易《えき》』

の八卦《はっか》を敷演《ふえん》して六十四卦[11]としました。天が彼を祐《たす》け、時がたち、困厄が終わり、安泰となりました。諸侯はみな文王の命《いのち》を救おうとして、朱《あか》いたてがみの馬、黒い狐を見、祥瑞のしるしとしました。輔佐する臣下は心を合わせ、獄をこわし、械《かせ》を破りました。文王は国に帰り、徳を修め、ついにその讐を討ったのです。殷の紂王に代わって海内《かいだい》を支配したのは手や背を覆したように顕著でした。天下は彼を宗主とし、その功績は万世に伝えられるものでした。そこで大王（越王）には災厄にあわれたが、臣下ははかりごとに全力をあげるでしょう。そもそも骨を切る剣でも小さなものを削る利便はないし、鉄に穴をあける矛も髪を分ける便宜はないものです。策略を献上する士はにわかに国家を興す説をもっていません。今、臣は天文を観察し、地理の書物をしらべたが、二気[12]がともにきざし、しかしその存亡は別々です。彼が興れば、わが方は辱められ、わが方が覇者となれば、彼は亡びます。二国は道を争い、まだその成り行きが分かりません。君王の危難は天道のきまりで、どうして自分で心を傷めることがありましょうか。そもそも吉は凶の門、福は禍の根です。今、大王は危難困苦のただ中にありますが、それはやがて事態が好転するきざしでないと誰が分かりましょうか」

大夫計硯《けいげい》がいった。

「今、君王は会稽で国を立て、迫られて呉に入ろうとしています。そのことばは悲しく、話は苦しく、群臣はそれを聞いて泣きました。恨みの心があったとしても、感動しない人はありませんでした。しかるに君王はどうしてでたらめをいい、さわぎたてて欺こうとしているのですか。臣《わたくし》は全くそれを受け入れられません」

越王がいった。

「私は越を去って呉に入ろうとしている。あとは国のことについて諸大夫に迷惑をかける。そこで各自、自分の説をのべていただきたい。私はそれにしたがいたい」

大夫皐如《こうじょ》がいった。

「私は、大夫文種《ぶんしょう》は忠誠で、思慮深いと聞いています。民は彼の賢さに親しみ、士は彼のために働くのを喜んでいます。今、国を彼一人に委せたら、治国の道は必ず守られるでしょう。どうして王はご自分がこうしたいからといって、広く群臣を任命する必要があろうか」

大夫曳庸《えいよう》がいった。

「大夫文種は国の柱、君の爪牙《そうが》になる人です。そもそも駿馬は並の馬と一緒に走らせることはできません。日と月は一緒に照ることはできません。君王が国を文種に委せたなら、国の綱紀はすべてよく保たれるでしょう」

越王がいった。

「そもそもこの国は先王の国である。私は力弱く、勢いは劣り、社稷《しゃしょく》をずっと守り、宗廟をうけつぐことができなくなった。私は、「父が死んだら子が代わり、君が国外に逃げたら、臣が親しく治める」と聞いている。今、私が諸大夫を棄てて呉に行って仕え、国や民は二、三の人たちに委ねることになったのは、私のせいである。またあなたたちの憂いでもある。君臣が道を同じくし、父子が気を共にするのは天性であり、自然である。どうして君主が国内にある時は忠を尽くし、国外に出たら不信をなすことがあろうか。どうして諸大夫が事を論ずるのに、あるいは一致したり、あるいは別々になったりして、私の心が定まらないようにするのか。そもそも国事を推考するのに、賢者を任じ、功績をはかるのは君主の使命である。教えを奉じ、理に順《したが》い(13)、職分を失しないのは臣のつとめである。私は諸大夫が才能をふるい、君主に命を捧げるつもりでやってほしいのだ。ああ、悲しいことよ」

計硯《けいげい》がいった。

「君王がのべられているのはいうまでもなく道理がある。昔、殷の湯王が夏に入った時、国を文祀《ぶんし》(14)に委ねた。周の西伯（文王）が殷に行った時、国を二老《にろう》(15)に委ねた。今、夏（呉）に行くことになり、これから出立されようとしているが、志は帰国にある。一体、市場にゆく妻はあとつぎの子に掃除を教えるし、他国に出てゆく君は臣下に防備をいましめるものです。その時、子どもはやることをたずね、臣下はできることを考えます。今、君王は士の志すことを聞きたいとしています。各自はそれぞれ自分の心をのべ、自分の才能を挙げ、みなで誰が適任かを議論することです」

越王がいった。

「大夫の議論は正しい。私はこれから呉に行こうとしている。さらにそなたたちの教えをお願いする」

大夫文種がいった。

「そもそも内は封疆《くにざかい》を守るつとめを修め、外は耕戦の備えを修め、荒れはてたままの土地がなく、人民が親しみ、なつくようにするのは、臣下のつとめです」

大夫范蠡《はんれい》がいった。

「危難の君主を輔《たす》け、滅亡した国を存し、困厄に遭っても屈するのを恥じず、辱められた土地を安んじて守り、呉に往ったなら必ず帰国し、君とともに復讐するのは、臣下のつとめです」

大夫苦成《くせい》がいった。

「君の命令を発し、君の恩徳を明らかにし、自分から君と厄難をともにし、進んで君と覇業をともにし、煩雑な政務を統《す》べ、混乱を理《おさ》め、人民に本分を知らせるのは、臣下のつとめです」

大夫曳庸《えいよう》がいった。

「命令を奉じ、使者となり、諸侯と和を結び、他国の様子を知らせ、君の旨意を達し、賂《まいない》をもっていったり、遺《おく》りものがやってきたり、憂いをやわらげ、患いをとき、疑わしいことがないようにし、出かけては命《めい》を忘れず、帰っては尤《とが》めを被らないようにするのは臣下のつとめです」

大夫皓《こう》(16)が進んでいった。

「心や志を一つにし、上は君と同じようにし、下は命令を違えず、進んでしたがいます。徳を修め、義を履《ふ》み、信を守り、故《ふる》きを温《たず》ね、非常事態では疑わしきを決し、君が誤てば臣が諫めます。心を真直ぐにして屈することなく、過《あやま》ちを挙げ、公平を堅持します。親戚におもねず、外に対しては私ごとをしません。身を君に捧げ、終始一貫しているのは、臣下のつとめです」

大夫諸稽郢《しょけいえい》(17)がいった。

「敵を望み、陣を設け、矢を飛ばし、武器を高くかかげ、〔戦場では〕腹を履《ふ》み、屍《しかばね》をまたぎます。血がさかんに流れても、ただ前進あるのみで、決して退かず、左右の両軍が互いに戦さにあたり、敵をやぶり、衆を攻め、威力は諸侯の国々を淩《しの》ぎます。これが臣下のつとめです」

大夫皐如《こうじょ》がいった。

「徳を修め、恵みを行ない、人民を可愛がります。自分から憂苦にのぞみ、事があれば進んで自分から実行します。死者を弔い、病人を見舞い、人民の命を救います。古い穀物をたくわえ、新しい穀物もたくわえ、食べものは美味を求めません。国が富み、人民が実《み》たされ、君のために材を養います。これが臣下のつとめです」

大夫計硯《けいげい》がいった。

「天文を候《うかが》い、地形を察し、暦《こよみ》・陰陽を推算します。異変を観、災いを参《しら》べ、妖祥を区別します。日月が蝕し、五星(18)の運行が乱れ、福瑞があらわれれば吉を知り、妖異が出れば凶を知ります。これが臣下のつとめです」

最後に越王がいった。

「私は北国に入り、呉のとらわれものとなるが、諸大夫が道徳を身につけ、方策をもち、それぞれ自分の職分を守り、社稷を保とうとしている。私はどうして憂うることがあろうか」

ついに浙江のほとりで別れることになった。群臣は涙をながし、哀《かな》しまない人はいなかった。越王は天を仰ぎ、嘆じていった。

「死とは人の畏れるものである。しかし私が死を告げられたとしても、心に何ら恐れはない」

ついに船にのぼり、ただちに人々と別れ、一度も後ろをふり返ることがなかった。

越王の夫人は越王にともなわれ、船にもたれて哭《な》き、烏鵠《おおさぎ》(19)が江水のみぎわの蝦《えび》を啄《ついば》み、飛び去るやまたやってくるのを見ていた。そして哭いて歌った。

「飛鳥を仰げば烏鳶《うえん》なり。
玄虚(20)を凌ぎ、翩翩《へんぺん》(21)たり。
州渚《しゅうしょ》に集まり、優恕す。
蝦《か》を啄《ついば》み、翮《かく》(22)を矯《た》めたり、雲間に。
厥《そ》の□（以下七字欠）に任せ往還す。
妾に罪なく、地に負《そむ》かる。
何の辜《つみ》あってか天に譴《けん》せらる。
飄颻《ひょうひょう》として独り西に往く。
孰《た》れか知らん、返るは何《いず》れの年なるか。
心は惙惙《てってつ》(23)として剖《さ》かれるが若《ごと》し。
涙は泫泫《げんげん》(24)として双懸す」

（飛ぶ鳥を仰げば烏《からす》や鳶《とび》である。
大空高く飛びまわっている。
また中洲に集まり、ゆったり休んでいる。

蝦《えび》をついばみ、やがて羽をととのえ雲の間へ飛び立つ。
その□（以下七字欠）にまかせ往来している。
しかし妾《わらわ》は罪もないのに地上で罪を負うことになった。
何の罪があって天に咎《とが》を責められるのか。
馬の早駈けのように船は進み、ひとり西へ旅立つ。
いつの日に還れるか、誰にも分からない。
心は憂いに満ち、割《さ》かれるようである。
涙はとめどもなく両眼にふりそそぐ）
さらに哀しんで吟じていった。(25)
「彼は飛鳥なり、鳶鳥《えんう》。
已《すで》に迴翔《かいしょう》して翕蘇《きゅうそ》す(26)。
心は専《もっぱら》にす　素蝦《そか》。
何《いず》れに居食す　江湖。
徊《かい》し、復《ま》た翔《しょう》し、游颺《ゆうよう》す。
去り、復《ま》た返る。於乎《ああ》、
始めて君に事《つか》え、家を去り、

我が命を君が都に終わらんとす。
終《つい》に来りて遇いしは何ぞ幸なりしか(27)、
我が国を離れ、呉に入らんとす。
妻は褐《かつ》を衣《き》て婢と為《な》り、
夫は冕《べん》を去り奴と為る。
歳は遥遥として極まり難し。
冤《えん》は悲痛にして心惻《いた》む。
腸は千結して膺《むね》に服す。
於乎《ああ》、哀しく食を忘る。
我が身を顧みれば鳥の如し。
身は翺翔《こうしよう》して翼を矯《た》む。
我が国を去り、心は揺《ゆ》らぐ。
情は憤惋《ふんえん》たり、誰か識《し》らん」
(あれは飛ぶ鳥、鳶と烏。
ぐるぐる飛びまわったかと思うと、つばさをおさめて休んでいる。
その心はひたすら素蝦《しろえび》に向いている。

どこに住み、どこで食べるのか、この広い江湖で。
廻り、また飛び立ち、高く舞い上がる。
去ったかと思う間もなく還ってくる。
ああ、それにひきかえ私は初めて君につかえることになり、家を離れた。
私は君の都で生涯を過ごすつもりであった。
これまで何と幸せに君と暮らせたことか、
今や国を離れ、呉に入ろうとしている。
妻の私は粗末な衣をき、婢《めしつかい》となり、
夫は冕《かんむり》を去り、奴隷となる。
歳月ははるかで、いつまでつづくか分からない。
冤罪は悲しくも痛ましく、心がいたむ。
腸にぐるぐるまきつき、心に刻まれて忘れられない。
ああ、哀しくて食事も忘れてしまった。
私の身は鳥のようになりたい。
身は飛び廻り、翼をひろげるのだ。
わが祖国を離れ、心はゆれ動いている。

心の中でいきどおり、怨んでいるが、誰がそれを知ろうぞ)

越王は夫人の怨歌を聞き、心の中では大そうなげき悲しんだ。しかしそれを表に出さず、いった。

「私に何の憂いがあろうか。私の丈夫な羽(28)は準備ができ、飛び立つばかりだ」

そこで呉に入り、呉王夫差に会い、頭を二度地につけてお辞儀をし、自分から臣と称していった。

「東海の賤臣勾践、上は皇天に愧《は》じ、下は后土(29)に負《そむ》く。功力を裁《はか》らず、王の軍士を汚辱し、罪を辺境に抵《いた》せり。大王、其《そ》の深き辜《つみ》を赦《ゆる》され、裁《はか》りて役臣に加えられ、箕帚《きそう》を執《と》らしむ。誠に厚恩を蒙り、須臾《しゆゆ》の命を保つを得たり。仰いで感じ、俯《ふ》して愧ずるに勝《た》えず。臣勾践叩頭頓首」

(東海の卑賤な臣である勾践は上は天に愧じ、下は社稷にそむくことを行ないました。私は自らの力をはからず、大王の軍人を汚し辱めました。そして呉越の辺境で罪を犯しました。大王は私の深い罪を赦《ゆる》され、私を労役に服する臣に加えられることを決められ、掃除役(奴僕)とされました。まことに大恩を蒙り、命は助かることができました。仰いでは感激し、俯しては愧ずるばかりです。臣勾践がここで大王に叩頭頓首いたします)

呉王夫差がいった。

「私はあなたに対する処置を間違った。あなたは私の先君（闔閭《こうりょ》）の仇であるとは考えていませんか」

越王がいった。

「臣に死を命ぜられれば死にます。ただ大王は私を赦されますことを望みます」

伍子胥《ごししょ》が旁《かたわ》らにいた。目は火のさかんなように燃え、声は雷のようであった。彼は進んでいった。

「そもそも飛鳥は青雲の上にいるが、小さな矢にいぐるみをしてこれを射とめようとします。まして華池《かち》（宮中の池）の近いところで寝ていたり、庭やのきに集まっているときなどは申すまでもありません。今、越王は南山（会稽山）の中に放たれ、発見できない地に遊び、幸いわが国の土地に踏みこんで来、わが梐梱《へいこん》(30)（こまよせ）に入りました。これは料理人が食事をつくる時のようなものです。どうして見逃してなりましょうか」

呉王がいった。

「私は、「降参したものを誅し、服従したものを殺すと、禍いは三世に及ぶ」と聞いている。私は越王を愛して殺さないのではない。皇天の咎《とが》を畏れるからだ。教化して彼を赦《ゆる》すことにする」

太宰嚭《たいさいひ》が諫めていった。

「伍子胥《ごししょ》は一時のはかりごとに明らかなだけで、国を安らかにする道に通じていません。大王には越王が箕帚をとるといっているとおりにし、数多の小人たちの口など気にされないように願います」

夫差はついに越王を誅さず、車の馬を御したり、馬を養わせたりして、ひそかに宮室の中にかくしていた。

三月、呉王は越王を召して会見した。越王が呉王の前にひれ伏した。范蠡《はんれい》は越王の後ろに立っていた。呉王が范蠡にいった。

「私は、「貞淑な女は破産しようとする家には嫁《とつ》がないし、仁者・賢者は絶滅しようとする国には仕官しない」と聞いている。今、越王は無道で、国はもはや滅びようとしているし、社稷はこわれようとしている。自分の身は死に、あとつぎが絶えたら天下の物笑いとなろう。そなたと主君はともに奴隷となり、呉にやってきた。何と鄙《いや》しいことではないか。私はそなたの罪を赦そうと思う。そなたはよくよく心を改め、自分を新しくし、越を棄て呉に投降する気はないか」

范蠡が答えていった。

「私は、「亡国の臣は政治を語らず、敗軍の将は勇敢さを語らない」と聞いています。私が越にいた時は不忠不信でした。今、越王は大王の命令を奉ぜず、兵を用いて大王と対立し、今にいたって罪を獲ることになり、君臣ともに降りました。しかし大王の大恩を蒙り、君臣互いに生命を保つことができました。願わくば入りては掃除係りとなり、出でては趨走係り《こばしり》となることができたらと思います。これが私の願いです」

この時越王は地に伏し、涙をながし、ついに范蠡を失おうとしていると思った。呉王は范蠡を臣とすることができないことを知り、いった。

「そなたはもはや自分の志を変えようとしない。私はまたそなたを石室の中に置くこととする」

范蠡がいった。

「私を命令のままにさせていただくようお願いします」

呉王は起ち上がり、宮中に入った。越王と范蠡は石室の方へと足をはこび、石室に入った。

越王はふんどしのようなものをつけ、粗い布の頭巾をかぶっていた。夫人は縁《ふち》なしの裳《もすそ》をき、前襟を左に合わせる襦《はだぎ》をつけていた。夫が飼料を切りきざんで馬を養い、妻は水を汲み、掃除をした。三年間怒ることなく、顔に恨みの気配をあらわさなかった。呉王は遠くの台《うてな》に登って越王、その夫人、范蠡が馬糞の旁《かたわ》らにすわっているのを望見したが、君臣の礼が存し、夫婦の作法がそなわっていた。王は太宰嚭を顧みていった。

「彼《か》の越王なるものは節操を守る人。范蠡もまた節義を守る人。難儀に苦しんでいる場合でも君臣の礼を失わない。私はそれには心を傷める」

太宰嚭がいった。

「大王には聖人の心をもって窮して孤立しているものたちに哀れみをかけられることをお願いします」

呉王がいった。

「そなたのために彼らを赦そう」

その後三ヶ月して吉日をえらび、彼らを赦そうとした。太宰嚭を召してはかっていった。

「越と呉とは土地を同じくし、地域もつづいている。勾践は愚かで悪がしこく、自分から他をそこなうことをしようとした。私は天の神霊、前王の遺徳をうけ、越の侵入を誅し討った。そして彼らを石室に囚えた。私の心は見るに忍びない。彼らを赦そうと思うが、そなたはどう思うか」

太宰嚭がいった。

「私は、「徳を施して報われないことはない」と聞いています。大王は仁愛・恩恵を越に与えられました。越はどうしてそれに報いないことがありましょうか。大王がご自分の考えどおりやられることをお願いします」

越王は呉王が自分を赦そうとしているのを聞き、范蠡を召して彼に告げた。

「私は外の人より聞き、心の中ではそれを喜んでいるのだが、それが実現しないのではないかと恐れている」

范蠡がいった。

「大王には落ちつかれますように。これには何かの事情があります。『玉門』(31)第一によって占ってみましょう。それにはこう見えています。

今年十二月戊《ぼ》寅《いん》の日に消息が分かります。時刻は日の出の卯《う》の刻。戊は囚禁される十干で、寅は太陰が通り過ぎた後の十二支です。合日は庚辰《こうしん》で、これは太陰が通り過ぎた合日です。大王は戊寅の日によい知らせを聞かれることでしょう。天が戊の罪過によってその日（十干）を罰することはありません。ただ時刻が卯の時で、これが戊を害することになります。功曹（十二神の一つ）が騰蛇《とうだ》（十二将の一つ、凶将）となって戊に迫ります。しかし有利な事をはかるなら青龍（十二将の一つ、吉将）に求めなければなりません。現在、青龍は天盤勝先の午の位置にあって地盤の酉《ゆう》の位置を臨んでおり、これは死気で、その上五行では寅に剋《か》ちます。このように見てくると、時刻の十二支がその日の戊寅に剋つことになっていますが、それを実際用いる段になると、時刻の十二支がその日の干支に剋つことをさらに助けます。

以上の占いの結果により、私どもが求めているのは上下すべて憂いがあります。これは天の網が四方に開き、万物が傷つく(32)ということではないでしょうか。大王はどうして喜ばれるのですか」

果して伍子胥が呉王を諌めていった。

「昔、夏の桀王は殷の湯王を囚《とら》えて誅さなかったし、殷の紂王は周の文王を囚えて殺しませんでした。天道はぐるぐるめぐるもので、禍いは転じて福となるものです。そこで夏は湯王に誅され、殷は周に滅ぼされました。今、大王はすでに越君を囚えて誅を行なわないのは、私にいわせれば大王の惑《まど》いが深いからです。夏や殷の患《わずら》いがないといえましょうか」

呉王はついに越王を召したが、しばらく会おうとしなかった。范蠡・文種が心配して占ったところ、「呉王は〔越王を〕擒《とら》える予定」というものであった。ややあって太宰嚭が出てきて、大夫文種・范蠡に会い、越王はまた石室にとらわれたといった。伍子胥がまた呉王を諌めていった。

「私は、「王者が敵国を攻め、克《か》ったなら敵の君主に誅を加える」と聞いています。それ故、後に報復の憂いがなく、果ては子孫も心配する必要がなくなるのです。今、越王はすでに石室に入りました。必ず早く彼を処置すべきです。後《おく》れたら必ず呉の患いとなるでしょう」

太宰嚭がいった。

「昔、斉の桓公は燕が斉に入った時の地を割いて燕公に遺《おく》りました。(33)それで斉の君は美名をえました。宋の襄公は河水をわたって戦いました。(34)『春秋』は彼の義をほめています。〔斉は〕功業が立って名をあげ、〔宋は〕軍が敗れて徳がのこりました。今、大王は本当に越王を赦されたら、功業は五覇の第一となり、その名は古人をこえるでしょう」

呉王がいった。

「私の病気が愈《い》えたら、太宰〔嚭〕のために越王を赦そう」

一ヶ月たって越王が石室から出て、范蠡を召していった。

「呉王は病気で、三月たっても愈《い》えない。私は、人臣の道として君主が病気なら、臣下が心配する、と聞いている。さらに呉王は私をもてなし、その恩《めぐみ》は甚だ厚い。病気が愈《い》えないのではないかと心配である。そなたこれを占ってみてくれ」

范蠡がいった。

「呉王が死なないことは間違いありません。(35)己巳《きし》の日がやってくると愈《い》えるはずです。大王（越王）にはご注意ください」

越王がいった。

「私が困窮しても死なないでおられるのはそなたの策によるものである。なかばでまたぐずぐずしているのはどうして私の志だろうか。どのようにやったらよいかは、そなたが決めてくれ」

范蠡がいった。

「私の見るところ、呉王は本当はよい人ではないと思っています。殷の湯王の義を口にしながら、それを行ないません。大王（越王）がご自分の方から請うて病気を見舞われることをお願いします。お会いできたら、呉王の糞を求め、それを嘗《な》め、顔色を見、拝礼して祝うべきです。それは死ぬような病気でないといい、愈《い》えて起き上がる日を約束されるように。そのことばが信ぜられたとすれば、大王にはどうして憂うることがありましょうか」

越王は次の日、太宰嚭にいった。

「囚われものの臣、私が一度呉王にお会いして病気をお見舞いしたい」

太宰嚭がそこで宮中に入り、呉王にその旨を伝えた。呉王は越王を召して会った。越王はたまたま呉王が大小便をされるのに出遇った。太宰嚭が大小便をささげて出てき、門のところで逢った。越王はそこでお願いして大王の大小便を嘗《な》め、そして吉凶を決しようとした。手で呉王の大小便を取って嘗めた。そして宮中に入り、いった。

「囚われものの卑しい臣、勾践が大王にお祝いを申し上げる。王の病気は己巳《きし》の日にいたると病勢がよくなり、三月壬申《じんしん》の日にはすっかりなおるようになります」

呉王がいった。

「どうしてそういうことが分かるのか」

越王がいった。

「卑しい臣である私はかつて専門の先生につかえ、聞いたところによると、糞便は穀の味に順《したが》い、四時の気に逆らうものは死に、四時の気に順うものは生きるということでした。今、私がひそかに大王の糞便を嘗めてみたところ、その大便の味は苦《にが》く、また辛く(36)、酸っぱかった。この味こそ春夏の気に応ずるものです。そこで私は前のようなことを知った次第です」

呉王が大そう喜んでいった。

「あなたは仁者である」

そこで越王を赦し、越王は石室から離れ、宮室に住めるようになり、前と同じく牧畜のことを行なうこととなった。

越王は大小便を嘗めてから、とうとう口臭を病むことになった。范蠡はそこで側のものたちがみな岑《しん》(37)草を食べ、越王の臭気をかきけすようにした。その後、呉王は越王が約束した日に病気がすっかりなおった。そこで呉王は越王の忠誠を心に銘じ、政務に臨むようになってから、文台で大いに酒宴を行なった。呉王は命令を出していった。

「今日は越王のため北面の坐席をつくり、群臣は賓客の礼で越王をもてなすように」

これに不満な伍子胥は会場から走り出て、自分の家に帰り、坐席にはべることはなかった。

酒宴がたけなわとなり、太宰嚭はいった。

「何と奇妙なことではないか。今日、坐席についているものはみな祝詞を申しあげることになっているはず。しかるに仁徳のないものは逃げ去り、仁徳のあるものは留まっています。私は、「同じ声は互いに調和し、同じ心は互いに求め合う」と聞いています。今、国相（伍子胥）は剛毅勇猛の人であるが、心では越王のような仁徳の高い方がおられるのを恥じて坐席にはべらないのです。そういうことではないでしょうか」

呉王がいった。

「そのとおりだ」

そこで范蠡と越王が一緒に起ち上がり、呉王の長寿を祝福した。その祝詞は次のようであった。


「下臣勾践、小臣范蠡を従え、觴を奉じて千歳の寿を上《たてまつ》る。辞に曰く、
皇、上に在りて令し、昭《あき》らかに四時を下さしむ。心を并《あわ》せて慈を察し、仁者は大王。

躬《みずか》ら鴻恩《こうおん》を親しくし、義を立て仁を行なう。四塞に九徳(38)あり、群臣を威服す。

於乎《ああ》、休《うるわ》しきかな。徳を伝えて極まりなし。上は太陽に感じ、瑞《ずい》を降すこと翼翼たり。

大王延寿万歳、長《とこし》えに呉国を保たん。四海咸《み》な承《う》け、諸侯賓服せん。

觴の酒既に升《あ》げ、永く万福を受けん」

（下臣の勾践が小臣の范蠡をしたがえ、杯を捧げて大王の千年の寿をお祝い申しあげます。

皇天、上にあり、令を下し、四季は春のように明らかです。心を専らにして仁慈の人を察する

に、大王こそ仁者です。

大王には自ら大恩を布《し》かれ、道義を立て、仁政を行なっています。天下の四方に九徳を播《ま》かれ、その威光は大臣たちを懾服《しょうふく》させました。

ああ、うるわしいことよ。大王の恩徳は極まりがありません。上は太陽の神を感動させ、数多の瑞祥を降しました。

大王は延年益寿、万歳で、永遠に呉国を保つことでしょう。四海の内はみな大王の仰せを聞き、諸侯はみな帰順するでしょう。

酒杯をあげて大王が永遠に万福をうけられることを祈ります）

そこで呉王は大そう喜んだ。しかし翌日、伍子胥がやってきて諫めていった。

「昨日、大王は何を見られたのですか。私は、「内には虎狼の心をいだき、外では美しいことばを操るのは、ただ外の見かけのためで、本当は自分の身を存しようとするものである。財《ざい》は清廉だということはできないし、狼は親しいということはできない」と聞いています。今、大王は一時の説を聴くのを好み、万歳の患いを考えておりません。忠《まこと》があり、真直ぐな人のことばを放棄し、讒言をする人のことばを聴いて採用しています。血をそそぎ、必ず討つとちかった仇を滅さないし、また毒をふくんだ怨みを絶やさないでいます。これはちょうど毛髪を炉の炭の上に置くようなもので、焦げなければ幸いです。また卵を千鈞の重さの下に投げ、そして必ず無事であるようにと望むようなものです。何と危ういことでしょうか。私は桀王（夏）が高いところに登り、自分は危ういことを知りながら、どうしたら安らかになるか知らず、前に白刃をつきつけられ、自分では死を知りながら、どうしたら生存できるか知らなかったと聞いています。惑ったときは還ることを知り、道に迷ったら、遠しとせずもとにもどることです。大王には私のいわんとすることをご明察くださるように」

呉王がいった。

「私は三月にわたり病気であった。しかし一言たりとも相国《そなた》（伍子胥）のことばを聞いたことがない。これは相国に慈愛の心がないからである。また私の口にあうものを進めたことはなく、心では私を思っていない。これは相国に仁の心がないからである。そもそも人の臣下となって仁の心なく、慈愛の心がなくては、どうして忠信の人であることを知ることができようか。越王は迷った挙句、辺境防衛のことを棄てて、自分から臣民をひきいて私に身を寄せた。これは彼が義の人だからである。自分の身は捕虜となり、妻は自分から妾となり、私を怒らない。私が病気だったときは自分から私の大小便を嘗《な》めた。これは彼が慈愛の人だからである。自分の国の府庫《くら》を空にし、珍宝や財貨を全部差し出し、もとの恩讐など顧みない。これは彼が忠信の人だからである。私はかつて相国《そなた》のことばを聴き、彼を誅そうとした。これは私が愚かだったからである。そこで相国のためにその私心を満足させてよいだろうか。

どうして皇天に負《そむ》くことができようか」

伍子胥がいった。

「何と大王のおことばは間違っていることでしょうか。そもそも虎が勢いを弱めるのは、これから攻撃に入ろうとするからです。狸が身を卑《ひく》くするのは、これからものを求めて取ろうとするためです。雉《きじ》は目がくらんで視線をうつすと網にかかることになるし、魚は餌を喜んでいると死ぬことになります。大王は病後、初めて政務につかれた時、『玉門』第九に違反しました。『玉門』第九は事が失敗したのを戒めとすれば、過失は免れるということです。その失敗は次のとおりです。

今年三月甲戌《こうじゅつ》(39)、大王は初めて政務につかれました。時は鶏鳴の寅の刻です。この日の甲戌は太陰が過ぎ去った凶兆の合日です。しかしそれが大王を牽制しました。今年の青龍（太歳）は己酉《きゆう》にあるので、徳は己で、刑は酉、五行では己は土に配され、酉は金に配されます。このように見てくると甲戌の日は太歳の十干（己）を傷つけるものです。

以上は占いの結果ですが、これにより父には不孝の子があらわれ、君には逆節の臣があらわれようとしていることが分かります。

大王には越王が呉に帰順したことを道義から出たものとし、大小便をなめたことを慈愛から出たものとし、府庫を空にしたことを仁から出たものと考えておられます。しかしこれだからこそ越王は人民を愛する心がなく、近づけてはならない人です。他の人の顔色をうかがい、様子をよく見、自分の身の安全をはかろうとしているのです。今、越王はやってきて呉の臣となったが、これは深いはかりごとによるものです。その府庫を空にして恨んだ気配を見せないのは、わが王を欺いているのです。下《しも》の方のことではあるが王の小便を飲んだのは、実は上の方の王の心を食するもの、下《しも》の方のことであるが王の大便を嘗めたのは、実は上の方の王の肝を食するものです。何と重大なことではないですか、越王が呉を崇《あが》めるのは。呉は越王にやがて擒《とら》えられようとしています。大王はこのことをよく注意して察知されますように。私は死を逃れ、前の王に負《そむ》こうとはしません。一たび社稷が丘墟となり、宗廟に荊棘《けいきょく》が生えるようになって悔いるとも及びません」

呉王がいった。

「相国《そなた》はやめなさい。二度とそうしたことをいってはならない。私はもう聞く耳はもたない」

そこで呉王はついに越王を赦して国に帰すことにし、蛇門（南門）の外まで見送った。群臣は道祖神に旅の安全を祈った。

呉王がいった。

「私は君を赦して国に帰すが、必ず今までの経過を心にとめ、王は呉のためつとめるように」

越王が頭を下げていった。

「今、大王は私の困窮を哀れみ、生きて無事、国に帰れるようにしてくれました。文種や范蠡らとともに大王の轂《くるま》の下で死ぬことを願っています。天は蒼々として上にあり、私は決して恩義にそむくことはありません」

呉王がいった。

「ああ。私は、「君子は一度いったことは繰り返すことがない」と聞いている。今、あなたはすでに一度いわれた。それをたがうことなくつとめるように」

越王は二度跪《ひざまず》いて地に伏し、拝礼した。呉王は越王をつれ、車に登らせた。范蠡が御者となり、ついに呉を去った。三津《さんしん》(40)のほとりにいたり、越王は天を仰ぎ、ため息をついていった。

「ああ、私は困厄をうけ、また生きてこの津《わたしば》を渡るとは誰が予想したであろうか」

また范蠡にいった。

「今日は三月甲辰の日、時は日昳《にってつ》（西に傾いた未の刻）である。私は上天の命をうけて故郷に帰ることになった。後患がないということがあり得ようか」

范蠡がいった。

「大王よ、あれこれと心配なさるな。真直ぐ道を見て行きましょう。越には福があるでしょうが、呉には憂いがおこるはずです」

浙江のほとりにいたり、越の山川がまた秀麗で、天地がふたたび清らかになっているのを望見した。王は夫人とともにため息をついていった。

「私は早くから絶望し、万民と永のお別れをしたつもりだった。ふたたび還って祖国の地をふめるなどとは思ってもみたことがない」

いい終わると、顔を手でおおい、いく度となく泣いた。この時、万民はこぞって歓《よろこ》び、群臣はお祝いを申しあげた。

注

（1）『左伝』、『史記』越王勾践世家によると、勾践は勾践元年（前四九六）、呉を檇李《すいり》で破り、呉王闔閭《こうりょ》は足を負傷して死んだが、勾践三年（前四九四）春、また呉を伐ち、呉王夫差に夫椒《ふしょう》で敗北し、勾践は会稽山に住み、大夫文種をして講和を求めさせ、勾践夫妻が呉王の奴婢となることを表明、三月に和議が成立したことになっている。こうした経過をふまえて第七の文が始まる。

（2）銭塘江のこと。今の浙江省杭州湾に入る。上流に曲折が多いので、浙江と称する。

（3）春秋時代は固陵、六朝に西陵戍と呼ばれ、五代の呉越の時、西興《せいこう》と改められた。今の浙江省蕭山県西。
（4）以下のことばの原文は四字一句となっている。
（5）前に沈むとは呉のため夫椒で敗れたこと、後に揚がるとは後に国が興って盛んになることを願うの意。
（6）祭りの時に献ずる乾肉。
（7）以下のことばの原文も四字一句。
（8）夏の時の獄名。陽翟《ようてき》つまり今の河南省禹県にあったという。
（9）『史記』周本紀によると、周の文王が殷の紂王に囚われたのは羑里《ゆうり》。今の河南省湯陰県北にあったという。
（10）原文は「而窮厄之恨」。徐天祜は「而」は「無」につくるべしとする。それにしたがう。
（11）八卦は占いに用いる八種の卦。乾《けん》・兌《だ》・離・震・巽《そん》・坎《かん》・艮《ごん》・坤《こん》。これらを二つ組み合わせたのが六十四卦。
（12）陰・陽の二気。
（13）原文は「委質《いし》」。礼物をささげて忠節を示し、はじめて仕官することである。
（14）殷の湯王の大臣。
（15）文王の二人の大臣、つまり散宜生《さんぎせい》と閎夭《こうよう》。
（16）第八の勾践帰国外伝では「大夫浩」。

（17）諸稽郢は姓が諸稽、名が郢、越の大夫。『史記』越王勾践世家では「柘稽《しやけい》」となっている。
（18）原文は「五精」。五精は金・木・水・火・土の五星。
（19）以下のことばの原文は六字が一句。
（20）天空のこと。
（21）軽快に飛びまわるさま。
（22）翮は羽の茎《もと》、ここでは翼の意味。
（23）憂愁のさま。
（24）涙がながれるさま。
（25）以下のことばの原文も六字が一句。
（26）翕は歛、つまりおさめることで、つばさをおさめることであろう。蘇は休息すること。
（27）原文は「終来遇兮何幸」。ただし『太平御覧』巻五百七十一は「中年過兮何辜」（中年を過ぎて何の罪があるという）とする。
（28）原文「六翮」。多くの丈夫な羽。
（29）土地の神。
（30）木を交互にしてつくった柵。役所の前において人馬の入るのをふせぐもの。行馬ともいう。
（31）『金匱』と同じく吉凶の占法を伝える書物。なお以下の范蠡の占法は第三の注（20）、第五の注（23）と同じく、日時、天地盤、神将加臨と同じ。
（32）張覚注は『六壬《りくじん》大全』巻七により、六壬法に六十四課があり、「天網課」がその一つ。これは時が日に克つことで、そうすると天網が四方に張り、万物すべて傷つくとしている。ただ本書の占法が六壬法と一致するかは問題として残る。

(33)『史記』斉太公世家によると、斉の桓公二十三年（前六六三）、山戎が燕を伐ち、燕は斉に助けをもとめたので、斉の桓公は燕を救った。その時、燕の荘公が桓公を送って斉の国境に入った。桓公は「天子でなければ諸侯が送った場合に国境を出ないのがきまり」といって、燕の荘公が入った斉の地を燕に割いたという。

(34)『左伝』僖公二十二年（前六三八）、宋の襄公が楚と泓水《おうすい》（今の河南省柘城《しゃじょう》県北）で戦った時、楚の軍隊が河を渡り終わるのを待ってから戦ったため、宋が敗れたという伝え。

(35)『太平御覧』巻七百三十八に引く『呉越春秋』は、このことばの前に次の呉王が死なない理由を伝える。それは「今日日辰陰陽、上下私親、無相入者、法曰、天一救、且何憂」（「今日の干支陰陽は上下が和し親しみ、互いに犯すことはありません。占卜の法では上天が一たび救えば、また何の憂いがあろうか、となっています」という文である。

(36)原文は「楚」。「楚」は辛味のこと。

(37)徐天祜注は「会稽賦」注を引き、岑草は蕺《しゅう》であるとしている。蕺はどくだみのこと。

(38)九徳についてはいろいろな説があるが、たとえば『逸周書』常訓では、忠・信・敬・剛・柔・和・固・貞・順、ただしこの文の九徳は多くの徳という意味であろう。

(39)この年は勾践八年（前四八九）。

(40)三江の渡し場。第五の夫差内伝に見える。

第八　勾践帰国外伝（勾践帰国後の決意）

越王勾践は呉に臣《どれい》となっていたが、越に帰ってきたのは勾践七年（前四九〇）のことである。〔帰ってきた時〕人々は越王を道で拝し、次のようにいった。

「君主だけに苦しみがあるはずがありません。今、王は天の福《さいわ》いをうけ、越にお帰りになられた。覇王の足跡はこれから始まるでしょう」

越王がいった。

「私は天の教えを慎まず、人々には徳がなかった。今日また苦労をかけ、多数の人々が分かれ道に迎えに集まっている。どういう徳化を行ない、国の人々に報いたらよいであろうか」

また范蠡《はんれい》の方を向いていった。

「今日は十二月己巳《きし》の日、時は禺中《ぐうちゅう》（巳《み》の刻）にあたる。私はこの日に国に行きたいが、どうであろうか」

范蠡がいった。

「大王は私が日を卜《うらな》うまでしばらく待たれるように」

そこで范蠡は〔日を卜い、〕進んでいった。

「何とただならぬことか、大王のえらばれた日は。大王は早く行かなければなりません。車を馳《はし》らせ、人も走って」

越王は馬にむちうち、車を飛ぶように走らせ、ついに宮殿にもどった。

呉は越に百里四方の地を封じた。東は炭瀆《たんとく》まで、西は周宗(1)までで、南は山（会稽山）にいたり、北は海にせまる土地であった。越王が范蠡にいった。

「私は辱《はずかし》めをうけ、幾年もたった。その情勢は私を死に追いやらんとするばかりだ。相国《そなた》に策を出してもらえれば、ふたたび南の故郷にもどるであろう。今、国を定め、城を立てようとしても人民は少ないし、功業も起こすことはできない。どのようにすればよいだろうか」

范蠡が答えていった。

「唐（堯）、虞（舜）は地を卜い、夏・殷は諸侯に国を封じ、古《こ》公亶父《こうたんぽ》は城を営み、周の雒《らく》陽《よう》はその威勢が万里の地方までしたがわせ、その徳は八極（八方の最も遠い地）まで及びました。それらはただ強敵を破り、隣国を手に入れようとしただけでしょうか」

越王がいった。

「私は前の君の制度をうけつぐことができず、徳を修めて自分で守ることができず、衆を見すてて会稽の山に棲《す》んでいた。命《いのち》の無事をもとめ、恩を乞い、辱めをうけ、恥を被り、呉の宮中に囚われたままだった。幸いに帰国でき、さらに百里四方の封地をうけた。前の君の意向にしたがい、会稽山の上にもどろうとしている。そうなると、呉の封地をすてなければならない」

范蠡がいった。

「昔、公劉は邰《たい》(2)を去り、徳は夏《か》の末にあらわれました。古公亶父は地を譲り、その名は岐《き》(3)にあらわれました。今、大王は国を立て、都をつくり、敵国の土地を合わせようとするなら、平坦な都におり、四方と交通がさかんにできる地によらないで、一体どこで覇王の業を立てようとされるのですか」

越王がいった。

「私の計画はまだ決定していない。城を築き、郭をつくり、里閭《むら》をそれぞれ設けたいと思う。それは相国《そなた》に委嘱したい」

そこで范蠡は天文を観、モデルを紫宮(4)にとり、小城(5)をつくることにした。周囲は千百二十二歩、一方が円く、他の三方は方形とした。西北には飛んでいる龍の翼のある楼を立て、天門（天上の門）に象《かたど》った。東南には水を漏らす石の竇《あな》を伏せ、地戸（地上の門）に象った。陵（陸）門は四方に通じ、八風（東北・東・東南・南・西南・西・西北・北の八方の風）に象った。外郭には城壁を築き、防ごうとしなかった。西北は欠いた。これは呉に服事することを示したもので、城壁を築いたが、防ごうとしなかった。しかし心の中では呉を奪い取ろうとし、そこで西北を欠いたのであるが、呉はそれを知らなかった。北の方を向き、臣と称し、呉の命にしたがった。城の左と右、居《お》る場所が変わって通常の位置になっていないのは、呉に臣属することを明らかにしたものである。城ができ上がると、怪山《かいざん》が自然にやってきてできた。怪山とは琅邪《ろうや》の東武(6)〔里〕の海中の山である。一晩で、自然にやってきた。人々がこれを怪しんで、そこで怪山と名づけたのである。

范蠡がいった。

「私の築城は天に応ずるものである。崑崙《こんろん》山のかたちが存している」

越王がいった。

「私は崑崙の山は天地の鎮《しず》めとなる柱であると聞いている。上は皇天をうけ、その雲気は天下に向かって吐いている。下は土地神のところにおり、天からうけたいかなるものも包んでいる。聖人を益《ま》し、神仙を生じ、嘔《よろこ》んで帝王の都会を育てている。それ故、五帝はその陽陸（南の土地）に処《お》り、三王はその正地（正面の地）に居《お》った。しかるにわが国は天地の土壊の偏ったところにあり、東南のすみにあたり、北斗星、北極星から遠く離れた北に位置している。糞土のような城(7)で、どうして王者と隆盛をきそうことができようか」

范蠡がいった。

「君はただ外面だけを見て、まだ内面を見ていません。私は天門を手本として城をつくったが、また土地神の気に合わせ、山嶽のかたちもすでに設けられたので、崑崙山のかたちになったのです。これで越は覇となるのです」

越王がいった。

「もしも相国《そなた》のいうとおりであれば、それは私の使命である」

范蠡がいった。

「天地の間のものの名称ができると、その実をあらわすでしょう」

東武山の上に物見の台《うてな》(8)を築き、東南には司馬門をつくった。また高層の楼をその山のいただきに立て霊台とした。離宮を淮陽《わいよう》(9)につくり、中宿台(10)を高平に、駕台(11)を成丘に置いた。苑を楽野《らくや》(12)に設け、燕台(13)を石室に、斎台を襟山《きんざん》(14)に置いた。勾践が出游したとき、石室で休息し、氷《ひょう》厨《ちゅう》（氷室）で食事をすることにした。

越王はそこで相国《しょうこく》范蠡、大夫文種《ぶんしょう》、大夫諸稽郢《しょけいえい》を召してたずねた。

「私は吉日に明堂にのぼり、国政に臨み、恩を布《し》き、政令を出し、人民をいたわりたいが、何日がよいだろうか。そなたたち三人のすぐれた臣下が紀綱（国務）を治められるように」

范蠡がいった。

「今日は丙午《へいご》の日です。丙は陽気が支配し、かかる良き日をえらべば私は結構だと思います。初めがよくなくとも、終わりはよく、天下の真ん中の位置を得るでしょう」

大夫文種がいった。

「前の車が覆《くつがえ》ったのは、後の車が必ず戒めなければならないことです。大王にはそのことをよくお考えくださるようお願いします」

范蠡がいった。

「あなた（大夫文種）にはもとからよく見ていない点が一つ、二つあります。私どもの王は丙午の日にまた初めて国政に臨まれ、越国の根本のことを解決し、国を救われようとしています。これが第一のよいこと。そもそも呉・越の戦さは五行の金が初めをおさえるように呉が越をおさえたが、金は火に入れば消えるもので、丙午の日は五行では火にあたり、結局丙午の火により越は救われることになるのです。これが第二のよいこと。五行の金により越は恥辱をうけることになったが、火を用いると金が化して水となります。水は万物を育てるものです。これが第三のよいこと。君臣に等級の差があり、今、その道理を失していません。これが第四のよいこと。王と大臣がともに手をとって起ち上がったなら、天下は安定します。

これが第五のよいこと。

私は大王が急いで明堂にのぼり、国政に臨まれることをお願いします」

越王はこの日、国政を行なったが、すこぶる慎重で、外へ出る時は奢らず、宮中にある時も贅沢でなかった。

越王が呉に復讐しようと思ったのは一朝一夕のことでなかった。身を苦しめ、心をいためることが日夜つづいた。ねむくなると、蓼《たで》(17)をなめて目をさまし、足が寒いと、むしろ足を水に浸けた。冬はつねに氷をいだき、夏はまた火を握った。心に愁いをもち、志に苦しみをもった。また胆《きも》を戸に懸け、出入の折はこれを嘗《な》め、口に絶やさなかった(18)。深夜さめざめと泣き、泣いてはまた大声で叫んだ。越王はいった。

「呉王は服が体にくっつかないゆったりしたのを好んでいる。私は葛《くず》をとり、女工に細布を織らせ、これを献じて呉王の歓心をかいたい。そなたたちはどう思う」

群臣がいった。

「結構なことです」

そこで国中の男女を山に入らせて葛をとり、葛の黄糸で布をつくらせた。これを呉王に献じようとした。しかしまだその使者をつかわさない中、呉王は越王が自分の生活をおさえるように心がけ、食べものは簡素で、衣服は綵《もよう》のあるのを重ねず、五つの台(19)に行って游べるのだが、まだ一日も游びに行ったことがないと聞き、書簡を与え、封土を増すこととした。その封土は東は句・甬[20]、西は檇李《すいり》[21]、南は姑末[22]、北は平原[23]にいたるもので、縦横それぞれ八百余里となっていた。

越王はそこで大夫文種をつかわし、葛布十万、甘蜜九欓《とう》（欓は木の桶）、文笥《ぶんし》[24]七個、狐皮五双、晋竹十廋《そう》[25]をおくり、封土をもらった返礼とした。呉王はこれらの品ものを手に入れ、次のようにいった。

「越は田舎の狭い国で、珍しいものなどないと思っていたのに、今、貢ぎものをとどけ、返礼とした。これ、越は慎重に私の功業を思い、呉の行ないを忘れないからである。そもそも越は元来、千里の国土から始まったもので、私が今回封土をおくっても、まだその国土は充分ではない」

伍子胥《ごししょ》がこれを聞き、家に帰って寝ていた。そして側のものにいった。

「わが君は石室の囚人を赦《ゆる》し、南の山林の中に放った。今はただ虎豹の野であるが、さらに遠い果ての野蛮な地の草を与えることになるだろう。私の心はもういたむこともない」

呉王は葛布を献上されたので、また越の封土を増し、羽毛の飾りのある旗、机、杖、諸侯の服をおくった。越の国の人たちは大そう喜んだ。葛を採った婦人たちは越王が心をくだいて苦労されているのをあわれみ、次の「苦之詩」[26]（苦心の詩）をつくった。

「葛不《かつふ》、蔓棻《まんぷん》(27)に連なり台台《いい》たり。
我が君、心苦しみ、命之《これ》を更《あらた》めんとす。
胆を嘗めて苦《にが》からず、甘きこと飴の如し。
我をして葛を采《と》り、以《もっ》て糸を作らしむ。
女工織りて敢《あえ》て遅からず。
羅《ら》より弱くして軽きこと霏霏《ひひ》(28)たり。
絺素《ちそ》(29)と号《な》づけて将《まさ》に之を献ぜんとす。
越王悦び、罪除かるるを忘る、
呉王喜び、尺書《せきしょ》を飛ばす。
封を増し、地を益し、羽奇・机杖・茵褥《いんじょく》・諸侯の儀を賜わ（贈）る。
群臣拝して天に舞い、顔舒《の》ぶ。
我が王何ぞ憂い、能《よ》く移さざらんや」
（葛《くず》の花びらは蔓《つる》の葉に連なり、盛んに茂っている。
私たちの君は心をくだいて苦労され、運命を変えようとされている。
口に胆をなめても苦《にが》くなく、飴のように甘いという。
私たちに命じて葛を採って糸を作らせた。

女工はそれを織って怠ることがなかった。

葛布は羅《うすもの》より柔らかく、雪が飛ぶように軽やかだ。

絺《ち》素《そ》と名づけて献上しようとした。

越王は喜んで罪を免れたことを忘れ、

呉王も大喜びで飛脚を立てて手紙をくれた。

そして呉王は封地を増し、羽のある旗の珍しいもの、机《つくえ》、杖《つえ》、茵褥《いんじょく》（しとね）、諸侯の服などを賜わった。

群臣は拝礼して天にも舞い上がる気持ちで、越王のお顔もほころんだ。

私たちの王には取りのぞけない憂いなどあろうか）

そこで越王は、朝廷では自分の徳を修め、朝廷外では自分の道を広めた。君は教えを表立っていうこともなく、臣は謀りごとをおおっぴらにのべることもなく、人民は役使されているることを取り立てていうこともなく、官吏は君主に仕えていることを公けにすることがなかった。国中はのびのびしており、政令はないもののようであった。越王は府庫を充実させ、田畑を開墾させた。人民は富み、国は強くなり、多くの人が安楽になり、政治はうまくいった。越王はついに八人の臣と四人の友とを師とし、つねに国政をたずねた。大夫文種がいった。

「人民を愛することです」

越王がいった。

「それはどういうことか」

文種がいった。

「人民には利益を与えて害さないようにし、事を成功させて失敗させないようにし、生かして殺さないようにし、与えて奪わないようにすることです」

越王がいった。

「もっと詳しく聞きたい」

文種がいった。

「人民の好むことを奪わないようにすると、利益を与えることになります。人民が農業の時期を失しないと、成功することになります。刑を省き、罰を去ると、生かすことになります。賦斂《ぜいきん》を安くすると、与えることになります。台《うてな》の游びを少なくすると、楽しませることになります。静かにしていらいらしないと、人民を喜ばすことになります。人民が好むことを失えば、人民を害することになります。農業がその時期を失すると、民を失敗させることになります。有罪で赦さないことになると、民を殺すことになります。賦斂《ぜいきん》を重く厚くすると、人民から奪うことになります。台の游びを頻繁にし、人民を罷《つか》れさすと、民を苦しませることになります。人民の力を勝手に使うと、人民を怒らせることになります。私は、よく国を治めるには、人民を父母が自分たちの子を愛するのと同じようにし、兄が自分の弟を愛するのと同じようにし、飢寒があるのを聞いたら、人民を哀れみ、労苦を見たなら、人民を悲しむことであると聞いています」

越王はそこで刑をゆるめ、罰を軽くし、賦斂《ぜいきん》を省いた。そのため人民は豊かになり、みな甲《よろい》をつけて戦う勇気をもった。

勾践九年（前四八八）。

正月、越王は五人の大夫(30)を召して彼らに告げていった。

「昔は越国が宗廟を棄てて逃げ、自分は何ともならず捕虜となり、恥を天下にさらし、辱めを諸侯に流した。今、私の呉に対する思いは、足の不自由な人が走るのを忘れず、目の不自由な人が視るのを忘れないようなものである。私はまだ呉に対するはかりごとが分からない。そこで大夫たちがこれについて意見をのべるように」

扶同《ふどう》がいった。

「昔、越は国を滅ぼされ、民が流離したことは天下に知らないものはいない。今、仇を討つはかりごとを考えても、あらかじめそれをことばにしてあらわにするのはよくありません。私は次のように聞いています。猛獣が撃とうとする時、必ず相手の動物を安心させ、耳をたれてひれ伏す。鷙鳥《たけきとり》が格闘しようとする時、必ず低く飛び、翼を戢《やす》める。聖人が動こうとする時、必ずことばをやわらげ、民をなごませる。聖人のはかりごとはその形をあらわしてはいけないし、その真意を知らせてはならない。事を挙ぐる時になれば伐《う》つ。それ故に前にはおびやかし殺す兵はなく、後ろにはかくれたものに襲われる患いはない、と。今、大王が敵に臨み、呉を破ろうとするにはことばを少なくし、外に泄《も》らさない方がよいのです。私は呉王の兵は、斉・晋より強いが、楚とは怨恨関係にあると聞いています。大王は斉に親しみ、深く晋と手を結び、ひそかに楚とつながりを固め、厚く呉につかえるべきです。そもそも呉王は志気たけだけしく、驕慢で自ら矜《ほこ》り、諸侯を軽んじ、隣国を凌《しの》ごうとしています。三国（斉・楚・晋）がはかりごとを決めれば、また呉と敵国となり、必ずや互いに相争うことになります。越はその疲弊に乗じて呉を伐つなら、必ずや勝つでしょう。五帝の軍隊とてこれにまさることはありません」

范蠡がいった。

「私は次のように聞いています。「他国を伐つためのはかりごとをめぐらし、敵を破るにはつねに天の符《しるし》を見ること」と。孟津《もうしん》の会盟の時は諸侯が紂を伐たなければならないといったのに、周の武王は［まだ時機ではないとして］断った(31)ということです。現在、呉と楚は讐となり、互いに怨んでいます。斉は親しくないが、呉を救うでしょう。晋も呉についているわけではないが、呉を義として助けるでしょう。そもそも呉の朝廷の臣下がはかりごとをめぐらして、讐を伐つ策を決め、隣国と通じ合って隣国が援助を絶やさないなら、これはまさに呉が覇者として盛んになり、諸侯は呉をたっとぶということです。私は次のように聞いています。「高くそばだつものはたやすくくずれ、葉の茂るものはたやすくくだける。日が中天にのぼると移り、月が満つると欠ける。四季は一緒には盛んにならない。五行は一緒に動かない。陰陽はかわるがわる始まる。気には盛衰がある。したがって堤からあふれた水はそのまま久しくとどまることはないし、やけた後乾いた火はまた盛んにはならない。水は静かだと、大水になってあふれて怒ることはないし、火が消えると、動物をあぶる熱さがなくなる」と。

今、呉は諸侯としての威光をもって天下に号令しようとしています。徳が薄くして恩が浅く、政道が狭くして怨みが広がっており、権力をかさにして智は衰え、力はつきて威光がくじけ、兵がくだけて軍が退き、士が散り散りになって民はばらばらになることが分かっていません。私は軍隊をしらべ、兵士を整え、呉が自然と崩壊するのを待ってそこを襲うようお願いします。さすれば、兵器は刃に血ぬることなく、兵士はくびすをめぐらし、方向を変えることなく、呉の君臣は捕虜となるでしょう。私は大王が声を出されることなく、動きをあらわすことなく、静かに情勢を見られることをお願いします」

大夫苦成《くせい》がいった。

「そもそも水は草木を浮かべることができるし、また沈めることもできます。地は万物を育てることができるし、また殺すこともできます。大きな川や海は下にあって渓谷の水を入れることができるし、また上に向かって渓谷の水に会することもできます。聖人は民に従うことができるし、また民を使うこともできます。今、呉は闔閭《こうりょ》の軍制、伍子胥の法制、教化をうけつぎ、政治は安定し、欠点もありません。戦さは勝って敗れたことがありません。大夫伯嚭はなみはずれてずる賢く、策謀にたけ、朝廷のことを軽んじています。伍子胥は戦争に力をいれ、死を以て諫めようとしています。二人が権力をにぎり、争えば必ずや崩壊するでしょう。王には心に何にもないようにして自分を匿《かく》し、はかりごとを示すようなことがないなら、呉を滅ぼすことができるでしょう」

大夫浩《こう》がいった。

「今、呉君は驕《おご》り、臣もまた奢《おご》っています。民は満ち足り、兵士は勇敢です。しかし外には侵犯する敵がいるし、内には臣下の争いの動きがあります。そこで呉に攻撃を行なうべきです」

大夫句如《くじょ》がいった。

「天には四季があり、人には五勝(32)があります。昔、殷の湯王、周の武王は四季の利に乗じてそれぞれ夏・殷を制しました。斉の桓公、秦の繆《ぼく》（穆）公は五勝の有利さによって六大強国に列せられることになりました。これらは時機に乗じて勝ったものです」

越王がいった。

「まだ四季の利、五勝の有利さがない。各々方はそれぞれの職務にはげむことを願っている」

注

（1）徐天祜注によると、炭瀆は会稽県東六十里。今の浙江省紹興市東。周宗は、徐乃昌『呉越春秋札記』に引く『水経注』浙江水によると、「朱室」となっており、今の浙江省蕭山県東北洛思山の下とする。

（2）今日の陝西省武功県西南。

（3）岐山。今日の陝西省岐山県と鳳翔県一帯。

（4）紫微宮。北斗星の東にある十五の星の名。伝説ではその一つが天帝の居所、他は臣下が護衛しているとする。

（5）『越絶書』越絶外伝記地伝第十は范蠡のつくったのを山陰大城とし、陸門三、水門三があり、西北が欠けていたとする。また勾践小城があり、これが山陰城（山陰は浙江省紹興市）で、周り二里二百二十三歩、陸門四、水門一があったという。

（6）琅邪は郡名。今の山東省胶南県、諸城県一帯。東武は漢代の県名、今の山東省諸城県。
（7）原文は「非糞土之城」。徐天祜注は「非」を衍字《えんじ》とする。
（8）この游台は怪山と別のようになっているが、『越絶書』越絶外伝記地伝第十では亀山が勾践のつくった怪游台で、高さ四十六丈五尺二寸、周り五百三十二歩で、別に怪山と呼ばれたという。
（9）徐天祜注によると、淮陽宮は会稽山東南三里にあったという。
（10）徐天祜注によると、中宿台は会稽山東七里にあったという。ただし『越絶書』越絶外伝記地伝第十では「中指台」。
（11）『越絶書』越絶外伝記地伝第十では、駕台は周り六百歩、安城里にあったという。
（12）『越絶書』越絶外伝記地伝第十では、越が弋猟《よくりょう》をしたところで、大いに楽しんだので楽野と呼ばれたとされ、徐天祜注は楽瀆村にあったという。
（13）徐天祜注は宴台であるとする。
（14）徐天祜注は、襟は稷につくるべきで、稷山は会稽県東五十三里にあったという。
（15）金が火に入り消える、は五行相剋説。
（16）金が水を生ずる、は五行相生説。
（17）蓼は辛菜。
（18）苦い胆汁をなめ、身を苦しめたこと。通常「臥薪嘗胆《がしんしょうたん》」というが、ここには嘗胆は見えるけれど、臥薪は見えない。『大漢和辞典』巻九は『呉越春秋』を引き、「越の勾践、薪に臥《ふ》し、胆を嘗め、呉に報ぜんと欲す」とするが、現存本『呉越春秋』には見えない。なお『大漢和辞典』は『十八史略』巻一、呉を引き、呉の夫差が讐を復せんとし、朝夕薪中に臥すとしているが、出典は不明。

(19)霊台、中宿台、駕台、燕台、斎台のこと。

(20)勾は勾章、甬は甬江。

(21)今の浙江省嘉興県南。

(22)徐天祜注によると、越の姑末は会稽太末県とされる。今の浙江省衢州《くしゅう》市東北龍游鎮北。

(23)徐天祜注は、『越絶書』越絶外伝記地伝第十で「武原、今の海塩県」とされるところとす。武原は今の浙江省海塩県。

(24)文様のある方形のはこ。

(25)晋竹は箭《せん》竹、晋は箭の古文。廋は艘のことで船のこと。十廋は船十艘分。

(26)『北堂書鈔』巻百六、『太平御覧』巻五百七十一に引く『呉越春秋』は「若何之歌」とし、『太平御覧』巻九百九十五に引く『呉越春秋』は「苦何之歌」とす。

(27)「不」は「柎」の古文、蕚《がく》のこと。棻は紛に通じ、盛んに茂っているさま。

(28)霏霏は飄飄《ひょうひょう》、雪の飛びふるさま。

(29)白色の細かく織った葛布。

(30)扶同・范蠡・苦成・浩・句如。

(31)『史記』周本紀によると、周武王八年のこと。孟津は今の河南省孟県南、また盟津という。

（32）　五行の相勝をいう。水が火に勝ち、火が金に勝ち、金が木に勝ち、木が土に勝ち、土が水に勝つこと。

第九　勾践陰謀外伝（勾践の陰謀）

越王勾践十年（前四八七）。

二月、越王はあれこれと考え、昔のことを思い出していた。あの時は呉に辱《はずかし》めをうけたが、こうして越国にまた帰ることができたのは、天のめぐみによるものと思った。群臣たちが自分に教えてくれるのはみな同じようなはかりごとで、ことばも心も一致していた。そこで勾践は有り難く彼らの説にしたがうことにした。やがて国は豊かになった。

しかし越にもどってから五年たったが、まだ生命をささげようとする人はいなかった。ある人は大夫などというのは自分の身（頭以外）を愛し、自分の軀《からだ》（頭や足）を惜しむものであるといった。そこで勾践は漸台《ぜんだい》に登り、自分の群臣が国を憂いているかどうか望観した。相国范蠡《しょうこくはんれい》、大夫文種《ぶんしょう》、大夫句如《くじょ》らはいかめしい様子でならんで坐っていた。心に憂いをいだいていても、顔色にはあらわさなかった。越王はそこで鐘を鳴らし、いましめのふれぶみ(1)を出し、群臣を召した。そして彼らと盟《ちか》っていった。

「私は辱められ、恥をうけた。上は周王（敬王）に愧《は》じ、下は晋・楚に慙《は》じる。幸いに諸大夫のはかりごとをいただき、国に帰り、政《まつりごと》を修め、民を富まし、士を養うことができた。しかるに五年をへてまだ命《いのち》を差し出す士、仇を雪《すす》ごうとする臣がいることを聞かない。どうすれば成功できるだろうか」

群臣は黙ったままで答える人がいなかった。越王は天を仰ぎ、嘆いていった。

「私は、「主が憂いたら、臣は辱められ、主が辱められたら、臣が死す」と聞いている。今、私は親しく奴隷となる災厄にあい、囚《とら》われ、傷つけられる恥をうけた。自分を助ける人がいないなら、賢者のあらわれるのをまち、また仁者を任用し、その後で呉を討ちたい。諸臣、大夫にはこれまで重い任務を托してきたが、諸臣、大夫は何故登用するのは容易だが、使うのは難しいのか」

その時、計硯《けいげい》は年が若く、官位も低く、列の後方に坐っていたが、手を挙げて走り、席をこえて前に出、進んでいった。

「間違っていませんか、君王のおことばは。大夫は登用するのが易しいが、使うのは難しいということはなく、君王が使うことができないのです」

越王がいった。

「それはどういうことか」

計硯がいった。

「そもそも官位・財物・黄金の賞賜《しょうし》は君が軽んずるものです。鋒《ほこ》を操り、刃を履《ふ》み、命をすて死に赴くことは士の重んずるところです。今、王は軽んずる財物を吝《おし》んで、(2)士の重んずる行為ばかりを責めています。何と危険なことではないでしょうか」

そこで越王は黙ったままで悦ばず、顔には愧《は》ずる気色が見られた。そこで群臣をことわり、計硯を前に召し、たずねていった。

「私が士の心をつかむのには、どういうことなどがあるだろうか」

計硯が答えていった。

「そもそも、人に君となり、仁義を尊ぶのは政治の門戸《いりくち》です。人民の上に立って士となるものは君の根元《ねもと》です。門戸を開き、根元を固めるには身を正すことこそ第一です。身を正す道は左右のものを慎重にえらぶことです。左右のものは君が栄えたり衰えたりするのに影響を与えます。王はよく左右のものをえらび、賢者を得られることをお願いします。昔、太公〔望・呂尚《りよしよう》〕は九十で卒したが、(3)磻渓《はんけい》(4)で〔釣りをしていたけれど〕食にもこと欠いた人で、周の西伯（文王）は彼を任用したので、王となることができました。斉の管仲はもと魯《ろ》にのがれて囚われものとなっていた人です。〔若いとき生活に困り、鮑叔《ほうしゆく》と商売をし、〕利益を自分だけ余分に取ったとそしられたこともありました。しかし斉の桓公は彼を用いて覇者となりました。そこで伝えでは、「士を失うものは亡び、士を得るものは昌《さか》える」といっているのです。王は左右のものの人選を慎重にされることをお願いします。どうして群臣が使えないことを心配する必要がありましょうか」

越王がいった。

「私は賢者を使い、有能な人を任用し、それぞれ職務を別にしている。私は他のことは考えず、望みを高くもち、報復するはかりごとを聞きたいとそれだけを切に願っている。今、みなは声を出さず、頭もあらわさず、彼らのことばは聞かれない。その責任はどこにあるだろうか」

計硯がいった。

「賢者をえらび、士をして実《まこと》あらしめるには、それ相応のやり方というものがあります。遠くにつかわす人は困難なことで試し、その誠をいたさせます。朝廷内の人たちには秘密のことを告げ、その信を知るのです。彼らと事を論じてその智を観察します。彼らに酒を飲ませ、乱れることがないかどうかを視ます。事を指定して人を使い、その能力を察知します。彼らに女色を示してその態度を見分けます。五色（美しい色どり）を設けると、士は自分の実《まこと》を尽くし、人は自分の智を出しきります。その智を知り、その実《まこと》を尽くすことになれば、君臣はどうして憂いることがありましょうか」

越王がいった。

「私は士が実《まこと》をいたし、人が智を尽くすようにしたが、士にはまだ満足できることばを進め、私に益しようとする人はいない」

計硯がいった。

「范蠡は賢明で、朝廷内のことはよく知っているが、文種は外部の遠くまで見えます。王は大夫文種にたのみ、よく相談されることをお願いします。そうすれば覇王の術が見つかるでしょう」

そこで越王は大夫文種を召し、そしてたずねていった。

「私は昔、そなたのことばにしたがい、困窮の事態を脱した。今、またそなたのすぐれた学識にもとづくはかりごとをいただき、私のかねての讐《あだ》を雪《すす》ぎたいが、どのようにしたら成功するだろうか」

大夫文種がいった。

「臣《わたくし》は、「高く飛ぶ鳥は美 食《おいしいたべもの》に死に、泉深くすむ魚は芳餌《おいしいえさ》に死ぬ」と聞いています。今、呉を伐《う》ちたいなら、必ず前もって呉王の好むものをさがし、彼の願いに合致させ、その上で実効のあることが可能となります」

越王がいった。

「人の好みがその願いどおりいったとしても、どうしたらそれによって呉を死地に追いやることができるだろうか」

大夫文種がいった。

「そもそも怨みを報じ、讐を復し、呉を破り、敵を滅ぼそうとするには九つの術がありま す。大王にはそれをご明察のほど」

越王がいった。

「私は辱めを被り、憂いをいだき、国内では朝廷の臣下に慙《は》じ、国外では諸侯に愧《は》じ、心の中は惑《まど》い迷い、精神は空っぽになっている。九つの術があるといっても、どうしてそれが分かろうか」

大夫文種がいった。

「そもそも九つの術というのは殷の湯王、周の文王がそれを得て王となり、斉の桓公、秦の穆公がそれを得て覇者となりました。それによれば、城を攻め、邑《ゆう》を奪うのは屣《はきもの》をぬぐよりもたやすいのです。大王にはそれをとくとご承知になることをお願いします」

文種がつづけていった。

「第一は天〔地〕を尊び、鬼神につかえ、そして福を求めることをいいます。第二は財物・礼品を重んじ、相手の国の君に贈り、多くの金玉・布帛《ふはく》を用いて相手の国の臣を喜ばすことをいいます。第三は粟《ぞく》や藁《わら》を高く買い入れ、相手の国を空にし、相手の国が欲しがっているものを利用して、その民を疲れさせることをいいます。第四は美女を贈り、相手の国の君の心を惑わし、そのはかりごとを乱すことをいいます。第五は熟練の工人、良い材料を贈り、宮室をつくらせ、財貨を消耗させることをいいます。第六は相手の国にお世辞をいう臣をつかわし、伐つのがたやすくなるようにすることをいいます。第七は相手の国の諫臣が自殺に追いこまれるようにさせることをいいます。第八は君王の国が富み、すぐれた武器を備えることをいいます。第九は武装した兵士を訓練し、敵の疲労に乗じ攻撃させることをいいます。この九つの術はすべて君王が口を閉じて他に伝えず、神を信じてそれら九つの術を守れば、天下を取ることなどは難しくはありません。まして呉のごときは」

越王がいった。

「それはよい」

そこでまず第一の術を行なうことにした。東郊に祭場を設け、陽神を祭り、東皇公《とうこうこう》と名づけた。西郊に祭場を設け、陰神を祭り、西王母《せいおうぼ》と名づけた。そして陵山(5)を会稽山に祭り、水神を浙江《せっこう》の中洲に祀《まつ》った。鬼神に二年間つかえたが、国は災いを被ることがなかった。越王がいった。

「大夫の術は何とよいことか。その他のことをのべるようお願いする」

文種《ぶんしよう》がいった。

「呉王は宮室をつくるのが好きです。したがって工事はやむことがありません。大王は名山のすぐれた木材をえらび、これを献上しなさい」

そこで越王は木工三千余人に命じ、山に入って木を切らせた。一年たっても木を切る工人たちはすぐれた木材を手に入れることができず、もう家に帰りたいと思い、みな心に怨みをいだくようになった。そして「木客《もつきやく》の吟《ぎん》」を歌った。


「一夜にして天、神木一双を生ず。

大きさは二十囲、長さは五十尋。(6)

陽は文梓《ぶんし》、陰は楩柟《べんだん》(7)。

巧工施校し、制するに規縄《きじよう》を以てす。

雕治《ちようや》円転し、刻削磨礱《まろう》す。

分かつに丹青を以てし、文章を錯画《さつかく》す。

嬰《めぐ》らすに白璧《はくへき》を以てし、鏤《ちりば》めるに黄金を以てす。

状は龍蛇《りゆうだ》に類し、文彩光を生ず」


(一夜にして天が神木《すぐれたき》一双を生じさせた。

大きさは二十囲《かかえ》、高さは四十丈。

表は文様のある梓《きささげ》、裏は楩と楠。

巧匠が物さしではかり、コンパス・すみなわでつくった。

彫刻は円くころがるようで、削り方はよくみがかれていた。

いろいろな絵具で複雑な文様を画いた。

白玉を嵌《は》めこみ、黄金を鏤《ちりば》めた。

その形は龍蛇に似、文様や色は輝いていた)

越王はそこで大夫文種をつかわし、それを呉王に献上した。越王のことばは次のようであった。

「東海の服役の賤臣、孤《わたくし》勾践、臣文種をつかわし、大王の下役人を通じ、大王のお側まで言上します。大王のお力でささやかな宮殿をつくることができました。木材が余りましたので、謹んで再拝して大王に献上します」

呉王は大そう悦んだ。

しかし伍子胥《ごししょ》が諫めていった。

「王はそれを受けないように。昔、夏の桀《けつ》王は霊台《れいだい》をつくり、殷の紂王は鹿台《ろくだい》をつくり、その結果、陰陽が和せず、寒暑が不順で、五穀がみのらず、天は災いを与え、民のたくわえはなくなり、国は大きく変わり、ついに滅亡をまねきました。大王がそれを受ければ、必ず越王に殺されるでしょう」

　呉王はそのことばに耳をかさず、ついにその木材を受けて姑蘇《こそ》の台をつくった。三年かかって木材をあつめ、五年目にでき上がった。高いので二百里四方のところから見えた。その工事のためかり出された人は、道ばたで亡くなったり、巷《ちまた》で哭《な》いたりして、うらみ悲しむ声は絶えなかった。民は疲れ、士は苦しみ、人々は安心して生活することができなかった。越王がいった。

「うまくいったな。第二の術も」

　勾践十一年（前四八六）。

　越王は深く考え、あとあとまでのことを思い、ただただ呉を伐ちたいと思った。そこで計《けい》硯《げい》を召してたずねた。

「私は呉を伐ちたいが、破ることができないのが心配だ。そこで早く軍隊を出したいと思っているので、そなたにたずねるのである」

　計硯は答えていった。

「そもそも軍隊を出し、戦さをやるためには必ず国内に五穀をたくわえ、金銀をみたし、府庫を充実させ、武器をととのえることが必要です。一体、この四者があり、さらに必ず天地の気を察し、陰陽をたずね、孤虚《こきよ》(8)を明らかにし、存亡をよく考えることが必要で、その上で敵の力をはかることができるのです」

越王がいった。

「天地の気とか存亡とかいうものの要点はどういうことか」

計硯がいった。

「天地の気とは、物に死生があることです。陰陽をたずねるとは、物の貴賤《たかいひくい》のことです。孤虚を明らかにする（日時を卜《うらな》う）とは、物のであいを知ることです。存亡をよく考えるとは、真偽を見分けることです」

越王がいった。

「死生とか真偽とかいうのはどういうことか」

計硯がいった。

「春に八穀をうえ、夏に育て養い、秋にみのってそれをあつめ、冬にたくわえ、しまっておきます。そもそも天のこよみでは春に穀物が芽生える(9)が、しかし播種《はしゅ》しない。これが第一番目の死です。夏に生長することになっているが、苗がない。これが第二番目の死です。秋にはみのることになっているが、あつめられない。これが第三番目の死です。冬にしまうことになっているが、たくわえがない。これが第四番目の死です。これらは堯や舜の徳があっても、どうすることもできません。

そもそも春に芽生えることになっており、指導者は老練、耕作者は若く、節気を見、自然の規律にしたがい、穀物の生長する道理にたがわない。これが第一番目の生です。注意深く観察し、ていねいに苗の雑草をとり、雑草がなくなると元気になる。これが第二番目の生です。時節に先んじて準備し、物がみのれば収穫し、国には税の滞納がなく、農民には無駄な収穫などはない。これが第三番目の生です。倉はすでに泥が塗られて閉じられ、古い穀物は取りのぞかれ、新しい収穫が入っている。君は楽しみ、臣下は歓《よろこ》ぶ。男女は互いに信じ合う。これが第四番目の生です。

そもそも陰陽とは太陰(10)が位置する年で、もしもそれが三年間とどまっていたなら、万物の貴賤が明らかになります。また孤虚とは天の門、地の戸です。さらに存亡とは君主の道徳です」

越王がいった。

「物の生長の道理が分かるのに、そなたは年が若すぎるのではないか」

計硯がいった。

「才徳すぐれた士は年齢などに関係がありません」

越王がいった。

「そなたのいう道理はまことに立派だ」

そこで越王は上を仰いで天文を見、五星・二十八宿を集中して観察し、四季の時令を定め、人事と星との関係をとらえ、天に八穀星（五車星の西に位し、八穀をつかさどる）があらわれたら、空の八つの倉を設け、冬、陰気が盛んな時は穀物を収め貯え、夏、陽気が盛んな時は穀物を糶《うりよね》し、最上のはかりごとをつくった。三年たつと、穀物の備蓄は五倍となり、越国はすこぶる富んだ。勾践は感嘆していった。

「私は覇者になるだろう。計硯のはかりごとは実にすぐれている」

勾践十二年（前四八五）。

越王は大夫文種にいった。

「私は呉王が淫らで女色を好み、それに心をすっかりうばわれ、政務をかえりみないと聞いている。これについて何かよいはかりごとがあるだろうか」

文種はいった。

「もちろんあります。(11)そもそも呉王は淫らで女色を好み、太宰嚭《たいさいひ》はよこしまで呉王のご機嫌うかがいばかり。呉に美女を献上すれば、きっと受けるでしょう。そこで大王は美女二人をえらび、呉王に進めなさい」

越王がいった。

「それはよい」

そこで人相見をして国中に美女をさがさせた。そして苧羅《ちょら》山(12)で薪を売っている女を手に入れた。彼女たちは西施《せいし》と鄭旦《ていたん》といった。彼女たちに羅や穀の衣裳を着かざらせ、姿勢や歩き方を教え、土城(13)で習わせ、都の巷にやって来させた。三年たって学習が終わり、そこで呉に献上されることになった。そのため相国范蠡がつかわされ、呉王にいった。

「越王勾践はひそかに天から二人の美女をたまわりましたが(14)、越国は土地が低く、水がたまり苦しんでおり、女たちは留まろうとしません。そこで謹んで臣蠡をつかわし、女たちを大王に献上いたすものです。もし容貌も満更ではないと思し召しなら、何とぞ収められ、箕帚《そうじ》の役にでも供せられることをお願いします」

呉王は大そう悦んでいった。

「越は二人の女を献上した。これは勾践が呉に忠誠を尽くそうとするあかしである」

しかし伍子胥が諫めていった。

「それはいけない。王は受けてはなりません。臣は、「五色は人の目を見えなくし、五音は人の耳を聞こえないようにする」と聞いています。昔、夏の桀《けつ》王は殷の湯王をあなどって滅び、殷の紂王は周の文王をあなどって亡びました。大王がこれを受けたら、後に必ずわざわいがあるでしょう。聞くところによると、越王は朝に倦《う》まず書をよみ、夕にはそれを暗誦し、夜に及ぶということです。その上、決死の士数万をあつめています。これによりそうした人たちは死なないで、きっとその願いを達するでしょう。また越王は誠にしたがい、仁を行ない、諫言をきき入れ、賢者を用いています。これによりそうした人たちは死なないで、きっと名声をあげるでしょう。また聞くところでは越王は夏に毛裘《もうきゅう》(15)をき、冬に絺綌《ちげき》(16)を用いているとのこと、これもこうした人は死なないで、きっとあらそいの相手となるでしょう。私は、「賢士は国の宝であり、美女は国の咎《とが》である」とも聞いています。夏は妹喜《まつき》で亡び、殷は妲《だっ》己《き》で亡び、周は褒姒《ほうじ》で亡びました(17)」

呉王はこれをきき入れなかった。そしてついに越の女を受けた。越王がいった。

「よかったよ、第三の術は」

勾践十三年（前四八四）。

越王が大夫文種《ぶんしょう》にいった。

「私は子《あなた》の術をうけ、はかったことは吉で、適中しないものはなかった。今、さらに呉をはかろうと思うが、どうすればよいか」

文種がいった。

「大王にはご自分で越国は小さく、田舎で、今年は穀物もよくみのらないといい、大王は呉に糴《かいよね》を請い、呉王の心をさぐられるようお願いします。天がもし呉を見棄てたなら、きっと大王に糴を許すでしょう」

越王はそこで大夫文種を呉につかわし、太宰嚭《たいさいひ》を通じて呉王に会うことをもとめた。その時のことばは次のようであった。

「越国は土地が低く、水たまりがあり、水旱に見舞われ、穀物のみのりもよくなく、人民は飢え、道には飢えた人たちがあふれています。大王には糴を認めてくださるよう。来年には貴国の太倉にお返しするでしょう。大王には困窮をお救いください」

呉王がいった。

「越王は誠をつくし、信を守り、道を行ない、二心をいだくことはない。今、困窮をうったえている。私はどうして財物を惜しんで越王の願いを聞かないことがあろうか」

伍子胥《ごししょ》が諌めていった。

「いけません。呉が越を支配するのでなければ、越はきっと呉を支配することになるでしょう。吉が去れば、凶がやってきます。これは寇《あだ》なす人を生かし養い、国を破滅させるものです。穀物を与えても、親しくなりません。与えなくともあだにはなりません。さらに越には立派な臣である范蠡《はんれい》がおります。彼は勇気があり、はかりごとにもすぐれており、軍備をととのえ、戦い攻めるためにわが国の隙をうかがおうとしています。越王が使者をつかわし、糴《かいよね》を請わせているのは、国が貧しく、民が困って糴を請うのではありません。わが国に入り、わが王の隙をうかがおうとしているのです」

呉王がいった。

「私は越王を卑しめ屈服させ、その人民を有し、その社稷《しゃしょく》をいだき、そして勾践を愧《は》じさせている。勾践は心から服し、私の駕車の馬前では却《しりぞ》きながら行っていることは諸侯のみな聞知していること。今、私が使者を国に帰させ、その宗廟を奉じ、その社稷を復させたら、どうして私にそむく心などあろうか」

伍子胥がいった。

「私は、「士が窮すると、心を抑えて人にへりくだるのは難しいことではないが、その後に人を感激させる顔つきをあらわす」と聞いています。私は越王が飢餓で、民が困窮しているのを聞いたら、それを利用して破るべきと思います。今、天の道を用いず、地の理に順《したが》わず、かえって越に食物をはこぶのはもとより大王の運命でありましょうが、これは狐と雉《きじ》とが互いに戯れるようなものです。そもそも狐は身体をひくくし、そこで雉は狐を信じます。それ故、狐は自分の思うとおりになり、雉は必ず殺されます。慎むべきことではありませんか」

呉王がいった。

「勾践の国に心配があるので、私は粟を供給しようとしている。恩恵を与えるのに対し、先方から信義がやってくる。その徳すこぶる昭《あき》らかで、どうして憂いなければならないだろうか」

伍子胥がいった。

「私は、「狼の子には凶暴な本性があるし、仇讐の人には親しんではならない」と聞いています。そもそも虎にはくわせるのに食物をもってしてはならないし、蝮や蛇には勝手に活動させてはなりません。今、大王は国家の福《さいわ》いを棄て、益のない讐をゆたかにし、忠臣のことばを棄てて、敵人の欲にしたがおうとしています。私は越が呉を破り、豕《ぶた》(18)や鹿が姑胥《こしょ》の台で游ぶようになり、荊《いばら》や榛《しん》（雑木）が宮殿に蔓衍《まんえん》するようになること間違いないものと見ております。王は周の武王が殷の紂王を伐ったことをかんがえてほしいものです」

すると太宰嚭《たいさいひ》が旁《かたわ》らから答えていった。

「周の武王は殷の紂王の臣下ではないのですか。彼は諸侯をひきい、その君を伐って、殷に勝ったが、それは正義といえるでしょうか」

伍子胥がいった。

「武王はその名をあげました」

太宰嚭がいった。

「自分から主君を殺しておいて、名をあげたというのは、私など容忍し難いことです」

伍子胥がいった。

「国を盗むものが侯に封ぜられるのに、金を盗むものは誅されます。もし武王が道義にそむいているとしたなら、周はどうして三人（殷の箕子《きし》、比干《ひかん》、商容《しょうよう》）を表彰する(19)ことなどしましょうや」

太宰嚭《たいさいひ》がいった。

「伍子胥は臣下としてただ大王の好みをおさえ、大王の心にたがい、そして自分では満足だといっています。大王はどうして自分の過失が分からないことがありましょうか」

伍子胥がいった。

「太宰嚭が越王に親しくしようとしているのは間違いありません。そこで以前は石室の囚人をゆるし、また美女の贈与をうけ、外は敵国と交わり、内は君を惑わしているのです。大王はこれを察せられ、小人たちのあなどりをうけてはなりません。今、大王はたとえてみれば、嬰児を浴《ゆあみ》させているようなもので、泣いても太宰嚭などのことばに耳をかされないように」

呉王がいった。

「太宰嚭のいうのは正しい。そなた（伍子胥）は私のいうことをきかないが、忠臣の道ではない。よこしまでご機嫌をとろうとする人のたぐいだ」

太宰嚭がいった。

「臣は、「隣国に危急があれば、千里の道でも馬を走らせて救う」と聞いています。これがつまり王者は亡国の子孫を封じ、五覇は絶滅した末裔をたすけるということです」

呉王はそこで越に一万石の粟を与えた。そして文種に命令していった。

「私は群臣の意見に逆らって粟を越におくった。みのりが豊かになれば、私のところに返却されるように」

文種がいった。

「臣は使いを奉じて越に帰りますが、みのりさえ豊かになれば、間違いなく呉がお貸しくだされたのを返却いたします」

大夫文種は越に帰っていった。越国の群臣はみな万歳と叫んだ。ただちに粟を群臣に賞賜《しょうし》し、さらに万民にも分けた。二年たって越王の粟はみのった。精粟《よい》をえらんで蒸して呉に返還した。さらに同様の斗斛《とこく》（一斗と一石、少しのこと）の数を還すこととし、ふたたび大夫文種をつかわし、呉王におくった。呉王は越の粟をもらい、長いことため息をつき、太宰嚭を顧みていった。

「越の地は肥沃であり、その種子はすこぶるよい。それをわが国の民にうえさせなさい」

そこで呉は越の粟をうえた。しかし粟の種子は枯れて育たなかった。(20)呉の民は大いに飢えた。

越王がいった。

「呉の民は生活に困っている。攻撃の好機だ」

大夫文種がいった。

「まだ駄目です。国が初めて貧しくなっただけです。忠臣は依然として健在。天の気運はまだ攻撃の好機とは見えません。時期をまつべきです」

越王はさらに相国范蠡にたずねていった。

「私には呉に報復するはかりごとがある。水戦の時は舟にのり、陸地を行軍する時は車にのる。しかし舟や車を利用しても、弩にはかなわない。今、そなたは私のため、これが大丈夫というはかりごとを考えてくれないか」

范蠡が答えていった。

「私は、「古《いにしえ》の聖君は必ず戦さの訓練をして兵を用いるが、陣を布き、隊伍をととのえ、戦さの太鼓をうつことなど、それらがうまくゆくかどうかは兵士が武技にたくみであるかどうかにかかっている」と聞いています。ちかごろ私の聞いたところでは、越に南林(21)出身の処女《おとめ》がおり、国の人たちは彼女が剣の道の達人とほめているとのことです。大王には彼女を召されれ、すぐにお会いになられるようお願いします」

越王はそこで使いをつかわし、彼女を招いた。そして剣戟の術をたずねようとした。処女《おとめ》は北に行き、王にお会いしようとした道すがら、一人の老人に出逢った。自分では袁公《えんこう》と名のり、処女に問うた。

「私はそなたが剣にたくみだと聞いたが、一度見てみたいものだ」

女は答えていった。

「妾《わらわ》は何も隠そうとすることはありません。どうぞ公《あなた》が試みてください」

そこで袁公は竹の枝を抜いて杖とした。その竹の枝は上の方が枯れていて、はじが折れて地におちた。女はただちにそのはじをうけ取った。袁公はその本《もと》の方を手にとって処女を刺した。女はそれに応じ、それを入らせた。三回入ったところで処女は枝を挙げて相手を撃った。袁公は樹に飛び上がった。そしてその姿を変えて白猿となった。ついに立ち去った。

女が越王に会ったとき、越王がたずねた。

「そもそも剣の道とはどういうものか」

女がいった。

「妾《わらわ》は深林の中で生まれ、無人の野原で成長しました。道は修得しないものはありませんが、諸侯のところに行ったということはありません。自分だけで撃剣の書を読むのを好んで、繰り返し読みました。妾《わらわ》は人から教えられたのではなく、いつの間にか自分で会得したものであります」

越王がいった。

「その道というのはどういうものであろうか」

女がいった。

「その道は大そう微妙であるが難しいことではなく、その真意はすこぶる幽玄で、奥深いものです。道には門や戸があります。また陰陽もあります。門を開いたり、戸を閉じたりし、また陰が衰え、陽が興《おこ》ったりします。一体、手に兵器をもって戦う道は、内に精神を充実させ、外に安らかな態度を示すことです。一見立派な婦人のようであるが、襲うと恐ろしい虎のようになります。よい形勢を準備し、運気をうかがい、全精神を集中させ、暗い夜も太陽が照っているように明るく、飛び上がって走る兎のように敏捷にします。相手の形と影を追いかけ、ちょうど光が影を照らし、影が形を離れないようにします。息を吐いたり、吸ったりするのも法禁にはふれません。

攻めるのは縦でも横でもよいし、逆さでも真直ぐでもよいのです。ぐるぐる廻って往復しても音は聞こえません。この撃剣の法を会得したら、一人でも百人に当たることができ、百人でも万人に当たることができます。大王がそれを試みたいなら、その効き目は立ちどころにあらわれます」

越王は早速女に称号を与えたが、その称号は越女というものであった。そこで五個の支部隊の隊長の中、才能のすぐれたものに命じて彼女について学ばせ、さらに兵士たちに教えさせた。そうした時、みな越女の剣術をたたえた。

そこで范蠡はまた弓射のうまい陳音《ちんおん》なるものを推薦した。陳音は楚の人である。越王は陳音を召し、たずねた。

「私はそなたが弓射にすぐれていると聞いているが、その道はどのようにすればできるのか」

陳音がいった。

「私は楚の卑しいもの、かつて射術の道に学んだが、まだその道をすっかり会得できたということではありません」

越王がいった。

「それは分かった。ただそなたに少しく説明してほしいのだ」

陳音がいった。

「私は、「弩《ど》は弓から生まれ、弓は弾弓から生まれ、弾弓は古《いにしえ》の孝子《こうし》がつくった」と聞いています」

越王がいった。

「孝子の弾弓とはどのようなことか」

陳音がいった。

「古は人民が質樸でした。飢えたときは鳥獣を食べ、のどが渇いたら霧や露を飲み、死んだら白茅《はくぼう》（ちがや）でつつみ、野原に投げすてました。ある孝子が亡くなった父母が禽獣に食べられるのに忍びず、そこで弾弓をつくって父母の死体を守り、鳥獣の害から防ぎました。だから歌に「竹を断《き》り、木に属《つづ》け(23)、〔弓をつくり〕土〔丸〕を飛ばして〔鳥獣の〕害を逐《お》う」とあるのがそれをのべたものです。そこで神農・黄帝は木に弦をはり、木弓をつくり、木を削って矢をつくりました。木弓と矢の有利さは四方を威服させました。黄帝の後、楚の国に弧父《こほ》があらわれました。弧父は楚の国の荊山《けいざん》に生まれ、生まれたときに父母はおりませんでした。子どものとき、弓矢を習い、それを使用し、射たものは必ず命中しました。その弓矢の道を羿《げい》に伝え、羿は逢蒙《ほうもう》に伝え、逢蒙は楚琴氏《そきんし》に伝えました。しかし楚琴氏は弓矢は天下を威服させるのに充分でないと考えました。当時、諸侯は互いに攻撃し、兵刃が入りみだれ、弓矢の威力でも征服することができませんでした。そこで琴氏は弩をつくり、弓を横において臂《ひ》（弩の柄《つか》）を着け、機《き》をそなえ、枢《すう》(24)を設け、これに力を加え、ようやく諸侯を征服することができました。琴氏はこれを楚の三侯(25)に伝えました。三侯というのは句亶《こうたん》、鄂《がく》、章《しょう》(26)のことで、人々は麋侯《びこう》、翼侯、魏侯といいました。楚の三侯から霊王まで伝わり、自分から楚に代々伝わるものといっておりました。思うに桃の弓、棘《いばら》の矢を用いて隣国の侵攻に備えたものであります。霊王の後、射の道は流れが分かれました。多くの射道の家、射をよくする人たちでもその正しいやり方を会得しておりませんでした。私の先人がこれを楚から学び、私まで五世になります。私はその道には明らかではありませんが、大王には試してみてください」

越王がいった。

「弩の形状は何を手本にしているのか」

陳音がいった。

「郭《かく》(27)は方形の城のようなもので、臣民を守ります。教《きょう》は人君のようなもので、命令が出るところです。牙《が》は執法（法務官）のようなもので、吏卒を守ります。牛《ぎゅう》は中将のようなもので、内部の事務をつかさどります。関《かん》は守禦《しゅぎょ》の兵士のようなもので、去留を検《しら》べます。錡《き》は侍従のようなもので、国君の命令を聴きます。臂《ひ》は道路のようなもので、使者を通行させます。弓は将軍のようなもので、全軍の重責をにないます。弦は軍師のようなもので、戦士を防禦させます。矢は飛客のようなもので、国君の命令を執行させます。金《きん》は敵を貫くようなもので、真直ぐ進み、止まりません。衛《えい》は副使のようなもので、方向や距離を正します。叉《さ》は国君から命をうける人のようで、事を行なうべきかどうかを知ります。縹《ひょう》は都尉《とい》のようなもので、左右を牽制します。敵《てき》は瀕死の人のようで、驚かせることもできません。鳥は飛ぶことができないし、獣も逃げる暇がありません。弩を射れば、死なないことはありません。

私は愚劣なものですが、私が理解している射の道は以上に尽きます」

越王がいった。

「正しい射の道というのをうかがいたいものだ」

陳音がいった。

「私が聞いている正しい射の道というのはいろいろあるが、しかし微妙なものです。古の聖人は弩を射る前に、どこに命中させるか、その目標をあらかじめいったということです。私など到底古の聖人に及びません。ただその要領を一通りのべさせていただきましょう」

陳音がさらにいった。

「そもそも射の道というのは、身体は木の板を背負っているように真直ぐにし、頭をあげて激しく動かします。左脚は前に真直ぐにし、右脚は後ろに横にし、左手は樹枝をにぎったようにしてのばし、右手は嬰児をかかえたように曲げます。双手で弩を挙げ、敵を望み、息をとめ、一気に発射すると、箭《や》と気息がうまく調和します。精神を弩に集中させ、雑念を取りはらい、箭を放ったり、止めたりするのははっきり区別しなければなりません。右手が機を動かす時は左手は使いません。一つの身体でも部分が違えば、指令も異なります。まして二人以上の場合はなおさらです。これが正確に弩《ど》をもち、発射する技法です」

越王がいった。

「敵を望み、照準を合わせ、一緒になって射たり、分かれて射たりする技法をうかがいたいものである」

陳音がいった。

「そもそも射の道はそれぞれ異なり、分かれて射るのにはよく敵を望み、照準を合わせることが必要だが、一緒になって射る時は三本の箭を連射することです。弩弓にもその重さに斗のがあり、石のがあり、それによって強さが違いますし、矢にも軽いのがあり、重いのがあります。一石の弩弓に一両の箭を用いると、ちょうど平衡が保たれます。箭を飛ばした場合の遠近や高下は弩機に設けられた銖分《しゆぶん》(28)に刻まれた目盛りで測ります。射道の要領は以上のべたことにつき、他にいいのこしたことはありません」

越王がいった。

「承知した。そなたはいいのこすことなく射道を伝えてくれた。そなたがわれわれの国人にすっかり教えてくださるようお願いする」

陳音がいった。

「射道は天に出ずるが、それをやるのは人の努力にあります。そこで人が努力して学習すれば神がこたえないことはありません」

そこで陳音をつかわし、士に射を都の北の郊外で習わせた。三月たって軍士はすべて弩弓を巧みに用いることができるようになった。

陳音が亡くなると、越王は彼を悼《いた》み、国都の西の山に葬った。その葬ったところを陳音山(29)と名づけた。

注

（1）原文は「驚檄」。徐天祜注は驚は警につくるべしとする。

（2）原文は「昜」。徐天祜注は吝とする。

（3）原文は「九声而足」。周生春校勘記は、『越絶書』外伝計倪第十一に「九十而不伐」とあることから声は十の誤り、足は卒のこととする。

（4）別名潢河。今の陝西省宝鶏県東南にある。

（5）徐天祜注によれば、陵山は禹陵の山。

（6）八尺が一尋。

（7）柟《だん》はくすの木、楩もくすに似た木。

（8）『史記』亀策列伝に「日辰全からず、故に孤虚あり」と見える。意味は「十干・十二支も不完全であるから、孤と虚があるのである」ということ。干と支を配した十位の中、孤は五位（戊）、虚は六位（己）。これにより日時の吉凶を卜《うらな》う。

（9）原文は「天時有生」。徐天祜注は「有生」は「春生」につくるべきとする。

（10）太陰は太歳のこと。歳星（木星）の対称点で、歳星の運行方向とは反対。十二支・五行と結合してトう。十二年で天を一周するとして、太陰が三年金（申・酉）にあるときは穰、三年水（子・亥）にあるときは毀（天下に災いがあること）、三年木（寅・卯）にあるときは康（銭培名『越絶書札記』は康は糠で、糠は『周書』謚法《しほう》解によると、凶年で穀なきことをいうとされる）、三年火（巳・午）にあるときは旱《かん》（ひでり）であるという（『越絶書』越絶計倪内経第五）。なお『史記』貨殖列伝白圭の条に、歳星の位置と五行の関係により穀物の豊凶をトうことが見える。

（11）原文は「可破」。周生春校勘記は『太平御覧』巻三百五に引く『呉越春秋』にしたがい、「可」だけとする。

（12）徐天祜注は『会稽志』を引き、諸暨《しょき》県南五里にありとする。

（13）徐天祜注は『越旧経』を引き、会稽県東六里にありとする。

（14）原文は「越王勾践窃有二遺女」。『越絶書』越絶内経九術第十四は「越王勾践窃有天之遺西施鄭旦」。

（15）毛皮の服。

（16）葛の繊維で織った布。絺は細かいもの、綌はあらいもの。

（17）桀は有施氏を伐ち、有施氏は妹喜をおくり、寵愛したため夏が亡んだ（『国語』晋語）。紂は有蘇を伐ち、有蘇氏は妲己をおくり、寵愛したため殷は亡んだ（『国語』晋語、『史記』殷本紀）。周の幽王は有褒を伐ち、有褒氏が褒姒をおくり、寵愛され、伯服を生み、太子宜臼《ぎきゅう》を伐った。太子は申に奔り、申人は繒《そう》、西戎と幽王を攻め、周は亡んだ（『史記』周本紀）。

（18）原文は豸。徐天祜注は「豕」とする。

（19）徐天祜注は箕子の囚をゆるし、比干の墓を封じ、商容の閭を表したこととする。

（20）蒸したためであろう。

（21）徐天祜注は『越旧経』を引き、山陰県の南とする。

（22）原文は「箖箊竹」。徐天祜注は箖箊は竹の名とする。

（23）原文「属竹」。周生春校勘記は『北堂書鈔』巻百二十四などに引く『呉越春秋』により、「属木」とする。

（24）機・枢は、ばね・からくり。

（25）徐天祜注によれば、楚の熊渠《ゆうきょ》の三人の子、熊康（後に句亶王）、熊紅（後に鄂王）、熊執疵（後に越章王）。

（26）『史記』越世家では越章。

（27）郭以下敵までは弩の部品。郭は牙の後ろにある撥機、教は照門（規）、牙は機鉤《きこう》、牛は鉤心といい、鍵、関は臂の後部にある機捩、錡は弩の架、臂は弩の柄、弓はゆみ、弦はつる、矢は放つ矢、金は鏃、衛は矢の羽根、叉は箭の末尾の叉状のもの、縹は弣《ゆつか》のこと、弓の把手のところ、敵は鏑、つまりやじり。詳細は徐中舒「弋射与弩之溯原及関於此類名物之考釈」（『中央研究院歴史語言研究所集刊』第四本第四分）、労榦『居延漢簡』考釈之部、戍、辺塞制度、兵器（『中央研究院歴史語言研究所集刊』専刊之四十）、『秦始皇帝陵兵馬俑辞典』（文匯出版社、一九九四）。

(28)　分銖のこと。弩機で矢を発する遠近高下をはかる標識を用い、弩牙の後ろに位置する。

(29)　徐天祜注は山陰県（今の浙江省紹興県）西南四里とする。

第十　勾践伐呉外伝（勾践が呉を伐った次第と後日譚）

勾践十五年（前四八二）。

呉を伐つことをはかった。越王は大夫文種《ぶんしょう》にいった。

「私はそなたの策を用い、天に虐《しいた》げられ、誅《ちゅう》されるところを助かり、国に帰ってきた。私は国人に会えたことを心から喜んでいるし、国人も大そう喜んでいる。ところでそなたは以前、〔呉を伐《う》つ〕天の気運があれば、すぐにでもやって来て知らせるといっていたが、今、そのしるしがあるだろうか」

文種がいった。

「呉が強いわけは伍子胥《ごししょ》がいたからです。今日、伍子胥は忠義で、呉王を諫めて殺されました。これは天の気運があらかじめあらわれたもので、呉が亡びんとするしるしです。大王には誠心誠意国人に説かれるように願います」

越王がいった。

「私が国人に説いた次のことばを聞いたであろう。

「私は自分の力の不足もわきまえず、大国に讐《あだ》をむくいんとして、人民の骨を中原《ちゅうげん》にさらした。これは私の罪である。私は心から反省し、自分のやり方を改めるものである」。

そこで戦死者を葬り、負傷者を慰問し、喪がある家には弔い、慶事のある家には祝い、外国に往く人があれば送り、越国に来る人があれば迎え、人民の災害を除こうとした。

その後、自分の身を卑しめて呉王夫差に仕え、三百人の士を奴隷として呉につかわした。呉王は私に数百里四方の地を封じた。そこでその地の父兄や兄弟と次のように誓った。

私は、「古の賢君には四方の民衆が水の流れるように帰するもの」と聞いている。しかし私は今日、政治を行なうことができないので、二、三の主だった人たちとその妻子をひきい、人々が多く子を生み育てることを助けたい。

そして次のような命令を出した。壮年の男は老齢の妻を娶《めと》ってはならず、老齢の男は壮年の婦人を娶ってはならない。女子は十七で嫁がないと、その父母が罪になる。男子は二十歳で娶らないと、その父母が罪になる。子を生むことになった人は私に告げると、医者をつかわし無事出産するように守らせる。男の子二人を生んだ時は一壺の酒、一匹の犬を与え、女の子二人を生んだ時は一壺の酒、一頭の豚を与える。子ども三人を生んだ時は私が乳母を与える。双児を生んだ時は私が一人を養う。長子が死んだら、三年間賦税を免除する。末子が死んだら、三ヶ月間賦税を免除する。必ず哭泣《こくきゅう》してそれを葬り埋めるのは自分の子と同様にする。孤児、寡婦、疾疹《しっしん》（病気）のもの、貧しく病めるものはその子どもを国が養うようにする。仕えたい人にはその住居を考慮し、その衣服を立派にし、その食べものを充分にし、そしてその中から精鋭なものをえらぶ。すべて四方からやって来る士は必ず朝廷で会い、彼らを礼遇し、飯と羹《あつもの》をもたせて国中を旅させる。国中の僮子《こども》が游んでいて私に遇ったなら、私は食べものを与え、それを食べさせ、愛情を以て接し、その名前をたずねる。私の飯でなければ食べさせないし、夫人のものでなければ衣《き》させない。七年間は国に賦税を納めさせないので、民の家には三年の蓄えがある。男は歌をうたって楽しみ、女はあつまって笑う、と。

今、越の国中の父兄が毎日私に請うていっている。昔、夫差はわが君王を諸侯に辱《はずかし》められるようにし、長く天下の恥ずるところとなった。今や越国は富んで豊かとなり、君王は節倹ですので、恥をすすいでくださるようお願いする、と。これに対し私はことわって、「昔、私は辱めをうけたが、〔政治担当の〕二、三子《にん》の罪ではない。私のようなものがどうしてわが国の人たちに苦労をかけて自分の長い間の讐《あだ》を復《むく》いようか」といった。すると、父兄がまた請うていった。国中の人たちは君主の子です。子は父の仇を報じ、臣は君のために怨みを報ずるのに、どうして力を尽くさないものなどおるでしょうか。私たちはふたたび戦い、大王の長い間の讐をはらすことをお願いする、と。私は喜んでこれを許そう」

大夫文種がいった。

「私の観るところでは、呉王は斉・晋との関係が自分の思うとおりになり、ついにはわが地に踏み入り、軍隊をひきいて国境に臨むと考えていたようです。しかし今は軍隊が疲れ、兵士を休ませており、一年たって進攻することがなければ、わが方を忘れるでしょう。しかしわが方としては怠ってはなりません。私はこれを天に卜《うらな》ったことがあります。呉の人民はもはや軍隊に動員されて疲れ、戦さに苦しんでおり、市場には赤米の蓄えがなく、国の米ぐらは空っぽです。人民は他処へ移ろうとする心があること間違いなく、寒くなると、蒲《ほ》（水草）や蠃《ら》（蚌蛤《はまぐり》のたぐい）をもとめて東海の浜べに行くでしょう。亀甲で人事を卜った結果は、筮竹《ぜいちく》で卜った結果と一致しました。しかし大王がもし軍隊を起こし、たまたま利があるとしても、呉の辺ぴな田舎を犯すだけで、さらに進むことはできません。呉王にわが方を伐つ心がなくとも、彼を怒らして動くようにすることも困難です。その間の事情を国人にさとし、彼らに分かってもらうのが第一です」

越王がいった。

「私には征伐などという考えはない。しかし国人が三年も戦《いく》さをするようのぞんでいるなら、人民の願いにしたがわないわけにはゆかない。しかし今はこれが難しいとする大夫文種の諫めを聞こう」

すると、越の父老・兄弟たちはさらに諫めていった。

「呉は討伐すべきです。勝てば呉を滅ぼすことになるし、勝たなくとも呉の兵を苦しめることになります。もし呉が講和を申し出、大王がそれと盟《ちか》うことになれば、功名は諸侯に聞こえることになるでしょう」

越王がいった。

「それはよい」

そこで群臣をすべて集め、彼らに命令していった。

「呉を討伐することを諫めようとするものがあるなら、その罪は赦《ゆる》さない」

范蠡《はんれい》と大夫文種は互いにいった。

「私たちの諫めはもはや取り上げてはいただけません。そうであるなら、君王の命令にしたがいましょう」

越王は軍隊を集め、兵士を列《なら》べ、大勢の人たちをいましめた。そして彼らと誓っていった。

「私は古の賢君は兵士の人数が足りないのは心配せず、彼らの志や行ないが恥少ないようにあることを患《うれ》いると聞いている。現在、呉王夫差に水犀牛《すいさいぎゅう》の皮でつくった甲《よろい》を着ている兵士が十三万人いる。ところが兵士の志や行ないに恥が少ないことは患いず、兵士の数が足りないのを心配している。今、私には天の威光の助けがあり、匹夫《ひっぷ》の小勇など欲するものではない。私は士卒が進撃した時は恩賞を思い、退却した時は刑罰を避けることを欲する」

そこで越の人民は、父がその子をはげまし、兄がその弟にすすめていった。

「呉は討伐すべきである」

越王はまた范蠡を召していった。

「呉はすでに伍子胥を殺した。へつらうものばかりが多い。わが国の人民はこれにひきかえ、私が呉を討伐することをすすめている。討伐するのがよいだろうか」

范蠡がいった。

「まだ時期ではありません。明年の春をまったなら、よいでしょう」

越王がいった。

「それはどうしてであるか」

范蠡がいった。

「私の見るところでは、その頃、呉王は北上して諸侯と黄池《こうち》（河南省封丘県西南）で会盟することになっています。精兵は呉王にしたがい、国中は空《から》になり、老人・子どもだけが残り、太子が留守をします。もし呉の軍隊が国境を出て遠くに行かない中、越がその空になったところにおしよせたと聞いたら、兵を引き帰すのは困難ではありません。そこで来年の春を待つのがよいのです」

その年（勾践十五年）夏六月丙子《へいし》、越王勾践はまた范蠡にたずねた。范蠡はいった。

「呉は討伐すべきです」

そこで習流（水戦の兵）二千人、俊士（常時訓練している正規兵）四万人、君子（近衛部隊）六千人、諸御（各種勤務の兵）千人を発して、乙酉《いつゆう》の日に呉の留守部隊と戦った。丙戌《へいじゅつ》の日、ついに太子を虜にして殺した。丁亥《ていがい》の日、呉の地に入り、姑胥台《こしょだい》を焼いた。呉の方は急を夫差に告げた。夫差はちょうど諸侯と黄池で会合を開いており、天下に知れわたるのを恐れ、秘密にして洩らさないようにした。黄池での盟《ちか》いが終わり、人をつかわし、越に講和するよう請わせた。句践は自分でまだ滅ぼすことはできないと考え、そこで呉と講和した。

勾践二十一年(1)（前四七六）。

七月、越王はまた国中の士卒を総動員して呉を伐った。たまたま楚は申包胥《しんほうしょ》を越に使者としてつかわしていた。そこで越王は申包胥にたずねた。

「呉は伐つことができるであろうか」

申包胥がいった。

「私は策謀が拙く、卜いもできません」

越王がいった。

「呉は道にはずれ、わが社稷《そこ》を残ね、わが宗廟をこわし、そしてすべて平原とした。そこで祖先の祭りもできないようになった。私は呉に対して天の公平なさばきをもとめたいのだ。車馬、武器、兵卒は用意ができたが、まだこれらを用いていない。戦いではどう用いたらよいか、ぜひそなたにうかがいたい」

申包胥がいった。

「臣は愚かもので、そういうことはお答えできません」

越王はまたきつくたずねた。申包胥はそこでいった。

「そもそも呉は立派な国です。その賢明さが諸侯に伝わっております。(2)君王はどうして戦うのか、おうかがいいしたい」

越王がいった。

「私の側にある人たちは酒を飲み、肉を食べるのに分かちあわないことはない。私の飲食も贅をきわめることなどはしないし、音楽を聴いてもそれにおぼれることなどはしない。これは一《いっ》に呉に仇を報いたいためである。そこでどうしても戦いたいのだ」

申包胥がいった。

「よいことはよいのですが。しかしまだ戦ってはいけません」

越王がいった。

「わが国では私は民衆を博く愛すること子のようにし、心から恵みをもって養っている。

私は今、刑をゆるめ、民の欲することを施し、民衆のにくむことを去ろうとしている。彼らの善いことは称揚し、悪いことは掩《おお》いかくし、呉に仇を報復しようとしている。そこでどうしても戦いたいと願っている」

申包胥がいった。

「よいことはよいのですが。しかしまだ戦ってはいけません」

越王がいった。

「越では富者を安定させ、貧者に施しをしている。生活の不足な時は救い、生活に余裕がある時は賦税を取り立てる。貧者・富者いずれも自分たちの利益を失わないようにしている。こうして呉に報復しようとしている。そこでどうしても戦いたいと願っているのだ」

申包胥がいった。

「よいことはよいのですが。しかしまだ戦ってはいけません」

越王がいった。

「わが国は南の方、楚とへだたり、西の方、晋と近く、北の方、斉をのぞんでいる。春秋には進物をおくり、玉・帛《きぬ》・子女を貢《みつ》ぎものとして献じている。これはかつて絶えたことがない。こうして呉に仇を報じようとしている。そこでどうしても戦おうとのぞんでいるのだ」

申包胥がいった。

「結構なことです。これ以上つけ加えるものはありません。しかしまだ戦ってはなりません。そもそも戦いの道は智慧が最初に必要なもの、仁愛がその次、勇敢は最後にそれで決断するものです。君はもし智慧でないとすると、臨機応変の謀がないし、相手兵士の数が多いか少ないかも区別できません。もし仁愛でないとすると、全軍の兵士と飢寒をともにしたり、苦楽の喜びを一緒にすることはできません。もし勇敢でないとすると、去就の迷いを断じ、可否の議を決することはできません」

そこで越王はいった。

「敬《つつし》んでそなたの教えにしたがおう」

冬十月、越王はそこで八人の大夫がやってくるようたのみ、彼らにいった。

「昔、呉は道でないことをやり、わが方の宗廟をそこない、わが方の社稷をほろぼし、そして根こそぎ平地にし、祖先の祭りができないようにした。私は天の公平なさばきをもとめようとし、武器はすでに用意したが、どのようにすれば勝てるか分からない。私はすでに申包胥にたずね、教えをうけた。さらに諸大夫にも教えを請いたいが、いかがであろうか」

大夫の曳庸《えいよう》がいった。

「恩賞を間違いなくやれば、戦うべきです。恩賞を間違いなくやり、信頼できることを明らかにし、有功者は手落ちなく表彰され、有功者に恩賞が加われば、士卒は怠ることがありません」

越王がいった。

「立派なことであることよ」

大夫苦成《くせい》がいった。

「罰を間違いなくやれば、戦うべきです。罰を間違いなくやれば、士卒は大王を仰いで畏れ、命令に違《たが》うようなことはいたしません」

越王がいった。

「勇ましいことであることよ」

大夫文種《ぶんしょう》がいった。

「物を間違いなく見分ければ、戦うべきです。物を間違いなく見分ければ、事の是非が分かります。是非がはっきりすれば、人は惑うことはありません」

越王がいった。

「善し悪しを明らかにするものであることよ」

大夫范蠡《はんれい》がいった。

「備えを万全にすれば、戦うべきです。備えを万全にし、守りを慎重にし、不測の事態に対処します。備えを設け、守りが固ければ、必ず難に応ずることができます」

越王がいった。

「慎重であることよ」

大夫皐如《こうじょ》がいった。

「〔号令・軍楽の〕声を慎重にすれば、戦うべきです。〔号令・軍楽の〕声を慎重にし、清音と濁音とを区別することです。清音と濁音を区別すれば、わが国の君の名を周室に伝えることとなり、諸侯をして外からわが君を怨《うら》むことがないようにさせます」

越王がいった。

「徳行のあることよ」

大夫扶同《ふどう》がいった。

「恩を広め、本分をわきまえれば、戦うべきです。恩を広め、博く施し、本分をわきまえてそれに外《はず》れないことです」

越王がいった。

「神（すぐれたこと）であることよ」

大夫計硯《けいげい》がいった。

「天を候《うかが》い、地理を察し、天地の変化に即応すれば、戦うべきです。天気の変化、地形の適応、人道の利便、これら三者が事前にあらわれれば、それでよいのです」

越王がいった。

「明（見通しのきくこと）であることよ」

そこで勾践は退出して斎《ものいみ》をし、国人に命じていった。

「私に思いもかけないはかりごとがあるので、近くの人も遠くの人も聞きもらすことがないように」

そこでまた役人と国人に命令していった。

「命令にしたがえば褒美がある。みな国都の城門で誓いをしよう。もし命令にしたがわないものがあれば、私はおきてによって死罪に処する」

勾践は民衆が信じないのではないかと恐れ、使者をつかわし、不義を征することを周室に伝え、諸侯が外から自分を怨まないようにした。そして国中に命令していった。

「五日以内に命令にしたがい、集まれば、わが国の良民である。五日を過ぎれば、わが国の民でなくなる。そして誅罰を加えるだろう(3)」

命令が発布された後、越王は宮中に入って夫人に命じた。王は屏風を背にし、夫人は屏風に向かって立った。越王がいった。

「今日より後、宮中の政務は外に知らせることなく、対外の政務は内に知らせることがない。それぞれ自分の職責を守り、そして信義を尽くしなさい。宮中内で過《あやま》ちがあれば子《そち》の責任、国境外千里の遠くで恥辱があれば予《わたし》の責任である。予《わたし》はここで子《そち》と会って、別れるにあってはっきりいましめる」

越王は宮殿を出た。夫人は越王を送った。しかし屛風より外に出なかった。王はそこでもどって宮中の門を閉じ、そこに土を塡《うず》めた。夫人は笄《こうがい》を捨て、一つの座席だけを設けて坐った。(4)ひたすら節を守り、容《かたち》づくることがなく、三月の間、清掃はしないこととした。

越王が宮中を出、また垣を背にして立った。大夫は垣に向かって敬礼をした。越王はそこで大夫に命じていった。

「士をやしなって公平でなく、土地が治まらず、私に国内で辱めをうけるようにしたなら、そなたたちの罪である。敵に臨んで戦わず、軍士は命《いのち》をすてようとせず、諸侯に辱めをうけ、功業が失敗したのが天下に広く知れわたったら、私の責任である。今日より以降、宮中の政務を外に知らせることなく、対外の政務を内に知らせないようにせよ。私は厳重にそなたたちをいましめる」

大夫がいった。

「敬《つつし》んで命令をうけます」

越王はそこで外宮を出た。大夫は送って垣を出た。それからまたもどって外宮の門を閉じ、そこを土で塡《うず》めた。大夫はひとりずつ席に坐った。珍しい食べものを求めることなく、他の人のすすめにも答えなかった。勾践は夫人や大夫に命令を伝えた。

「国はそなたたちが固く守るものである」

そこで越王は露天の壇上に坐り、鼓をならべ、自分でうち鳴らすと、軍隊の列は陣をなした。そしてただちに有罪者三人を斬った。軍にあまねく告げ、命令していった。

「私の命令にしたがわないものはこのようにする」

翌日、軍隊を郊外に移動させ、また有罪者三人を斬り、あまねく軍に告げ、命令していった。

「私の命令にしたがわないものはこのようにする」

越王はそこで国中の戦さに出かけないものたちに命令し、彼らと訣別した。そして次のように告げた。

「そなたたちは国土を安らかにし、それぞれの職務を守れ。私はこれから出かけてわが宗廟の讐《あだ》を討とうとしている。そなたたちに別れを告げる」

国都の人たちに命じ、自分たちの子弟を郊外まで送らせた。戦士たちはそれぞれ父兄や兄弟たちに別れを告げた。

国都の人たちは悲しみ、哀れんでみなで「離別相去」（互いに別れる）の歌詞をうたったが、その歌詞は次のようなものであった。
「躒躁《れきそう》、長恧《ちょうじく》を摧《くだ》かん。戟《げき》を擢《と》り、殳《しゅ》を馭《ぎょ》す。
離《かか》（罹）るところ降《くだ》らず。以て我が王気の蘇《よみがえ》るを泄《も》らさん。
三軍一たび飛降すれば、向かうところ皆殂《そ》せん。
一士死を判《さだ》めれば、百夫に当たる。
道は有徳を佑《たす》け、呉は卒《つい》に自《みずか》ら屠《ほふ》らん。
我が王の宿恥を雪《すす》ぎ、威、八都に振《ふる》う。
軍伍更《か》え難く、勢は貔貙《ひちゅう》の如し。
行き、行け。各々努力せよ。於乎《ああ》、於乎《ああ》」
（急ぎ進んで長年の恥をすすごう。戟をあげ、殳をにぎる。
災難に遭おうとも投降すまい、わが王の怒りを洩らそう。
三軍一たび飛びおりたら、相手はみな殺しとなる。
一人の戦士が死を覚悟すれば、百人の敵に当たることができる。
天道は有徳の人を助け、呉王は自滅するだろう。
わが王の積年の恥をすすぎ、勢威は八都（八方の諸侯）にふるうだろう。
軍の志気は変え難い、その勢いは貔《ひ》（豹のたぐい）・貙《ちゅう》（狸のたぐい）のようだ。

前進しよう。ああ、ああ）

この時、見る人すべて傷《いた》み悲しんだ。

翌日、また軍隊を国境線上にうつした。そこで有罪者三人を斬り、あまねく戦士に告げていった。

「命令にしたがわないものがあれば、このようにする」

三日の後、越王はまた軍隊を檇李《すいり》にうつした。そして有罪者三人を斬り、あまねく全軍に告げていった。

「心が邪《よこしま》で、行ないが悪く、敵と戦うことができないものはこのようにする」

その後、勾践は役人に命じて大声で全軍の兵士たちに次のようにふれさせた。

「全軍の兵士の中、父母があるも兄弟のないものは名のりでて私に告げよ。私は呉を伐つ重大事をひかえている。そなたたちは、そなたたちを養育した父母、そなたたちを寵愛した年よりを離れ、国家の危急に身を投じた。そなたたちが敵と交戦している間、もし父母や兄弟が疾病となったなら、私はちょうど私の父母や兄弟の疾病のように扱うであろう。またもし死者が出たなら、私が葬式、埋葬、殯《かりもがり》をして送るが、それもちょうど私の父母や兄弟が死に、その葬式や埋葬を行なうようにする」

翌日、また全軍を巡視していった。

「戦士に疾病があり、従軍できないものがあれば、私は医薬を与え、饘粥《かゆ》を給し、彼とともに食事をしよう」

その翌日、また全軍を巡視していった。

「筋力が、甲《よろい》をき、武器をもつにたえることができず、志気や行ないが、王の命令を聴くことができないものは、私がその重さを軽くし、その任をゆるくする」

次の日、軍隊を江南にうつし、さらに厳しい法令をのべ、また有罪者五人を誅し、巡視していった。

「私が兵士を愛すること、わが子といえどもそれ以上ではない。罪を犯し、誅されることになれば、わが子でも脱《のが》れることはできない」

越王は戦士が法令を畏れてばかりおって使いものにならないのではないかと恐れ、戦士が死力を尽くすにはいたらないと思った。

道すがら一匹の青蛙が腹をふくらませて怒っているのを見た。それはちょうど戦さをしようとする気魄があった。そこで越王は車の横木に両手をかけてこの青蛙に敬礼した。その場に居合わせた兵士の中に越王にたずねるものがいた。

「大王は何故青蛙に敬礼されたのですか」

勾践がいった。

「私は長いこと兵士が敵へ怒気を発するよう思ってきたが、まだ満足できるものではない。今、青蛙は無知の動物でありながら、敵を見て怒気を発した。そこで私はそれに敬礼したのだ」

兵士たちはこのことばを聞き、戦さに死ぬのを嫌わず、自分たちの命をささげようとした。

役人や将軍が軍中を巡行し、大声で告げていった。

「部隊長はそれぞれ自分の分隊長に、分隊長はそれぞれ自分の兵士に以下のとおり命令せよ。「帰るべき時、帰らない、止まるべき時、止まらない、進むべき時、進まない、退くべき時、退かない、左すべき時、左しない、右すべき時、右しない、このような命令にしたがわないものは斬れ」」

そこで呉は全軍、松江《しょうこう》北岸に駐屯し、これに対して越軍は松江南岸に駐屯した。越王は全軍を左右の二軍に分けた。戦士にはすべて兕甲《じこう》(5)を身につけさせた。さらに思想が堅固で、体格の立派な人たち(6)には石の矢じりの矢を佩《お》びさせ、盧《ろ》でつくられた弩(7)を張らせた。そして王自ら近衛兵六千人をひきい、それを中軍とした。

次の日、松江で戦闘が開始された。そこで越王は黄昏時に左軍に命令し、枚《ばい》(8)を口にふくませ、松江をさかのぼり、五里ほど進ませ、呉軍を待たせた。また右軍に命令し、枚《ばい》を口にふくませ、松江を渡って十里ほどのところで呉軍を待たせた。

夜半にいたり、越王は左軍に命じて松江を渡らせ、水の中ほどで鼓を鳴らし、呉軍の出動を待たせた。呉軍は鼓の音を聞き、陣中は大いに驚き、互いにいい合った。

「今や越軍は二軍に分かれ、わが軍をはさみうちにしようとしている」

呉の方も夜の黒闇に乗じ、軍隊を二つに分け、越軍を包囲しようとした。

越王はひそかに左・右の両軍を指揮し、呉と戦うように見せかけ、大いに鼓を鳴らし、呉軍に聞こえるようにした。その一方、自分の六千人の近衛兵を潜伏させ、枚《ばい》を口にふくませ、鼓を鳴らさずに呉軍を攻めさせた。

呉軍は大敗を喫した。越の左・右軍はついで呉を伐ち、まず囿《ゆう》(9)城で破り、進んで国都の郊外で破り、最後に国都の外の津《わたしば》で破った。このように三たび戦い(10)、三たび破り、越軍はただちに呉の国都にいたり、西の城壁のところで呉軍を包囲した。

呉王は大いに恐れ、夜にまぎれて逃走した。越王は追撃し、呉軍を攻めた。そして松江の北の松陵(11)にいたり、胥門《しょもん》から都城に入ろうとした。胥門の手前六、七里のところまでやってきて、呉の南の城壁を望むと、城楼に懸けられた伍子胥の頭が見えた。その大きさは車輪のようで、目は電《いなずま》のように耀《かがや》き、鬢《びん》や髪は四方へ張り出、十里まで射すくめるようであった。

越軍は大いに懼《おそ》れ、兵を留め、道を借りようとした。その日の夜半、暴風があり、激しい雨が降り、雷がおこり、電がしきりに発した。石を飛ばし、砂を吹き上げるのは弓弩よりも疾《はや》かった。越軍は松陵河で敗北し、退却した。兵士は倒れて死に、人々は散りぢりとなり、救うことはできなかった。范蠡・文種はそこで額を地につけておじぎをし、右肩をぬいで罪をわび、伍子胥に拝謝し、道を借りることを請うた。伍子胥はそこで文種・范蠡に夢で告げていった。

「私は越軍が必ずや呉に侵入してくるのが分かっていた。そこで私の頭を南門に置くように求め、そして越軍が呉を破るのを観、夫差が窮すればよいと思っていた。しかし越がいよいよ呉に入る段になり、私の心はそれも忍びないので、一旦風雨をおこし、越軍を引き返させたのである。さりながら、越が呉を伐つのは当然、天意というものである。私はどうしてそれを止めることができようか。越軍がもし呉に入りたいなら、改めて東門⑫からにせよ。私は越軍のため道を開き、城垣を貫かせ、侵入しようとする路を通ぜしめるであろう」

そこで越軍は翌日、改めて松江から出発し、海陽⑬に入り、三江により翟水《てきすい》⑭にいたり、それから東南隅を掘って呉の東門に到達し、越軍はついに都城を囲んだ。呉は一年にわたり守ったが、呉の軍隊は敗北をかさねた。ついに呉王は姑胥山⑮（姑蘇山、今の江蘇省蘇州市西南）に棲《す》むことになった。呉王は王孫駱《おうそんらく》を使者として越につかわした。彼は右肩をぬいで、膝をついて進み、越王に講和を請うていった。

「孤臣《わたくし》夫差、越王に誠の心を申し上げます。昔、越王には会稽山で罪を得、〔呉の臣《どれい》となりました。」夫差は天命に逆《さか》らうことなく、越王と講和を結び、越王は帰国できました。今、越王には兵をひきいて孤臣《わたくし》を誅さんとしています。孤臣《わたくし》はただ命令にしたがうのみです。思うに今日の呉の姑胥山のことは昔日の越の会稽山のことのようなものであります。もし天の福佑をもとめて自分の大罪を赦されることができれば、呉は長《とこし》えに越の臣妾《どれい》となるでしょう」

勾践は夫差のことばに心動かされ、許して講和しようとした。ところが范蠡がいった。

「会稽の出来事は天が越を呉に賜わろうとしたが、呉は受け取らなかった。今、天は呉を越に賜わろうとしている。越は天命に逆らうことができましょうか。まして大王には早く朝廷に出られ、晩《おそ》く退出され、歯を食いしばり、骨にきざみつけ、はかりごとをめぐらすこと二十余年。どうして一朝の事などでありましょうか。今日、折角手に入れたものを棄てようとなされるが、そうしたはかりごとはよいのでしょうか。天が与えたものを取らないと、また咎《とが》をうけることになるでしょう。大王にはどうして会稽山での災厄を忘れようとされるのですか」

勾践はいった。

「私はそなたのことばにしたがいたいが、呉の使者に答えるのに忍びない」

范蠡はついに鼓を鳴らし、兵を進めていった。

「大王はすでに政務を執事（私）に委ねている。使者は匆々《そうそう》に去られよ。そうでなければ、やがて罪になるであろう」

呉の使者は泣きながら去った。勾践はこれを憐れんだ。そして使者を呉王のところにやっていわせた。

「私は君を甬東《ようとう》（浙江省定海県東北の舟山島）に置き、君が夫婦には三百余家の人民を亡くなるまで給すであろう。それでよろしいか」

呉王はことわっていった。

「天が禍《わざわ》いを呉に降したのは前の時代でもなく、後の時代でもなく、まさに私自身に対してである。私は宗廟・社稷を滅ぼし、失ったものである。呉の土地・人民・臣僚はもはや越の手にある。私は年老いている。王の臣となることはできない」

ついに立てた剣に身を伏せ、自殺した。

勾践はすでに呉を滅ぼし、兵をひきいて北して長江・淮河《わいが》を渡り、斉・晋の諸侯と徐州(16)で会盟し、貢ぎものを周に献じた。周の元王は人をつかわし、勾践に賜わりものがあり、命号もさずけた(17)。勾践は江南に還り、淮河流域一帯の地を楚に与え、呉が侵した宋の地を宋に返した。魯には泗水《しすい》の東百里四方を与えた。

ちょうどこの頃、越の軍隊は長江・淮河のあたりをほしいままに往き来し、諸侯はすべて祝意を表した。

越王は呉の都城に帰ろうとし、その前、范蠡にたずねていった。

「どうしてそなたのことばは頗《すこぶ》る天意に合するのか」

范蠡がいった。

「これは素女《そじょ》（黄帝の時の仙女）の説にもとづいており、したがってちょっとした一言でも天意に合するのです。大王のことに関しても、『玉門』によれば事実が分かり、『金匱《きんき》』の要点をつかめばすべてが上下の間にうまく落ちつきます」

越王がいった。

「まことに結構なことだ。私は王を称しているが(18)、それについてよく分かるだろうか」

范蠡がいった。

「王を称してはなりません。昔、呉が王を称し、天子の号を僭《せん》した時、天変がおこり、日《にっ》蝕《しょく》となりました。今、もし僭越にも王の号を称し、兵を引き上げて国に帰らなければ、おそらく天変がふたたびおこるでしょう」

越王は聴き入れなかった。呉に還り、文台で宴会を行ない、群臣は楽しんだ。そこで楽師《がくし》に命じて「呉を伐つの曲」を作らせた。楽師がいった。

「臣《わたくし》の聞くところによれば、事を起こす時操《そう》（琴の曲名）を作り、功が成就すれば舞楽を作るということです。大王は徳をたっとび、有道の国を教化し、不義の人を誅し、讐を復《むく》い、恥をすすぎ、威光を諸侯に加え、天命をうけて覇王の功を成就しました。その功《いさお》は図画に描かなければならないし、その徳は金石に刻さなければならないし、その声《ほまれ》は楽曲に托さなければならないし、その名は竹帛《ちくはく》に留めなければなりません。臣《わたくし》は琴をひき、鼓を鳴らさせていただきたいと思います」

ついに章暢《しょうちょう》(19)の辞をつくり、〔その一節で〕次のようにいった。

「屯《ちゅん》(20)なるか、今呉を伐たんと欲す。

可なるか、未だなるか」

（艱難でないか、今、呉を伐とうとしている。

やってよいか、そうでないか）

大夫文種と范蠡がすぐにそれにつづけて歌った。

「呉、忠臣伍子胥を殺せり。

今、呉を伐たずして又何を須《ま》たん(21)」

（呉は忠臣伍子胥を殺した。

今、呉を伐たないでいつの日を待とうか）

この後、大夫文種が祝酒を進めていった。

「皇天佑助し、我が王、福を受く。[22]
良臣集まり謀る、我が王の徳。
宗廟政を輔《たす》け、鬼神翼承（丞）す。
君は臣を忘れず、臣は其の力を尽くす。
上天蒼蒼、掩塞《えんそく》すべからず。
觴酒《しょうしゅ》二升、万福極まりなし」
（皇天の助けにより、我が王は福をうけた。
良臣が集まって謀っているが、我が王の徳である。
宗廟の祖先は政《まつりごと》を輔《たす》け、鬼神も助けている。
国君は臣下を忘れず、臣下は全力を尽くしている。
上天は蒼々として限りなく、掩い塞《ふさ》ぐことができない。
乾杯のさかずきをあげよう。王の万福は極まりがない）
しかし越王は黙ったままで一言もいわなかった。
大夫文種がまたのべた。
「我が王、賢仁、道を懐《いだ》き、徳を抱《いだ》く。[23]
讎を滅ぼし、呉を破り、国に返るを忘れず。

賞は吝《お》しむところなく、群邪杜塞せらる。
君臣同《とも》に和し、福佑は千億。
觴酒二升、万歳極まり難し」
（我が王は賢明で、仁愛があり、道をいだき、徳をもっている。
仇を滅ぼし、呉を破り、越に帰るのを忘れない。
臣下への賞は惜しむことなく、もろもろの邪悪はふさがれた。
君臣ともに睦みあい、福佑は限りない。
乾杯のさかずきをあげよう。王の万寿はきわまりない）

文台の上にいた群臣は大そう悦び、笑い合った。ところが越王の顔には悦びの色が少しもなかった。范蠡は勾践が土地を欲しがり、群臣の死など惜しむ心がなく、自分のはかりごとが成功し、国が安定すれば、必ず大功を求め、国には帰るつもりはなかったので、顔に憂いをおび、悦ばないことを知っていた。

范蠡は呉から去りたいと思った。しかし勾践が越に帰らなければ、人臣の道義を失うことを恐れ、そこで勾践にしたがって越に入った。途中、文種にいった。

「子《きみ》はこれから先は勾践のもとを去りなさい。越王は必ずや子《きみ》を殺そうとするだろう」

文種はそのことばに同意しなかった。そこで范蠡は、また次のような書面を文種におくっていった。

「私の聞くところでは、天には四季があり、春には物が生じ、冬には伐採されるという。人にも盛衰があり、安泰であっても終《つい》にはそうでなくなる。進退存亡の道を知り、正義を失わないのは、ただ賢人だけだろうか。蠡は不才ではあるが、進退の道をよく知っている。高く飛ぶ鳥がいなくなれば、良弓とて使い道がなく、蔵《しま》われる。すばやい兎がいなくなると、良犬は煮て食われる。そもそも越王は人となり、長い頸《くび》をし、口先は鳥の嘴のようであり、鷹のような鋭い目をし、狼のような歩き方をする。越王とは患難をともにすることはできるが、楽しみをともにすることはできない。危険なところにともに出入りできるが、安全なところにともにおることはできない。子《きみ》がもし去らなければ、いずれ子《きみ》は害されること明らかである」

文種は范蠡のことばを信じなかった。越王がひそかにはかり、范蠡が相談にのり、文種が去って幸せをもとめるようにいっているのだと思った。

勾践二十四年（前四七三）。

九月丁未《ていび》の日、范蠡は王にお別れのことばをのべた。

「私は、「主、憂いれば臣、労し、主、辱められれば臣、死す」と聞いています。誰しもそれを道義としています。今、私は大王に仕え、事前にまだ萌《きざ》さない事件を消滅することがなく、事後もすでに傾いた禍いを救援することもありませんでした。しかしながら、私はいつも君をもり立て、国の覇業を実現させたいと思っておりました。そこで生死を辞することがありませんでした。私はひそかに自分で考えてみると、呉に使しましたが、その時大王は辱めをうけました。私が死ななかったのは、太宰嚭《たいさいひ》に讒言された伍子胥の二の舞をふむことを恐れたからであります。そこで早まって死ぬことなく、しばらく生きのびてきました。そもそも恥辱の心は久しくもってはならないし、汗を流すような愧《はじ》は忍び耐えることはできません。幸いに宗廟の神霊、大王の威徳によって敗北をば成功としました。これは殷の湯王、周の武王がそれぞれ夏・商（殷）に勝って王業を成しとげたようなものです。功業を成就し、恥辱をすすぎました。私が政務の座にあるのも長期にわたりました。私はこのあたりでお別れしたいと思います」

越王は悲しみいたみ、涙をながし、衣をぬらした。そしていった。

「わが国の士大夫はそなたを信頼し、国の人民もそなたを信頼している。私はそなたにより、国君の名号に身を置き、天命を待つことができた。今、そなたは去るといい、私を離れようとしている。これは天が越を棄て、私を喪《ほろ》ぼそうとするものである。もう恃《たの》む人はいない。私はひそかにこう思っている。公《そなた》がとどまれば、国を分けて一緒に治めるであろう。去るとなれば、そなたの妻子は殺されるであろう、と」

范蠡がいった。

「臣の聞くところでは、君子は時機を待つが、それまでしばしばはかって猶予することはせず、死んでも人に疑われず、心では自らを欺かないということです。私の心はすでに越を去っております。妻子はどのようなおさばきをうけても構いません。大王にはご自分の思うとおりなされるように。私はこれでお別れします」

范蠡はそこで小舟に乗り、三江から出、五湖に入ったが、どこに行ったか知る人はなかった。范蠡が去ると、越王は顔色を変え、大臣文種を召していった。

「范蠡を追えるか」

文種がいった。

「追えません」

越王がいった。

「それはどうしてか」

文種がいった。

「范蠡が去る時の占いの卦《か》は、陰の爻《こう》が六画（☷）の坤《こん》、陽の爻が三画（☰）の乾《けん》で、合わせると泰《たい》の卦（䷊）となりました。これは太陽の前の神将で、人が制止できるものではありません。この時、玄武と天空[24]の二凶将がちょうど勇ましく行進しており、誰が止めることができましょうか。それらは天関をわたり、天梁を過ぎ、その後、天一(25)に進入します。前面は神光(26)が遮蔽し、それをいうものは死に、それを視るものは狂います。私は大王が二度と范蠡を追うことがないようお願いします。范蠡はいつまでたっても帰ることはないでしょう」

越王はそこで范蠡の妻子を収容して百里の地を与えた(27)。そしてもし彼らを侵すものがあらば、天の殃《わざわ》いがあると伝えた。また越王は良工に命じて范蠡の銅像を鋳《い》らせ、自分の坐席の側に置き、朝夕、政治を論じた。

その後、計硯《けいげい》がいつわって狂った。

大夫の曳庸《えいよう》、扶同《ふどう》、皐如《こうじょ》などは日益《ま》しに疎遠になり、朝廷では親任されないようになった。大夫文種《ぶんしょう》は心中、憂い、朝廷に出仕しなくなった。これを越王に讒訴する人がいて、次のようにいった。

「文種は宰相の位を棄てて、大王を諸侯の覇者とさせました。今、文種の官を高くせず、爵位も封も益さないから、怨む心をいだき、憤りは心に発し、外から見ると顔色も変わりました。だから朝廷に出仕しないのです」

他日、文種は越王を諫めていった。

「私が朝早く朝廷に出仕して晩く退出し、終日疲れ、身に疾病でもおこったようにしていたわけは、ただ呉のためです。今、すでに呉を滅ぼした以上、王には何の憂いがありましょうか」

越王は黙っていた。当時、魯《ろ》の哀公は三桓《さんかん》(28)の勢力が増大してきているのを患い、諸侯の力を借りて三桓を伐とうとしていた。三桓の方も哀公が怒っているのを患い、そこで君臣が争い、哀公は陘《けい》（陘氏、楚の地）に奔り、さらに越に奔り、救いをもとめた。魯は君主がいなくなり、国人はこれを悲しみ、哀公を迎えに来、一緒に帰ろうとした。勾践は文種に何かたくらみがあるのではないかと心配し、そこで魯の哀公のために三桓を伐つことはなかった。

勾践二十五年（前四七二）。

丙午《へいご》の日の平旦《あかつき》、越王は相国《しょうこく》大夫文種を召して問うた。

「私の聞くところでは、『人を知るのは容易だが、自分を知るのは難しい』ということである。そなたは相国となり、自分がどういう人か分かるか」

文種がいった。

「哀しいことであることよ。大王は私が勇気あることを知っているが、私が仁愛あることを知りません。私が忠誠のものであることを知っているが、私が信義のあるものであることを知りません。私は心からしばしば大王が音楽や女色を抑え、淫らな音楽を減らすことをすすめました。変わったことを説き、怪しいことを論じましたが、その本意はことばを尽くし、忠を竭《つ》くすことで、そのため大王にたてつくことをやりました。大王の心に逆《さか》らい、その耳を刺戟したりしました。罪を得るのは必定です。私は命《いのち》を惜しんでいわないということはありません。いうべきことはいって死にます。昔、伍子胥が呉で夫差に殺される時、私に「すばしこい兎が死ねば、良い猟犬は必要がなくなり、烹殺《にころ》される」といいました。范蠡も同じようなことをいいました。どうして大王は『玉門』第八に違反している時にそうした質問をするのですか。私は大王の真意が分かりました」

越王は黙ったまま答えなかった。大夫文種もそれ以上何もいわず、朝廷を退いた。家に帰って飯を食べようとせず、餌《もち》のようなものを口にしたが、糞便をかむようにしていた。(29)大夫文種の妻がいった。

「あなたは賤《いや》しい。一国の宰相は王からいただく禄を少ないと思っているのですか。食事もとろうとせず、餌《もち》のようなものを糞便でもかむようにしているのはどうしてですか。妻子が側にいるのですよ。匹夫《ひっぷ》から宰相となりましたからにはさらに何を望みましょうか。貪欲になっているのではないですか。どうして志を失ってこのようにぐうたらになっているのですか」

文種がいった。

「悲しいことだよ。そなたには分からない。わが大王は災難を免れ、呉に対して恥をすすいだ。私は家族とともに楚から遷《うつ》り、ここ越の地を終《つい》の棲家とした。九つの術の謀略を全部実行し、呉にとっては佞人《ねいじん》となったが、越の君には忠誠を尽くした。大王はそれを察知せず、「人を知るのは容易だが、自分を知るのは難しい」といわれた。私は越王に答えたが、越王から何の話もなかった。これは不祥の予兆である。ふたたび召されて宮中に入ったら、二度と戻れないし、そなたとは永の別れになり、死後の地下の世界で互いに会うことになるだろう」

妻がたずねた。

「どうしてそういうことが分かるのですか」

文種がいった。

「私が大王に会ったのは、ちょうど『玉門』第八のおきてを犯した時である。時刻の十二支がその日の十干に勝ったなら、上のものが下のものに賊《そこな》われることになり、忠良な人も乱をおこす醜い人と見なされ、忠良な人を殺害することになる。今日、大王に会ったのは日の十干が時刻の十二支に勝った時で、上のものが下のものを賊い、下のものの命運が終わることになる。私の命も風前のともしびである」

越王はまた相国文種を召していった。

「そなたには秘策の兵法があるが、敵を滅ぼし、国を奪い取るものである。その九つの術の中、今までその三つを用い、すでに強呉を破った。しかし残りの六つはそなたの胸中にある。残りの術は地下に眠る私の前の王、かつて呉を伐とうと謀った祖先のところで用いてくれれば幸いである」

そこで文種は天を仰いで嘆じていった。

「ああ、私は、「大恩は報われなく、大功は賞されない」と聞いているが、ちょうど私の場合をいうのだろうか。私は范蠡のはかりごとにしたがわなかったことを悔いている。私はよい忠告を聞かなかったため、食事も糞便を食べるようなまずい仕儀となった」

越王はついに文種に属盧《しょくろ》（属鏤《しょくる》ともいう）の剣を賜わった。文種は剣を手にし、また嘆じていった。

「楚の南陽[30]の宰（長官）であったが、とうとう越王の擒《とりこ》となった」

そして自分から笑っていった。

「これより百世の末、忠臣といえば必ず私を引き合いに出すだろう」

ついに剣を立て胸にあてて死んだ。越王は文種を国都の西の山（臥龍山）に葬った。楼船の卒（水兵）三千余人をつかわし、鼎《かなえ》の足のような墓道をつくらせた。ある人は墓道は三峰のふもとに入っているという。葬ってから一年たつと、伍子胥が海上から山腹を穿って文種を運び去った。そしてともに海に浮かんだ。前の方で潮水がうずまいているのをうかがっているのが伍子胥で、後ろの方で水が湧き上がるのが大夫文種であった。

越王はすでに忠臣を殺し、関東で覇者となった。琅邪《ろうや》に都をうつし、観台をつくったが、周りは七里で、東海を望んだ。決死の士八千人を擁し、戦艦三百艘をかかえていた。そこに居住して間もなく、賢者を求めた。孔子がこれを聞き、弟子をしたがえ、先王の雅琴・礼楽を奉じ、越で演奏することになった。越王はそこで唐夷の甲《よろい》（第三の棠銕の甲）をき、歩光《ほこう》の剣を佩《お》び、屈盧《くつろ》の矛を杖としてもち、決死の士を動員し、三百人で関所の下に陣を布き、歓迎した。

しばらくして孔子の一行が到着した。越王がいった。

「これは、これは。先生は何を教えてくださいますか」

孔子がいった。

「私、孔丘は五帝・三王の道をのべることができます。そこで雅琴を奏し、そしてそれを大王に献じます」

越王はふかくため息をつき、嘆いていった。

「越人の性格は脆くて（かるがるしくて）愚かである。水を行き、山に処《お》り、船を車とし、檝《かじ》を馬としている。往くときは飄風《つむじかぜ》のように迅く、去るときはついてゆけない。戦さを喜び、死を恐れないのが越人の通性である。先生はどういうことを説き、私どもに教えようとされるのか」

孔子はそれに返答せず、辞して立ち去った。

越王は人をつかわし、木客山《もくきゃく》(31)に行かせた。父王の允常《いんじょう》の遺体を取り出し、琅邪山にうつして葬ろうとしたのである。三回、允常の墓を掘ったところ、墓中に疾風が生じ、砂石が飛んできて人をねらうようであった。そこで人は墓室に入ることができなかった。

勾践がいった。

「私の先君はうつろうとしないのか」

ついにそのままにして去った。

勾践はついで使いをつかわし、斉・楚・秦・晋に命令し、みなで周王室を輔けさせようとした。各国は犠牲を殺し、その血を飲み、会盟して別れた。しかし秦の厲共公《れいきょうこう》(32)は越王の命令をきかなかった。そこで勾践は呉・越の将士をえらび、西に向かって黄河を渡り、秦を攻めた。将士たちは困苦に堪えきれないでいたところ、たまたま秦の厲共公が怖れて自分の方から過ちを認めたので、越王は軍隊を撤退した。将士たちは大そう喜び、次のような「河梁之《かりょう》詩」(河の橋の詩)をつくって歌った。

「河梁を渡らん、河梁を渡らん。

兵を挙げて伐つところ、秦王を攻む。

孟冬十月雪霜多く、隆寒の道路誠に当たり難し。

陣兵未だ済《わた》らざるに秦師降り、諸侯怖懼《ふく》し、皆恐惶《きょうこう》す。

声は海内《かいだい》に伝わり、遠邦を威《おど》し、覇を称す、〔秦〕穆《ぼく》・桓斉・楚荘。

天下安寧、寿考長し、悲しいかな、去り帰らんとし、河に梁《はし》なし」

（河の橋を渡ろう、河の橋を渡ろう。

兵を挙げて討伐し秦王を攻む。

初冬十月、雪や霜が多く、厳寒の道路はきわめて通り難い。

わが軍の陣列がまだ河を渡らないうちに秦軍は降り、諸侯はふるえあがり、みな恐慌した。

名声は海内に伝わり、威光は遠邦までとどろいた。越王覇を称し、秦の穆公、斉の桓公、楚の
　荘王と肩を並べることとなった。

天下は安らか、寿命は長い、されど悲しいことに家に帰るのに橋がない）

越が呉を滅ぼしてより、中原の諸侯はみな越を畏《おそ》れた。

勾践二十六年（前四七一）。

越王は邾《ちゅ》(33)の国君が暴虐無道であるので、彼を捕えて越に帰った。そしてその太子何《か》を代わりに国君とした。

冬、魯の哀公は三桓《さんかん》（孟孫氏、叔孫氏、季孫氏）に追いやられ、越に来奔した。越王は三桓を討伐しようと思ったが、各国の諸大夫(34)らが命令を聴こうとしなかったので果さなかった。

勾践二十七年（前四七〇）。

この年冬、勾践は病いのため床にあり、死に臨んで太子興夷《こうい》にこういった。

「私は夏の禹王より以後、父王允常の徳を承《う》け、天霊の祐《たす》け・神祇の福を蒙り、へんぴな越の地を従え、楚が力を貸して先鋒となり、呉王の軍隊を摧《くじ》いた。長江を横切り、淮河を渡り、晋・斉の地に兵を進め、その功徳はすこぶる高い。自分でこの覇業をなしとげたが、警戒しなければならないのではないか。そもそも覇者の子孫たるもの久しく世にその地位を保つのは難しい。そなたもきっと慎み深くあるように」

勾践はついに亡くなった。

興夷は即位一年で亡くなり、子の翁《おう》（不寿）が位を継いだ。翁が亡くなり、子の不揚《ふよう》が位を継いだ。不揚が亡くなり、子の無彊《むきょう》が位を継いだ。無彊が亡くなり、子の玉《ぎょく》[35]が位を継いだ。玉が亡くなり、子の尊《そん》が位を継いだ。尊が亡くなり、子の親《しん》が位を継いだ。

勾践から親にいたるまで八代の君主はみな覇を称し、併せて二百二十四年にわたった。ところが親の時、民衆はすべて散失した。そこで親も琅邪を去って呉にうつった。

黄帝から少康まで十代である。禹が禅譲をうけてから少康の即位まで六代で、百四十四年である。少康は顓頊《せんぎょく》の即位から四百二十四年である。越の世系を記すと次のとおりである。

黄帝―昌意―顓頊―鯀《こん》―禹―啓―太康―仲盧―相―少康―無余《むよ》―無壬《むじん》[36]

さらに無余から十余代をあげると次のとおりである。無《む》暭《こう》（第六では無繹《むえき》）—夫康《ふこう》（第六では夫譚）—允常—勾践—興夷《こうい》—不寿《ふじゅ》—不揚—無彊《むきょう》—〔無彊の後、子の之侯が位を継ぎ、〕魯の穆《ぼく》公の時、幽公を名とした人がおり、之侯も自分で君と称した。〔—尊—親〕

尊・親の時代、琅邪を失い、楚に滅ぼされた。

(37)勾践から親まで八代、二百二十四年間、覇を称した。無余が初めて越に封土をうけたが、余善の時にいたり、漢にそむき、すっかり滅ぼされた。全部で千九百二十二年である。

注

（1）『左伝』哀公十七年（前四七八）に「三月、越子（勾践）が呉を攻め、呉子（夫差）はこれを笠沢《りゅうたく》に迎え撃ち、川を挟んで両軍は陣をはった」と見え、徐天祜注は越が呉を伐ったのを勾践十九年（前四七八）のこととする。

（2）『国語』呉語はこのところが「能く博く諸侯に取る（諸侯から貢賦を取る）」となっている。

（3）『国語』呉語は「国人の告げんと欲するものは来りて告げよ。孤《わたし》に不審（欺詐で実でないこと）を告ぐれば、将《まさ》に為《た》めに不利を戮《りく》せんとす。五日に及び必ずこれを審にせよ（熟思せよ）。五日を過ぎれば、道（術）将に行なわれざらんとす」となっている。

（4）原文「側席して坐す」。『礼記』曲礼によれば、憂いのある場合の坐り方であるという。

（5）兕（水牛に似た一角獣）の皮でつくった甲《よろい》。
（6）原文「安広之人」。安広を前漢の安広県、今の広西省横県西北とする説もあるが、張覚注にしたがって訳した。
（7）原文「盧生之弩」。盧は古の国名、今の湖北省襄陽県西南。この地でつくられた弩のことであろう。
（8）昔、夜討ちの時、兵士や馬が声をたてるのを防ぐため口にくわえた木片。
（9）『国語』呉語の韋昭注は、囿は笠沢とす。笠沢は松江の別名。
（10）原文「三戦」は囿・郊・津での戦いのこと。
（11）徐天祜注は『呉地記』を引き、松陵は松江にありとする。張覚注は今の江蘇省呉江県松陵鎮で、呉淞江の南にありとする。
（12）今の蘇州市東城南よりの葑《ほう》門。
（13）三江口にある上壇浦。
（14）三江口より西北方に向かい、蘇州葑門に通ずる河。別に示浦という。
（15）徐天祜注は『左伝』哀公二十年に「越、呉を囲む」とあり、哀公二十二年に「越、呉を滅ぼす」とあることから、呉が守ったのは三年であるとする。
（16）斉の地名。今の山東省滕県東南。
（17）『史記』越王勾践世家では、賜わりものは胙《そ》（祭りの肉）、名号は伯とされる。
（18）原文は「不称王」。張覚注は「不」は語助で、「称王」と同じとする。

(19) 章は明らかにすること。ここでは越王勾践の功を明らかにすること。暢は琴曲の名、『風俗通』声音篇に「其の道行なわれ、楽に和して作るもの、其の曲を命《な》づけて暢という」とある。したがって章暢は「功を明らかにする曲」。

(20) 迍《ちゅん》に同じ。困難の意。

(21) 原文は「人何須」。徐天祜注は「人」は「又」につくるべしとする。

(22) 以下、原文は四字一句。

(23) 以下、原文は四字一句。

(24) 玄武・天空は、ともに十二神将に属し、凶将。

(25) 天関(天の関所)は東方の角宿の二つの星、天梁(天の橋)は北方の斗宿の二つの星、天一は星の名(北極座の三つの星)であるが、占いでは神の名となす。

(26) 張覚注は、神とする説もあるが、神異の霊光とする。

(27) 『越絶書』越絶外伝記地伝第十は、勾践が苦竹城を范蠡の封邑としたという。

(28) 魯の貴族、孟孫、叔孫、季孫の三家。

(29) 原文は「哺其耳以成人悪」。周生春注は「耳」は「餌」とし、『博雅』を引き、「耳」は馬《ば》莧《けん》(うまひゆ)であるという。黄仁生注は「耳」を糕餅《こうへい》(こなもち)とする。後説にしたがう。また徐天祜注は「人悪」を「大溲」とする。

(30) 南陽は別に宛といい、楚の地名。今の河南省南陽市。ただし張覚注は、南陽は南郢につくるべきで、郢《えい》のこと、今の湖北省江陵県北の紀南城とする。

(31) 徐天祜注は、木客山は会稽県を去る十五里にありという。
(32) 原文は「秦桓公」。徐天祜注は『史記』六国年表により、勾践二十五年は秦の厲共公六年とする。
(33) 郳は国名、曹姓。今の山東省鄒県境にあった。この郳の国君は隠公。
(34) 原文「諸侯大夫」とあるが、侯は衍字《えんじ》。
(35) 周生春注は、『越絶書』越絶外伝記地伝第十では「玉」は「之侯」につくっているという。この書でも後で無疆の子を之侯としている。
(36) 原文は「無玉」。「無壬」の誤りである。
(37) 余善は、漢代の東越王騶余善のこと。元封元年（前一一〇）、漢にそむき、殺された。『史記』東越列伝に詳しい。

解説

一　前漢までの呉越史

春秋末期の呉越の争覇は、単に中国長江下流域の一角に起こった地域紛争にとどまらず、中国の歴史が春秋時代から戦国時代へと大きく転換してゆく発端となった事件として注目される。

こうした呉越争覇は史料で当初きわめて簡単な記載にとどまっていたが、時代が下るにつれ、事件の起因、経緯、影響などについて次第に詳しく叙述されることになる。

当初の記録は『春秋経』、『春秋左氏伝』（『左伝』）に見える簡単な編年史である。『春秋経』成公七年（前五八四）春に呉が郯《たん》を伐ったとして呉が初めて歴史に登場する。郯とは今日の山東省郯城県にあった国である。『左伝』はさらに加えて、郯は降服して和平を結んだとし、これを知った魯《ろ》の季文子《きぶんし》が嘆息して、中原《ちゅうげん》の諸国は衰え、蛮夷（呉）が攻め入っても、憂うる人もいない、といったと伝える。その年秋には呉は楚の邑《ゆう》である州来《しゅうらい》に攻め入り、それまで楚に服属していた蛮夷（異種族）はすべて呉に奪われることになる。

州来は今日の安徽《あんき》省寿県である。『左伝』はこの頃から呉が次第に強大になり、中原の諸国と関係をもつようになったという。

呉はその後、楚や中原の諸侯と戦ったとされる。呉が越と直接争うようになったのは魯の昭公三十二年（前五一〇）のことである。その年、呉が越を伐っているが、『春秋経』、『左伝』ではこれが呉が越に軍を用いた初めといっている。その後、呉と越との争いが繰り返されるが、とりわけ重要なのは、一つは魯の定公十四年（前四九六）、越が呉を越の地の檇李《すいり》で破り、その二年後、呉王夫差《ふさ》が越に夫椒《ふしょう》の戦いで勝ち、越王勾践《こうせん》は会稽山にたてこもり、後に和議が成立したことである。もう一つは魯の哀公十三年（前四八二）、越が呉に侵入したが、間もなく和議が成立し、哀公二十年（前四七五）に越がまた呉を囲み、その二年後、越はついに呉を滅ぼし、呉王が自殺したことである。ここで呉越の抗争史は終わる。

『春秋経』や『左伝』には呉越の抗争は散見しているだけであるが、次の史料、『国語』と『史記』においてはその叙述はさらに整理され、詳細な内容となっている。『国語』は戦国時代の成立とする説が有力で、春秋時代の国別史書である。『春秋外伝』とも呼ばれる。取り扱われているのは八ヶ国で、終わりの方に呉語と越語がのっている。ただし呉語は呉王夫差、越語は越王勾践、つまり呉越抗争の主役を演じた王とその時代が叙述の主体をなしている。

『国語』の韋昭《いしょう》の注は事件ごとに魯の君主と呉・越の君の年号を並記し、『国語』は『春秋』を補足するものであることを示している。とくに呉語では呉王夫差と大夫申胥《しんしょ》（伍子胥《ごししょ》）とが呉と越との和議、斉に対する出兵をめぐる対立、その結果の伍子胥の自殺、その後の呉と越の戦争の再開、呉軍の敗北、呉王の自殺と呉の滅亡などが語られている。越語は上・下に分かれ、上は越王勾践が呉に敗れ、会稽山にあった時、大夫文種《ぶんしょう》や范蠡《はんれい》などと呉に対する復仇の策を相談したこと、下は勾践の即位三年、呉を伐とうとした時、范蠡とはかり、その後も何回となく范蠡の意見を徴し、ついに越は「軍に居ること三年、呉師自ら潰《つい》え」、呉王は大夫王孫駱《おうそんらく》をして和を請わしめたが、范蠡が越王に相談することなく、使者にしたがい、姑蘇《こそ》の宮に至り、越の民を傷つけず、ついに呉は滅んだという。そして范蠡は越国に帰ることなく、軽舟にのって浮かんだこと、それに対して勾践が范蠡の銅像をつくり、また会稽のまわり三百里を范蠡の地としたことをつけ加えている。

『国語』は『春秋』にくらべると、単に呉越抗争の経緯だけでなく、呉の越に対する政策、越の呉に対する政策を決めるにあたって、それぞれの国の有力な大夫の意見を徴したこと、また大夫たちの意見がのせられていることが特色となっている。ただ呉王夫差は伍子胥の意見を受け入れなかったのに対し、越王勾践は范蠡の意見を尊重したという差が両国の興亡を左右した一因であると受け取られる書き方となっている。

『史記』は『国語』より遅く、前漢武帝時代の著作であることはいうまでもない。その記述内容は詳しいだけでなく、異なる記載となっているところもある。呉・越については、呉は呉太伯世家第一に、越は越王勾践世家第十一に見える。呉が世家の第一になっていることについて、岡崎文夫『古代支那史要』(弘文堂書房、一九四四)は呉の太伯に譲国の伝説があること、周を開いた文王の叔父の流れを汲んでいることをあげているが、ただ呉が周の系統であるのは後世の史家の附会にすぎず、呉が北方から移動したという形跡は見出せない、としている。呉・越両国とも『国語』とは異なり、始祖から国の滅亡までが記されている。

呉は始祖が太伯で、周の太王の子とされ、最後は呉王夫差までである。越は禹《う》の後裔で、始祖は夏后《かこう》氏、帝少康の庶子無余《むよ》であり、最後は王無彊《むきょう》、彼の死後の子孫、東越の君や閩《びん》の君までとなっている。このように『史記』は『国語』と同じく国別、編年史(『国語』では部分的)ではあるが、『国語』と異なり、始祖から滅亡までの全歴史を取り扱っている。これは各世家が国家の興亡を明らかにすることを主眼としていることによる。ただし『史記』の呉・越の世家は何といっても呉越の抗争にかなりのスペースをさき、それを重視する書き方となっている。しかし両世家の論賛を読むと、呉・越両国に対する見方は『国語』と異なっている。

『史記』は呉の世家で『論語』泰伯篇の太伯至徳説を引き、その遺徳が残り、中国の虞《ぐ》と荊蛮《けいばん》の勾呉が兄弟国となっていること、また呉の季札は博識の君子であることを評価している。他方、越の世家では始祖である禹の功績が偉大であること、勾践が強呉を滅ぼし、兵威を北の方に示し、周室を尊崇したのは賢君であり、禹の遺烈があったことを指摘している。

以上見てくると、『史記』の著者司馬遷は呉・越両国がそれぞれ始祖の遺烈を受けつぎ、中原の文化を尊重しているように受け取られる書き方である。呉越の抗争や越の復仇が必ずしも中心のテーマにはなっていなかったように思われる。

ただ『史記』太史公自序になると、多少相違する。呉については、太伯に譲国の美徳があり、呉に周の古公の遺風が残っていると先祖の評価を行なうのは世家論賛と同じであるが、闔閭《こうりょ》は呉王王僚を殺し、荊楚の地を服従させ、夫差は斉に勝って伍子胥を馬革につつみ、江に流したこと、夫差は太宰嚭《たいさいひ》を信じ、越と親しみ、呉の滅亡を招いたことをあげ、夫差・太宰嚭と伍子胥との関係をのべ、それが呉の滅亡につながったといっている。越については、少康の子の無余が蛮夷の風俗にしたがいながら、始祖禹を祀ったと評価し、勾践が会稽山で苦しみ、大夫文種や范蠡を用い、蛮夷の中にあって徳を修め、強呉を滅ぼし、周室を尊んだ、と評価している。

太史公自序による限り、呉越の抗争に深い関心をもち、呉王闔閭・夫差には批判的であったが、越王勾践は評価していたといえる。

なお『史記』では呉の伍子胥、越の勾践に関して復仇が大きな問題となったと思われる。伍子胥については別に伍子胥列伝をつくっている。その論賛を読むと、怨毒の人に及ぼす害は甚しいもので、王者さえ臣下に怨毒を行なうことはできない、まして同輩においてをやという。しかしそうのべた後で、伍子胥が楚に残っていたら、父とともに死ぬことになり、螻《けら》や蟻《あり》と何ら異なることはない。苦労の末、呉に亡命し、小さな義理をすてて大きな恥辱をそそいだのは烈々たる丈夫であるともいう。また楚の太子建の子である勝は逃れて呉にあったが、後に楚に帰り、鄭《てい》の定公が自分の父を殺したことを恨んでいたが、楚の令尹子西《れいいんしせい》が鄭と手を結んだことを怒り、後に朝廷でこれを殺した。論賛は勝が自立して楚の君となることがなかったなら、その功業・計謀は取り立てていうことはないといっている。

これらは初めの方でいっている怨害説と矛盾しているようである。おそらく司馬遷は原則として怨害説をとっているが、伍子胥や白公勝、さらには越王勾践のように復仇が成功した場合、功業として評価したという現実主義の立場でなかったかと考えられる。

なお『史記』で初めて呉・越両国の通史、両国の関係がまとまって記述されている。これは前漢になって、呉・越に関する情報がふえてきたこと、司馬遷が江南に旅行した時、現地で新たに史料を入手したことなどによることが陳橋駅《ちんきょうえき》らによって指摘されている。

二　『呉越春秋』の出現

以上は前漢までの呉越史に関する書物であるが、いずれも呉越史に限定したものでなく、春秋史の中の一齣としての呉越史である。後漢になると、呉越史に焦点をあわせた二種の書物があらわれる。『呉越春秋』と『越絶書』である。まず『呉越春秋』から見てゆく。

『呉越春秋』の著者は後漢の趙曄《ちょうよう》である。その伝記は『後漢書《ごかんじょ》』儒林列伝に見える。それによると、趙曄、字《あざな》は長君、会稽郡山陰県（浙江省紹興市）の人。若くして県の小吏となり、後に郡の督郵《とくゆう》（郡守の下役）に迎えられた。性格は高潔で、阿諛《あゆ》を好まず、そのため職を去った。その後、犍為《けんい》郡資中《しちゅう》（四川省資中県）にいたり、経師《けいし》杜撫《とぶ》について韓詩を学び、学問に専念し、二十年間家に帰らず、撫の卒後、家に帰った。州は召して官職につかせようとしたが、拒み、家で亡くなった。著書に『呉越春秋』、『詩細歴神淵』があり、後者は後漢の蔡《さい》邕《よう》が王充の『論衡《ろんこう》』にまさるといったという。

以上は『後漢書』に見えるところであるが、『隋書』経籍志経部には趙曄の著書として、『韓詩譜』二巻、『詩神泉』一巻があげられている。後漢の頃から詩経学者として有名だったことが分かる。したがって『呉越春秋』をどうして書いたかは明らかでないが、会稽郡出身者として郷土の歴史に関心をもっていたことがまず考えられる。ただとくに呉越史を著作の対象としたことについては『呉越春秋』の内容をのべるところでふれる。

現存の『呉越春秋』は十巻であるが、『隋書』経籍志、『旧唐書《くとうじょ》』経籍志、『新唐書』芸文志などによると、『呉越春秋』は十二巻となっている。つまり現存の『呉越春秋』は趙曄の原著とは異なったものである。これは『呉越春秋』が趙曄以後、テキストの校訂が行なわれ、とくに晋の楊方《ようほう》の『呉越春秋削繁』五巻、唐の皇甫遵《こうほじゅん》の『呉越春秋伝』十巻などがあらわれ、とくに皇甫遵のテキストが現存十巻本のもとになったといわれている。ただし『呉越春秋』に対する後世の評価は必ずしも高くない。とくに『隋書』経籍志が『呉越春秋』を雑史の分類に入れ、「その属辞比事（記載の仕方）は『史記』、『漢書』と相似ず。蓋《けだ》し率爾《そつじ》にして作る。史策の正に非ざるなり。霊〔帝〕・献〔帝〕の世、天下大いに乱れ、史官其の守を失す。博達の士、其の廃絶を愍《あわ》れみ、各々聞見を記し、以て遺亡に備《そな》う。……」とのべてから、この説にしたがう書物が多い。ただし近年の研究者、たとえば陳橋駅「『呉越春秋』及其記載的呉・越史料」（『杭州大学学報』一九八四年第一期、後に『呉越文化論叢』一九九九年に収録）、張覚『呉越春秋全訳』（貴州人民出版社、一九九〇）などは、『呉越春秋』は史学上、文学上重要な価値をもっていると高く評価している。

ところで十篇本『呉越春秋』の目次は次のとおりである。

上巻　第一　呉太伯伝、第二　呉王寿夢《じゅぼう》伝、第三　王僚《おうりょう》使公子光伝、第四　闔閭《こうりょ》内伝、第

五　夫差内伝

下巻　第六　越王無余外伝、第七　勾践入臣外伝、第八　勾践帰国外伝、第九　勾践陰謀外伝、第十　勾践伐呉外伝

上巻は呉、下巻は越の国別史、また両国とも始祖から滅亡までの編年史であるのは『史記』と同じである。ただ重点となる記載事項があり、呉王では寿夢・諸樊《しょはん》・余祭《よさい》・王僚・闔閭・夫差の七人に関する部分で、とくに闔閭・夫差の分量が多い。越王では勾践に関する部分が圧倒的に多い。臣下では、呉では伍子胥、越では范蠡の言動が多く見えている。これらは自ずと『呉越春秋』はどういうことを主題としたか、『呉越春秋』執筆の狙いは何であったかを示すものと思われる。

上巻の呉でとくに注目されるのは伍子胥に関する部分である。伍子胥は『史記』で列伝に見えるが、これと『呉越春秋』の伍子胥の記載とを比較すると興味深い。『呉越春秋』では伍子胥は楚の人で、楚の平王のため父の伍奢《ごしゃ》、兄の伍子尚《ごししょう》がとらえられて殺され、伍子胥（名は員《うん》）は呉に逃れたが、その逃走の物語は『呉越春秋』に詳しい。呉に入った伍子胥は呉の公子光が呉王王僚に謀反の心があるのを知り、専諸《せんしょ》（『史記』では刺客列伝に見える）なるものを公子光に推薦し、王僚を殺させた。こうして公子光が闔閭《こうりょ》（『史記』では闔盧《こうろ》）として呉王になると、伍子胥は行人《こうじん》として呉王と国事をはかることになる。後に呉は楚と戦い、

勝ち進み、楚の都郢《えい》に迫った。そして郢に入城すると、伍子胥は楚の昭王をさがしたが、分からなかったので楚の平王の墓をあばいて屍を引き出し、三百回鞭うってようやく止めた。その後、呉は越と戦い、その戦いで闔閭は足を傷つけ、それがもとで亡くなった。代わって太子夫差が王となったが、伯嚭《はくひ》（呉に亡命してきた楚の白州犂《はくしゅうり》の孫）を太宰《たいさい》に任じた。伍子胥はこの伯嚭と仲が悪く、伯嚭は王に讒言し、王への恨みが深い禍いとなるといい、王もそれに同調し、そのため伍子胥は自殺することになった。

以上のような伍子胥の伝えは『史記』と大筋で変わりはない。ただ『呉越春秋』は編年史として呉王の年代順に記し、またその記事内容は『史記』とかなり相違する部分がある。たとえば、伍子胥が楚の平王の墓をあばいて屍を三百回鞭うった後、『呉越春秋』は左足は腹を践《ふ》み、右手はその目を抉《えぐ》り、闔閭をして楚の昭王の夫人を妻とさせ、伍子胥・孫武（孫子）・白喜も子常・司馬成の妻を妻とし、楚の君臣を辱《はずかし》めた、と記し、楚に対する怨恨、復仇を一段と詳述している。

伍子胥の楚に対する復仇は個人的なものである。越王勾践の呉王闔閭・夫差に対する怨恨は王個人に対するものもあるが、それより呉国に対するもので、前述の伍子胥の場合とは異なる。勾践の復仇はその経緯、そのための策謀、そのための国内の政治や社会の変革などが『呉越春秋』の記述において注目すべきである。

『呉越春秋』の越の部分、巻六から巻十までの五篇中四篇、つまり第七勾践入臣外伝、第八勾践帰国外伝、第九勾践陰謀外伝、第十勾践伐呉外伝はすべて勾践を主体とした伝記で、越の五篇中ほとんどが勾践の記述で占められている。そこで第七から第十までの要点を次に記してみたい。

第七は勾践が呉の奴僕として呉国に入ったことがのべられている。これは勾践五年のことで、それ以前は『呉越春秋』には見えない。『史記』越王勾践世家によると、勾践元年（前四九六）、呉王闔閭が越王允常《いんじょう》の死を聞き、兵を動員して越を伐ったが、勾践は呉を檇李《すいり》（浙江省嘉興市南）で破った。闔閭は足を傷つけ死んだ。勾践三年（前四九四）、呉は越を伐ち、呉王夫差は越王を夫椒《ふしょう》（江蘇省呉県西南太湖中）に破り、越に入った。越王勾践は会稽山に逃れ、大夫文種《ぶんしょう》をつかわし、太宰嚭を通じて呉王に和を求め、呉王の奴婢となることを願い、呉王はこれを許した。『呉越春秋』には以上の部分が見えず、勾践五年から始まる。

最初の場面は勾践が夫人・大夫文種・范蠡《はんれい》とともに呉に赴く時、浙江《せっこう》（古の漸水《ぜんすい》）のほとりで群臣と別れる情景である。まず文種が越王に祝詞をのべる。次いで勾践と大夫たちとの問答が行なわれる。勾践が今回の恥辱は自分の罪か、そうではなく諸大夫の責任か、と問うたのに対して、大夫たちが答える。大夫は扶同《ふどう》・苦成《くせい》・文種・范蠡・計硯《けいげい》・皋如《こうじょ》・曳庸《えいよう》・皓《こう》・諸稽郢《しょけいえい》などとなっている。そして勾践は後事を群臣に托し、船にのって去り、顧みることがなかった。最後に夫人が船ばたで怨歌を歌う。次いで勾践は呉に入り、呉での臣従の生活が始まり、その生活の有様が具体的にのべられている。越王・夫人の服装や仕事を伝え、三年にわたって怒ることなくやっているのを呉王が遠台から望見し、越王を赦す気持ちになり、太宰嚭が賛成した。これに対し伍子胥が後に呉の患いとなるので殺すことを主張したが、呉王は越王を赦し、帰国させたところで第七は終わる。

　第八勾践帰国外伝は帰国後の二、三年間を扱っている。『左伝』、『国語』、『史記』には簡単な記載があるだけである。『呉越春秋』は勾践がどのようにして国家の立て直しを行なったかを詳細にのべている。勾践が帰国の時、百姓《ひやくせい》が道で迎え、越ではまた覇王の道が始まると支持を表明した。また范蠡は国都を定め、城を築き、里閭を設けたが、城は天文にのっとったものであった。次いで相国《しようこく》范蠡、大夫文種、大夫郢などに改革の方策をたずね、また群臣に対して呉への復仇の心情を伝えた。その時の越王のことばは次のようになっている。

「身を苦しめ、心を労し、夜は以て日に接《つ》ぎ、目臥すれば、之を攻めるに蓼（たで、葉がにがい）を以てし、足寒ければ則ち之を漬《つ》くるに水を以てす。冬は常に氷を抱き、夏は還《かえ》って火を握る。心を愁いさせ、志を苦しめ、胆を戸に懸け、出入之《これ》を嘗め、口を絶やさず。中夜潜泣し、泣いて復《ま》た嘯《うそぶ》く」

後世、越王の臥薪嘗胆として知られるが、これは多少異なり、臥薪は見えない。

越王が心を尽くし、生活を慎んでいるのを知った呉王は越王の封地を増した。しかしこの時点で越が呉の支配から独立したということではない。越王は呉王に対し、返礼として葛布《かつふ》十万、甘蜜九欓《とう》（欓は木の桶）、文笥《ぶんし》七個、狐皮五双、晋竹（箭竹）十廋《そう》を贈った。十万の葛布はきわめて多量で、采葛《さいかつ》の婦は越王の苦労に「苦之詩」を作った。

これ以後、勾践は呉からの独立を目指し、富国強兵へと進む。そのため五大夫を召して政務をたずねている。

第九勾践陰謀外伝。勾践十年（前四八七）から十三年まで、勾践が行なった秘密の計謀、呉に対する用兵を主に記している。これらは『左伝』、『国語』、『史記』に見えないものが多い。とくに大夫文種・計硯《けいげい》の説が取り上げられ、実行に移された。彼らの説は富国強兵の策と貧呉弱敵の計である。

富国強兵の中、富国の策は食糧の充実である。強兵の策についてはいくつかのエピソードがあげられているが、たとえば越女に請い、剣術を教わったこと、楚の弓の名手である陳音を招き、射法を学んだこと、などである。

貧呉弱敵の計としては、呉王が宮室を起こすのが好きなので、名山の神木（良質の材）を呉王に献じた。呉王は伍子胥の反対を押し切って受け入れ、姑蘇台をつくった。その結果、呉の民は疲れ、士は苦しんだという。また越王は呉王から粟《ぞく》を借りたり、貸したりして呉に収穫がないようにしたとされる。とくに有名なのは美人の献上で、越王は呉王に西施《せいし》・鄭旦《ていたん》の美女二人を献ずることを申し出た。伍子胥は反対したが、呉王は受け入れたという。

以上のような陰謀を進め、やがて越王は呉王を伐つことに転ずる。

第十勾践伐呉外伝。勾践十五年（前四八二）、兵を興《おこ》して呉を伐つことを謀った。戦争の準備、人口の増殖、民心の把握などが進められ、戦争に入った。その初期、勾践は申包胥《しんほうしょ》や八大夫にはかり、国人・夫人・大夫を告誡し、そして軍士に命令し、呉と戦った。勾践二十三年、呉王が敗れ、姑胥山（『史記』、姑蘇山）に逃れたが、二十四年、呉王は自殺し、呉国は滅亡した。

こうして呉・越の争覇は結末を告げるが、これは呉・越だけでなく、中原の諸侯にも大きな波紋をひろげた。『史記』にも見えるが、呉を滅ぼした越の兵は長江・淮河《わいが》（淮水）を渡り、勾践は斉の平公、晋の出公と徐州で会した。徐州は斉邑の薛《せつ》県である。さらに勾践は周に貢物をいたし、周の元王は勾践に胙《そ》（祭祀用の肉、周が同姓諸侯に賜うもの）を賜わった。そして称号を賜わった。勾践は江南に帰り、淮河のあたりの土地を楚に与え、かつて呉が侵占した宋の土地を宋に返し、泗水《しすい》の東の百里四方の土地を魯に与えた。この頃、越の軍隊は長江・淮河一帯に横行し、諸侯は祝賀にやって来、勾践を覇王と称したとされている。

こうして勾践は仇敵呉を滅ぼし、諸侯の覇王となる偉業を達成したと『呉越春秋』は記している。ここにいたるまでの勾践について、第七では勾践が呉国で奴僕となったこと、第八で勾践が帰国して国家の立て直しを計ったこと、第九で呉を伐つためのいろいろな陰謀を企てたこと、第十で兵を興して伐ったことが、年代を追ってきわめて整理した形で叙述されている。その基本となった路線は覇道であると『呉越春秋』はとらえている。第八で勾践の帰国を迎えた百姓は覇王の道を進むことで支持を表明している。第八・九の呉を伐つための策謀、第十の呉に対する戦争などは覇権主義にもとづくものであり、第十は滅呉の後、諸侯が祝意を表し、号して覇王と称したという。これは勾践の復仇が当初より終わりまで一貫して覇道にもとづくことを明示するものである。

しかし、第十で覇業を達成した後、華やかな舞台が暗転するような事項が記されている。事項別にそれをあげてみる。

(1)　呉に帰った勾践は群臣を集め、文台で宴会を開いた。その時、楽師《がくし》に命じて呉を伐つの曲を作らせた。大夫文種は祝酒を進め、祝いのことばをのべた。ところが勾践は黙って何もいわなかった。文種はかさねて祝いのことばをのべた。台上の群臣は大いに悦び、笑ったのに、勾践は顔に喜色がなかった。范蠡はこれを勾践が壌土を愛《お》しんで、群臣の死を惜しまず、必ず功を求め、国に帰るつもりはないので、顔に懮色《ゆうしょく》があって悦ばないことを知っていた、と『呉越春秋』は解している。つまり范蠡は、勾践が呉を滅ぼし、次第に支配

いるのである。

欲にかられ、領土の拡張に目をうばわれ、群臣との間に溝ができていたことを指摘している。

(2) 次に『呉越春秋』には、越の相国《しょうこく》をつとめ、勾践が最も信頼していた范蠡が勾践の考えと対立して越を去ったことがのべられている。范蠡の勾践批判は呉を滅ぼした後、間もなくから始まる。范蠡は勾践が王と称するのは僭号《せんごう》であるとする。また勾践が故国に帰ろうとする気持ちがないのは本人の領土欲として認めない。文台の宴の後、勾践の真意を知った范蠡は勾践の下を去る決意をし、勾践二十四年九月丁未、小舟に乗って五湖に入り、行方知れずになった。

(3) これより後、勾践と群臣の溝は深まるばかりであった。計碗は狂人をよそおい、大夫曳庸・扶同・皐如は日益《ま》しに勾践と疎遠になった。中でも宰相文種は憂いをいだいて朝廷にあらわれず、これを讒言するものがいた。ついに勾践は文種に属盧《しょくろ》（鏤《る》）の剣を与え、自殺させた。

(4) 次は呉の伍子胥の霊があらわれたという奇怪な物語である。勾践が文種を国の西山に葬ったところ、一年たって伍子胥が海上からあらわれ、文種をもって去り、ともに海に浮かんだというのである。

(5) 次に孔子献楽のことが記されている。越王が忠臣を殺した後、函谷関《かんこくかん》一帯で諸侯に覇を称し、都を琅邪《ろうや》に徙《うつ》し、観台をつくり、東海を望み、賢士を求めた。孔子がこれを聞き、弟子をひきい、先王の雅琴を奉じ、越で演奏しようとした。孔子がやってくると、越王は越国人はどういうものかをのべ、自分たちに何を教えようとするのか問うたのに、孔子は答うることとなく、辞去したという。しかし孔子はこの頃すでに亡くなっており、この文は信ぜられないと後世の研究者はいう（孔子の死は前四七九、呉の滅亡は前四七三）。

(6)　允常の埋葬地を木客山から琅邪にうつそうとした。允常は越の最初の覇者。ただし三たび允常の墓を掘ったが、墓中から飄風《つむじかぜ》がおこり、沙石《させき》を飛ばして人を射たため、入ることができず、勾践は放置して去ったとされている。

(7)　勾践の亡くなる少し前の出来事として対外関係が記されている。一つは秦との関係。勾践は斉・楚・秦・晋に号令して周室を輔けることにして血盟した。ところが秦は越王にしたがわないので、呉・越の兵を西に進め、秦を攻めることにしたが、軍士はこれに苦しんだ。しかし秦が怖れて兵を引いたので越も引き上げた。その時の軍人の悦びが「河梁之詩」として歌われている。

もう一つは勾践二十六年（前四七一）、郗子《ちゆし》が無道のため、捕えて帰り、その太子何《か》を立てた。その年冬、魯の哀公が三桓《さんかん》に逼《せま》られ、三桓を伐とうとしたが、諸侯の大夫がしたがわなかったので、中止したとされている。そして翌二十七年、勾践は亡くなっている。

亡くなる時、太子興夷《こうい》に遺したことばが見えるが、最後に「夫《そ》れ覇者の後、以て久しく立ち難し。其れ之を慎めや」とある。自分は覇者となったといい、それを後継者に受けついでくれというのである。

(8) 勾践亡き後、越は興夷・子翁・不揚・無疆・子玉・子尊・子親とつづき、勾践から子親までの八世はみな覇を称し、二百二十四年つづいたが、親《しん》以後衰え、琅邪《ろうや》より呉に徙《うつ》り、余善の時に楚に滅ぼされた。無余による越の始封より余善まで千九百二十二年であったという。ただし二百二十四年、千九百二十二年の年数が間違っていることは後世の研究者の指摘するところ。

以上、第十勾践伐呉外伝に見える伐呉以後の勾践とその末裔についての記事を八項目に整理してのべてきた。これらは越王勾践の復仇以後のことで、いわば後日譚ともいうべきものである。すでにのべたように、それには『左伝』、『国語』、『史記』に見えないこと、明らかに史実と喰い違っている部分がある。これらは著者趙曄が当時残されていた伝聞をもとに創作した部分が多いと思われる。どうしてこうしたことをつけ加えたのであろうか。

『呉越春秋』は、確かに越の勾践が呉に対する復仇の経緯や、そのための国内の政治・経済・軍事にわたる改革を叙述の中心にすえ、復仇の実現、またさらには中原諸侯に覇を唱えるにいたった輝かしい成果を取り扱っている。しかしそうした覇業の末期はどうであったかに、著者は深い関心をもっていたと思われる。それが第十の最後の記事となって滅呉以後の後日譚としてつけ加えられたものである、と私は考えるのである。

その第一が勾践と重臣との関係である。滅呉まで両者は親密な関係にあり、滅呉はそうした重臣、とりわけ范蠡・文種らの協力によるものであった。それが滅呉以後、重臣たちは次第に勾践と疎遠になる。とくに勾践の最も大きな支えであった范蠡が、勾践の領土欲を察知して勾践の下を去った。また文種も中傷にあい、自殺する。(4)の伍子胥の亡霊の物語は、伍子胥の自殺が呉の滅亡の要因となったことを、文種の誅殺と重ねて民間に伝えられたものであろう。なお伍子胥の亡霊の物語は頗《すこぶ》る奇怪であるが、『呉越春秋』にはこれに類した物語がいくつか記されている。これらがとりわけ『呉越春秋』が雑史とされ、史書としての評価を低くしている一因となっている。ただそのもとづくところは多く後漢まで民間に伝えられていたもので、『史記』でいう怨恨や怨害がこのような形で語られていたのではなかろうか。

第二に、(5)の孔子献楽の物語は、史実からいえば、孔子がすでに亡くなっている時のことである。このことを知って著者が記したものかどうか理解に苦しむが、この物語の趣旨は越は魯と異なり、礼楽国家ではなく、軍事重視の国家、覇権主義の国家であることを示そうとしたものであろう。勾践が孔子に対して何も教わることがないとしているのはそのあらわれである。

さてこう見てくると、著者趙曄は勾践をどのように評価していたか疑問がおこる。趙曄は越地方の出身で、呉・越の興亡は郷土の大きな事件で、勾践が呉を破って覇業を実現したことを高く評価していたことは疑いない。しかしその基本的な路線は覇道である。これは君主への権力の集中化で、このことが重臣との疎遠をまねいたものである。こうした君主への権力の集中化のもたらした勾践の末路については、趙曄は批判的な眼をもっていたのではないかと思われるのである。これはあるいは著者の思想的基底に儒学があったことと関係があったのではないかと考えられる。

しかし権力の集中化、軍事国家化は、中国の古代が春秋時代から戦国時代へと移行する過程で各国に起こった動きである。『呉越春秋』は復仇を中心にその問題を歴史的観点から追求しているが、それだけでなく以上のべたような時代の動きを反映しているものとして興味深い。

ちなみに陳橋駅「論勾践与夫差」（『浙江学刊』一九八七年第四期、後に『呉越文化論叢』一九九九年に収録）で「夫差は春秋最後の覇者であり、勾践は戦国最初の雄者である」といっている。ただ『呉越春秋』を読む限り、勾践は夫差より強力に覇道を推し進め、成功したものという感じをうける。そして勾践は最初から時代の先駆者であったのではなく、呉との争覇の過程で権力を集中化させることによってそうした歴史的位置を占めるようになった、と私は考える。

三　『越絶書』との関係

最後に『越絶書』、とくに『越絶書』と『呉越春秋』との関係について簡単に附説しておく。

『越絶書』は『呉越春秋』と異なり、著者は不明、体例は不統一、内容は充分整理されたとはいい難い。著者についていうと、古く子貢や伍子胥とする説があったが、ほとんど根拠がない。有力なのは次の二説である。一つは『越絶書』第十九篇叙外伝記に見える隠語のような伝えで、それは後漢の袁康《えんこう》と呉平の合作だというものである。袁康については、「去を以て姓となし、衣を得て乃《すなわ》ち成る」、つまり袁の字と、「その名に米があり、之を覆うに庚を以てす」、つまり康の字であること、呉平については、「口を以て姓となし、之を丞《う》（承）くるに天を以てす」、つまり呉の字と、「楚の相、屈原《くつげん》と同名」、つまり平の字であること、とされる。この隠語のようなものは『越絶書』の最後にあることばであるが、どうしてこうした隠語を用いる必要があったのかは明らかでない。

もう一つの説は、『越絶書』は一時一人の作ではなく、戦国時代から前漢までの伝聞が後漢時代にまとめられたというものである（余嘉錫《よかしやく》『四庫提要辨正』巻七）。おそらくこの説が妥当でないかと思われる。

『越絶書』の体裁についていうと、その全体の構成は、

第一巻越絶外伝本事第一、越絶荊平王内伝第二、第二巻越絶外伝記呉地伝第三、第三巻越絶呉内伝第四、第四巻越絶計倪内経第五、第五巻越絶請糴内伝第六、第六巻越絶外伝紀策考第七、第七巻越絶外伝記范伯第八、越絶内伝陳成恒第九、第八巻越絶外伝記地伝第十、第九巻越絶外伝計倪第十一、第十巻越絶外伝記呉王占夢第十二、第十一巻越絶外伝記宝剣第十三、第十二巻越絶内経九術第十四、越絶外伝記軍記第十五、第十三巻越絶外伝枕中第十六、第十四巻越絶外伝春申君第十七、越絶徳序外伝記第十八、第十五巻越絶篇叙外伝記第十九

となっている。巻数は十五巻、その中、第一巻、第七巻、第十二巻、第十四巻がそれぞれ二篇ずつとなっているから、全部で十九篇に分かれる。

それら十九篇は経・伝、内外に大別される。内経二篇、内伝四篇、外伝十三篇、計十九篇である。ただし内経は第五・十四、内伝は第二・四・六・九、他は外伝というように配列は不統一である。経・伝と内・外について、越絶外伝本事第一は、経はその事を論じ、伝はその意を道《い》い、外は一人の作るところではないことで、互いに覆載し、その事でない場合は同類の事例で意を寄托するということとしている。ただし全体が必ずしもそうなっていないこ

とは『越絶書全訳』の指摘するとおりである。

次に、『越絶書』の内容はかなり雑多であるが、その主題に関する説を整理すると、次の三つである。①復仇の書とする説(小万巻楼叢書本『越絶書』の清の銭培名跋)。②陰謀秘計の書とする説(『漢魏叢書』の王謨《ぼ》跋)。③地方志の鼻祖とする説(『万暦紹興府志』巻五十八)である。②の陰謀秘計は復仇のためであり、したがって復仇にふくまれる。とすると、『越絶書』の主要内容は復仇と呉越地方の歴史地理であると考えられる。復仇については、呉の伍子胥、越の勾践が記されている。伍子胥は第二・第四などに見え、第四のは『春秋公羊伝』定公四年の文とほぼ同じで、前漢公羊《くよう》学派の人の手になるかと推定されている。呉越地方の歴史地理については、第三が呉の歴史地理、第十が越の歴史地理となっている。そしてそれぞれが城市・冢《つか》・水利施設・農業・台・湖・山などをかなり具体的に記している。

以上のように内容は雑多で、これは一時期、一人によってつくられたものでないことを示している。

次に『越絶書』と『呉越春秋』の関係について見てみる。両書は後漢にあらわれたものであるが、『越絶書』が後漢光武帝の頃の作であることは、『越絶書』記呉地伝に「建武二十八年」の年号が見えることから分かる。『呉越春秋』は、その著者趙曄は後漢明帝・章帝・和帝・殤《しょう》帝・安帝の頃(五八—一二五)の人とされ、『越絶書』の方が早い。『越絶書』には戦国時代から前漢にかけて成立した史料と思われるものもふくまれている。そこで『呉越春秋』は『越絶書』に依傍して（よりかかって）いる部分がかなりあるとされている。明の嘉靖丁未（二十六年、一五四七）刊本陳塏《ちんがい》跋は、『呉越春秋』を『越絶書』に因《よ》ってつくったとし、清の銭培名《せんばいめい》『越絶書札記』（小万巻楼叢書）は、『呉越春秋』は往々『越絶書』に依傍しているとしている。さらに周中孚《しゅうちゅうふ》『鄭堂読書記』巻二十六『越絶書』の条に引く『四庫提要』では、『越絶書』はその文縦横曼衍《しょうおうまんえん》で、頗る『呉越春秋』に類しているが、博奥偉麗なることは趙長君（曄）の及ぶところではないとし、『万暦紹興府志』巻五十八序志は、『呉越春秋』の文気が卑弱で俳《はい》（たわむれ）多く、また讖緯《しんい》怪誕の説を雑《まじ》え、『越絶書』に遠く及ばないとしている。このように『呉越春秋』より『越絶書』に対する評価が高い。

　しかし『呉越春秋』は史学的にも文学的にも『越絶書』に見られぬ独自のもの、あるいはそれに勝る点もある。たとえば年代であるが、『越絶書』はあまり年代を記さないが、『呉越春秋』は編年式に全体を編纂している。また記事にも独自のものが見えることは陳橋駅・張覚らの指摘するところである。

　史学的な価値のみならず、文学的な価値といえば、『呉越春秋』は『越絶書』に勝ることは張覚の詳説するところ。たとえば人物描写が巧みで、伍子胥・范蠡・文種・勾践・夫差・闔閭などの部分は人々に強い印象を与える。また人物の対比、たとえば夫差と越王、伍子胥・公孫聖と太宰嚭、伍子尚と伍子胥など対照的によくえがかれている。

環境や情景への目くばり、たとえば勾践の浙江のほとりの別れ、勾践と范蠡が帰った時の浙江のあたりなどは現場を髣髴とするようである。

また表現の形式として、語彙は豊富であるし、句法に散文・駢文《べんぶん》がある。さらに文章の音楽美に注意している。祝詞の中に四字句の韻文を用いているもの（第七の文種の祝詞、第五の伍子胥の言）、楚辞式の歌吟（第三の漁父《ぎょほ》の歌、第七の越王夫人の歌、第十の離別の詞）、原始歌謡の弾歌（第九の木客の吟）、七言詩（第四の窮劫の曲、第八の苦之詩、第十の河梁之詩）など各種の技法が見られる。こうした卓越した文学的手腕は、著者が『詩経』とりわけ韓詩の研究者であったことにもよるものであろう。

以上のように、『呉越春秋』は『越絶書』に劣らない特色をもつことが指摘されているが、私は、主題、つまり著作の狙いが『呉越春秋』の方が『越絶書』より明確で一貫している点に注目したい。『越絶書』はすでにのべたとおり内容が雑然としているが、『呉越春秋』は呉・越両国の興亡史が編年体で整理されているし、その主題は復仇で、呉の場合は伍子胥、越の場合は勾践が中心となっている。そして勾践の場合、復仇のために国内改革や策謀による君主の集権化、軍事国家への道をつき進むことがとくに第十の滅呉以後の後日譚で語られていることは興味深い。

参考文献

一　『春秋経』『左伝』

竹添光鴻『左氏会箋』上・下（漢文大系、冨山房、一九一二）

貝塚茂樹編『春秋左氏伝』（筑摩書房、一九七〇）

小倉芳彦『春秋左氏伝』上・中・下（岩波文庫、上一九八八〜八九）

二　『史記』

瀧川亀太郎『史記会注考証』（呉・越の世家は五）（東方文化学院東京研究所、一九三二）

小竹文夫・小竹武夫訳『史記』上・下（筑摩書房、一九六二）

三　『呉越春秋』

趙曄著、張覚訳注『呉越春秋全訳』（貴州人民出版社、一九九三）

周生春『呉越春秋輯校匯考』（上海古籍出版社、一九九七）

四　『越絶書』

張宗祥『景越絶書校注稿本』（世界書局、一九五六）

袁康・呉平輯録、楽祖謀点校『越絶書』（上海古籍出版社、一九八五）

兪紀東訳注『越絶書全訳』（貴州人民出版社、一九九六）

以上で解説を終わる。私は学生時代に岡崎文夫先生の春秋史の講義を聴講し、後に先生が『古代支那史要』（前出、三一八頁）を刊行された際、校正を担当した。先生は呉の滅亡を以て春秋時代の終わりととらえ、『古代支那史要』の末尾でその理由を説明されている。私はその説を受けつぎ、春秋戦国時代史の研究を進めてきた。しかし『呉越春秋』、『越絶書』などを読み、訳注を試みるようになったのは大阪市立大学を定年退職してからである。今回『呉越春秋』の訳注を刊行することになったが、同書の全訳注はおそらくわが国で初めてである。したがって、あまり知られることのなかった中国古代の優れた歴史物語を広く紹介できるようになったのは喜ばしい。

訳の過程で困難な問題がいくつかあった。とくに第三・五・七・十などの諸巻に見える占《せん》卜《ぼく》法が第一である。これらの占卜を行なった伍子胥、范蠡、文種など多くは楚の出身者である。つまり『呉越春秋』に見える占卜法は楚の占卜法にもとづくといえる。楚の占卜が出土の楚簡などに日書《にっしょ》として見えることはすでにのべたとおりで、わが国では工藤元男氏らの研究者がいる。ただ『呉越春秋』の占卜法は日月だけでなく、かなり複雑で、訳注で一応の説明を行なったが、全体の考察は今後の課題である。第二の困難な課題は、本書の随処に見られる詩歌などの文学技法で、その理解、またそうした技法の文学史的意義は今後さらに検討の必要がある。第三に、『呉越春秋』は史学より歴史物語ないしは歴史文学の作品として評価されるべきものと私は考えるが、しかし史学の面でも独自の観点、記載内容をふくむものであることは、本解説の二であげた陳橋駅「『呉越春秋』及其記載的呉・越史料」で詳論しているところで、これも今後の重要な課題である。

最後に出版にあたって、編集その他で、平凡社東洋文庫編集部の直井祐二氏にお世話になった。また校正は愛媛大学名誉教授の藤田勝久氏の労を煩わした。なお、附載の地図は藤田氏の手になるものである。両氏に深甚の謝意を表する。

二〇一六年五月

佐藤武敏

佐藤武敏《さとうたけとし》

1920年山形市生まれ。大阪市立大学名誉教授。専攻、中国古代史。著書に、『中国古代工業史の研究』（吉川弘文館）、『中国古代絹織物史研究』上下、『王国維の生涯と学問』（ともに風間書房）、『司馬遷の研究』（汲古書院）、『「詩経」国風の詩歌と地域社会』（研文出版）、桓寛『塩鉄論——漢代の経済論争』（訳注）、『中国の花譜』（編訳、ともに平凡社東洋文庫）、『長安』『中国古代書簡集』（ともに講談社学術文庫）、『中国災害史年表』（編、国書刊行会）など。

呉越春秋——呉越興亡の歴史物語　東洋文庫873

2016年7月8日　初版第1刷発行

訳注者　佐藤武敏

発行者　西田裕一

印刷　藤原印刷株式会社
製本　大口製本印刷株式会社

発行所　電話編集 03-3230-6579　〒101-0051
営業 03-3230-6573　東京都千代田区神田神保町3-29
振替 00180-0-29639　株式会社 平凡社

平凡社ホームページ http://www.heibonsha.co.jp/

ISBN 978-4-582-80873-5
NDC 分類番号222.03　全書判（17.5 cm）　総ページ344

《東洋文庫の関連書》

10 捜神記《そうじんき》　干宝 著　竹田晃 訳

44 四書五経〈中国思想の形成と展開〉　竹内照夫 著

46 論衡《ろんこう》〈漢代の異端思想〉　王充 著　大滝一雄 訳

167 塩鉄論《えんてつろん》〈漢代の経済論争〉　桓寛 著　佐藤武敏 訳注

184 金文《きんぶん》の世界〈殷周社会史〉　白川静 著

204 甲骨文《こうこつぶん》の世界〈古代殷王朝の構造〉　白川静 著

324 荊楚《けいそ》歳時記　宗懍 著　守屋美都雄 訳注　布目潮渢・中村裕一 補訂

460 漢書五行志《かんじょごぎょうし》　班固 撰　冨谷至・吉川忠夫 訳注

485 東洋文明史論　桑原隲蔵 著　宮崎市定 解説

493 古代中国研究　小島祐馬 著　本田濟 解題

497 中国神話　聞一多 著　中島みどり 訳注

500 中国古代の祭礼と歌謡　M・グラネ 著　内田智雄 訳

508 東洋における素朴主義の民族と文明主義の社会　宮崎市定 著　礪波護 解説

515 魏書釈老志《ぎしょしゃくろうし》　魏収 撰　塚本善隆 訳注　竺沙雅章 解説

517 洛陽伽藍記　楊衒之 著　入矢義高 訳注

518 詩経国風《しきょうこくふう》　白川静 訳注

557・559 支那史学史 全二巻　内藤湖南 著　吉川忠夫 解説

618・619 中国小説史略 全二巻　魯迅 著　中島長文 訳注

622 中国の花譜　佐藤武敏 編訳

635・636 詩経雅頌《しきょうがしょう》 全二巻　白川静 訳注

661 中国人の宗教　M・グラネ 著　栗本一男 訳

686・688・689 列女伝 全三巻　劉向 著　中島みどり 訳注

775 古書通例〈中国文献学入門〉　余嘉錫 著　古勝隆一・嘉瀬達男・内山直樹 訳注